元史

四部備要

史部

中華書局據武英殿本校刊

桐鄉　陸費逵總勘
杭縣　高時顯　吳汝霖輯校
杭縣　丁輔之監造

元史卷五十七

明翰林學士亞中大夫知制誥兼修國史宋　濂等修

曆志第九

曆六

庚午元曆下

步交會術

交終分一十四萬二千三百一十九　秒九千三百六　微二十

交終日二十七　餘一千一百　九　秒九千三百六　微二十

交中日一十三　餘三千一百六十九　秒四千六百五十三　微一十

交朔日二　餘一千六百六十五　秒六百九十三　微八十

交望日一十四　餘四千　二　秒五十

秒母一萬

微母一百

交終度三百六十三　分七十九　秒三十六
交中度一百八十一　分八十九　秒六十八
交象度九十　分九十四　秒八十四
半交象度四十五　分四十七　秒四十二
日食既前限二千四百　定法二百四十八
日食既後限三千一百　定法三百二十
月限五千一百
月食既限一千七百　定法三百四十
分秒母皆一百

求朔望入交先置里差半之如九而一所得依其加減天正朔積分然後求之

置天正朔積分以交終分去之不盡如日法而一爲日不滿爲餘卽得天正十一月中朔入交汎日及餘秒便爲中朔加時入交汎日及餘交朔加之得次朔交望加之得望再加交望亦得次朔各爲朔望入交汎日及餘秒凡稱餘秒者微亦從之餘倣此

求定朔及每日夜半入交

各置入交汎日及餘秒減去中朔望小餘卽爲定朔望夜半入交汎日及餘秒若定朔望有進退者亦進退交日否則因中爲定大月加二日小月加一日餘皆四千一百二十秒六百九十三微八十卽次朔夜半入交累加一日滿交終日及餘秒去之卽每日夜半入交汎日及餘秒

求定朔加時入交

置中朔望加時入交汎日及餘秒以入氣入轉朓朒定數朓減朒加之卽得定朔望加時入交汎日及餘秒

求定朔望加時入交積度及陰陽曆

置定朔望加時入交汎日以日法通之內餘進二位如三萬九千一百二十一而一爲度不滿退除爲分秒卽得定朔望加時月行入交積度以定朔望加時入轉遲疾度遲減疾加之卽爲月行入定交積度如交中度以下爲入陽曆積度以上去之爲入陰曆積度每日夜半準此求之

求月去黃道度

視月入陰陽曆積度及分交象以下爲少象以上覆減交中餘爲老象置所入老少象度於上位列交象於下相減相乘倍之退位爲分分滿百爲度用減所入老少象度及分餘又與交中度相減相乘八因之以一百一十除之爲分分滿百爲度卽得月去黃道度及分

求朔望加時入交常日及定

置朔望入交汎日以入氣朓朒定數朓減朒加爲入交常日又置入轉朓朒定數進一位以一百二十七而一所得朓減朒加交常日爲入交定日及餘秒

求入交陰陽曆交前後分

視入交定日如交中以下爲陽曆以上去之爲陰曆如一日上下以日法通日內分內餘爲交後分十三日上下覆減交中日餘爲交前分

求日月食甚定餘

置朔望入氣入轉朓朒定數同名相從異名相消以一千三百三十七乘之以

定朔望加時入轉算外轉定分除之所得以朓減朒加中朔望小餘爲汎餘日食視汎餘如半法以下爲中前半法以上去之爲中後置中前後分與半法相減相乘倍之萬約爲分日時差中前以時差減汎餘爲定餘覆減半法餘爲午前分中後以時差加汎餘爲定餘減去半法餘爲午後分月食視汎餘在日入後夜半前如日法四分之三以下減去半法爲酉前分四分之三以上覆減日法餘爲酉後分又視汎餘在夜半後日出前者如日法四分之一以下爲卯前分四分之一以上覆減半法餘爲卯後分其卯酉前後分自相乘四因退位萬約爲分以加汎餘爲定餘各置定餘以發斂加時法求之卽得日月食甚辰刻及分秒

求日月食甚日行積度

置朔望食甚大小餘與中朔大小餘相減之餘以加減中朔望入氣日餘以中朔望少加多減卽爲食甚入氣以加其氣中積爲食甚中積又置食甚入氣餘以所入氣損益率盈縮之損益乘之如日法而一以損益其日盈縮積盈加縮減食甚中積卽

爲食甚日行積度及分先以食甚中積經分爲約分然後加減之餘類此者依而求之

求氣差

置日食食甚日行積度及分滿中限去之餘在象限以下爲初限以上覆減中限爲末限皆相乘進二位以四百七十八而一所得用減一千七百四十四餘爲氣差恆數以午前後分乘之半晝分除之所得以減恆數爲定數如不及減者覆減爲定數應加者減之應減者加之春分後陽曆減陰曆加秋分後陽曆加陰曆減春分前秋分後各二日二千一百分爲定氣於此宜加減之

求刻

置日食食甚日行積度及分滿中限去之餘與中限相減相乘進二位如四百七十八而一所得爲刻差恆數以午前後分乘之日法四分之一除所得爲定數若在恆數以上者倍恆數以所得之數減之爲定數依其加減冬至後午前陽加陰減午後陽減陰加夏至後午前陽減陰加午後陽加陰減

求日食去交前後定分

置氣刻二差定數同名相從異名相消爲食差依其加減交前後分爲去交前後定分視其前後定分如在陽曆卽不食如在陰曆卽有食之如交前陰曆不及減反減之（反減食差）爲交後陽曆交後陰曆不及減反減之爲交前陽曆卽不食交前陽曆不及減反減之爲交後陰曆交後陽曆不及減反減之爲交前陰曆卽日有食之

求日食分

視去交前後定分如二千四百以下爲既前分以二百四十八除爲大分二千四百以上覆減五千五百（不足減者不食）爲既後分以三百二十除爲大分退爲秒（其一分以下者涉交大淺太陽光盛或不見食）

求月食分

視去交前後分（不用氣刻差者）一千七百以下者食既以上覆減五千一百（不足減者不食）餘以三百四十除之爲大分不盡退除爲秒卽月食之分秒去交分在既限以下

覆減既限亦以三百四十除之爲既內之大分

求日食定用分

置日食之大分與二十分相減相乘又以二千四百五十乘之如定朔入轉算外轉定分而一所得爲定用分減定餘爲初虧分加定餘爲復圓分各以發斂加時法求之即得日食三限辰刻也

求月食定用分

置月食之大分與三十五分相減相乘又以二千一百乘之如定望入轉算外轉定分而一所得爲定用分加減定餘爲初虧復圓分各如發斂加時法求之即得月食三限辰刻月食既者以既內大分以一十五分相減相乘又以四千二百乘之如定望入轉算外轉定分而一所得爲既內分用減定用分爲既外分置月食定餘減定用分爲初虧分因加既外分爲食既分又加既內分爲食甚分（即定餘分是也）再加既內分爲生光分復加既外分爲復圓分各以發斂加時法求之即得月食五限辰刻及分（如月食既者以十分併既內大分如其法而求其定用分也）

求月食所入更點

置食甚所入日晨分倍之五約之爲更法又五約之爲點法乃置月食初末諸分昏分以上者減昏分晨分以下者加晨分如不滿更法爲初更不滿點法爲一點依法以次求之卽得更點之數

求日食所起

食在既前初起西南甚於正南復於東南食在既後初起西北甚於正北復於東北其食八分以上者皆起正西復正東此據正午地而論之

求月食所起

月在陽曆初起東北甚於正北復於西北月在陰曆初起東南甚於正南復於西南其食八分以上皆起正東復正西此亦據正午地而論之

求日月出入帶食所見分數

各以食甚小餘與日出入分相減餘爲帶食差以乘所食之分滿定用分而一月食既者以既內分減帶食差餘乘所食分如既外分而一不及減者爲帶食既出入以減所食分卽日月出入帶食所

見之分其食甚在晝晨爲漸進昏爲已退食甚在夜晨爲已退昏爲漸進也

求日月食甚宿次

置日月食甚日行積度望即更加望度以天正冬至加時黃道日度加而命之依黃道宿次去之即各得日月食甚宿度及分秒

步五星術

木星周率二百八萬六千一百四十二 秒 九

曆率二千二百六十五萬 五百五十七

曆度法六萬二千 一十四

周日三百九十八日 八十八分

曆度三百六十五度 二十四分 九十秒

曆中一百八十二度 六十二分 四十五秒

曆策一十五度 二十一分 八十七秒

伏見一十三度

段目	段日	平度	限度	初行率
合伏	一十六日八十六	三度八十六	二度九十三	二十三
晨順疾	二十八日	六度一十一	四度六十四	二十二
晨次疾	二十八日	五度五十一	四度一十九	二十一
晨順遲	二十八日	四度三十一	三度二十八	一十八
晨末遲	二十八日	一度九十一	一度四十五	一十二
晨留	二十四日			
晨退	四十六日五十八	四度八十八 一十八	空度三十二 八十二	
夕退	四十六日五十八	四度八十八 一十八	空度三十二 八十二	一十六
夕留	二十四日			
夕末遲	二十八日	一度九十一	一度四十五	
夕順遲	二十八日	四度三十一	三度二十八	一十二
夕次疾	二十八日	五度五十一	四度一十九	一十八

夕順疾	二十八日	六度一十一	四度六十四	二十一
夕伏	一十六日八十六	三度八十六	二度九十三	二十二
策數	損益率	盈積度	損益率	縮積度
一	益一百五十九	初	益一百五十九	初
二	益一百四十二	一度五十九	益一百四十二	一度五十九
三	益一百二十	三度一	益一百二十	三度一
四	益九十三	四度二十一	益九十三	四度二十一
五	益六十一	五度一十四	益六十一	五度一十四
六	益二十四	五度七十五	益二十四	五度七十五
七	損二十四	五度九十九	損二十四	五度九十九
八	損六十一	五度七十五	損六十一	五度七十五
九	損九十三	四度一十四	損九十三	五度一十四
十	損一百二十	四度二十一	損一百二十	四度二十一

十一	損一百四十二	三度一	損一百四十二	三度一
十二	損一百五十九	一度五十九	損一百五十九	一度五十九

火星周率四百　七萬九千四百十二　秒一十四半

曆率三百五十九萬二千七百五十七　秒四十四少

曆度法九千八百三十六半

周日七百七十九日　九十三分　一十六秒

曆度三百六十五度　二十四分　七十五秒

曆中一百八十二度　六十二分　三十七秒半

曆策一十五度　二十一分　八十六秒

伏見一十九度

段目	段日	平度	限度	初行率
合伏	六十七日	四十八度	四十五度四十八	七十二
晨順疾	六十三日	四十四度六十	四十二度二十六	七十二

晨次疾	五十八日	四十度一九	三十七度九十九	七十
晨中疾	五十二日	三十四度六	三十二度三十二	六十八
晨末疾	四十五日	二十六度三十二	二十四度九十九	六十三
晨順遲	三十七日	一十六度六十八	一十五度八十	五十四
晨末遲	二十八日	五度七十五	五度四十五	三十七
晨留	一十一日			
晨退	二十八日九十六五十八	八度一十五六十	三度五四十	
夕退	二十八日九十六五十八	八度一十五六十	三度五四十	四十一
夕留	一十一日			
夕末遲	二十八日	五度七十五	五度四十五	
夕順遲	三十七日	一十六度六十八	一十五度八十	三十七
夕末疾	四十五日	二十六度三十二	二十四度九十九	五十四
夕中疾	五十二日	三十四度六	三十二度三十二	六十三

夕次疾	五十八日	四十度九	三十七度九十九	六十八
夕順疾	六十日	四十四度六十	四十二度二十六	七十
夕伏	六十七日	四十八度	四十五度四十八	七十一
策數	損益率	盈積度	損益率	縮積度
一	益一千一百六十	初	益四百五十八	初
二	益八百	一十度六十	益四百五十三	四度五十八
三	益四百六十	一十九度六十	益四百三十三	九度二十一
四	益一百五十二	二十四度二十四	益三百九十六	一十三度四十四
五	損五十七	二十五度七十六	益三百四十一	一十七度四十
六	損一百七十二	二十五度一十九	益二百六十六	二十度八十一
七	損二百六十六	二十三度四十七	益一百七十二	二十三度四十七
八	損三百四十一	二十度八十一	損五十七	二十五度一十九
九	損三百九十六	一十七度四十	損一百五十二	二十五度七十六

十	損四百三十三	一十三度四十四	損四百六十四	二十四度二十四
十一	損四百五十三	九度二十一	損八百	一十九度六十
十二	損四百五十八	四度五十八	損一千一百六十	一十度六十

土星周率一百九十七萬七千四百一十一 秒六十九

曆率五千六百二十一萬三千二百四十八半

曆度法一十五萬三千九百二十八

周日三百七十八日 九分 二秒

曆度三百六十五度 二十五分 六十八秒

曆中一百八十二度 六十二分 八十四秒

曆策一十五度 二十一分 九十秒

伏見一十七度

段目	段日	平度	限度	初行率
合伏	一十九日四十八	二度四十八	一度五十六	一十三

晨順疾	二十七日五十	三度二十二	二度三	一十二
晨次疾	二十七日五十	二度六十四	一度六十五	一十一
晨遲	二十七日五十	一度四十八	空度九十二	八
晨留	三十六日			
晨退	五十一日六五十一	三度三十九六十六	空度二十八二十三	
夕退	五十一日六五十一	三度三十九六十六	空度二十八二十三	九七十五
夕留	三十六日			
夕遲	三十七日五十	一度四十八	空度九十二	
夕次疾	二十七日五十	二度六十四	一度六十五	八
夕順疾	二十七日五十	三度二十二	二度三	一十一
夕伏	一十九日四十八	二度四十八	一度五十六	一十二

策數	損益率	盈積度	損益率	縮積度
一	益二百一十三	初	益一百六十三	初

二	益一百九十七	二度一十三	益一百四十九	一度六十三
三	益一百六十八	四度一十	益一百二十八	三度一十二
四	益一百二十八	五度七十八	益一百	四度四十
五	益八十一	七度六	益六十五	五度四十
六	益三十三	七度八十七	益二十三	六度五
七	損三十三	八度二十二	損二十三	六度二十八
八	損八十一	七度八十七	損六十五	六度五
九	損一百二十八	七度六	損一百	六度四十
十	損一百六十八	五度七十八	損一百二十八	四度四十
十一	損一百九十七	四度一十	損一百四十九	三度一十二
十二	損二百一十三	二度一十三	損一百六十三	一度六十三

金星周率三百　五萬三千八百四　秒六十三太

曆率一百九十一萬　二百四十　秒七十六半

曆度法五千二百三十

周日五百八十三日 九十分 一十四秒

合日二百九十一日 九十五分 七秒

曆度三百六十五度 二十四分 六十八秒

曆中一百八十二度 六十二分 三十四秒

曆策一十五度 二十一分 八十六秒

伏見一十度半

段目	段日	平度	限度	初行率
合伏	三十九日二十五	四十九度七十五	四十七度七十六	一百二十七
夕順疾	四十七日七十五	六十度一十六五十	五十七度七十六	一百二十六
夕次疾	四十七日七十五	五十九度三十九	五十七度一	一百二十五
夕中疾	四十七日七十五	五十七度	五十四度七十二	一百二十三
夕末疾	三十九日二十五	四十二度二十九	四十度六十	一百一十五

夕順遲	二十九日二十五	二十四度七十二	二十三度七十二	一百
夕末遲	一十八日二十五	六度九十三五十	六度六十六	六十九
夕留	七日			
夕退	九日七十七	三度七十九九十三	一度六十九七	
夕退伏	六日	四度五十	二度二	六十八
合退伏	六日	四度五十	二度二	八十二
晨退	九日七十七	三度七十九九十三	一度六十九七	六十八
晨留	七日			
晨末遲	一十八日二十五	六度九十三五十	六度六十六	
晨順遲	二十九日二十五	二十四度七十二	二十三度七十三	六十九
晨末疾	三十五日二十五	四十二度二十九	四十度六十	一百
晨中疾	四十七日七十五	五十七度	五十四度七十二	一百一十五
晨次疾	四十七日七十五	五十九度三十九	五十七度一	一百二十三

晨順疾	晨伏	策數	一	二	三	四	五	六	七	八	九	十	元
四十七日七十五	三十九日二十五	損益率	益五十二	益四十八	益四十一半	益三十二半	益二十一	益七	損七	損二十一	損三十二半	損四十一半	
六十度一十六五十	四十九度七十六	盈積度	初	空度五十二	一度	一度四十一半	一度七十四	一度九十五	二度二	一度九十五	一度七十四	一度四十一半	
五十七度七十六	四十七度七十六	損益率	益五十二	益四十八	益四十一半	益三十二半	益二十一	益七	損七	損二十一	損三十二半	損四十一半	
一百二十五	一百二十六	縮積度	初	空度五十二	一度	一度四十一半	一度七十四	一度九十五	二度二	一度九十五	一度七十四	一度四十一半	

十一	損四十八	一度	損四十八	一度
十二	損五十二	空度五十二	損五十二	空度五十二

水星周率六十萬六千三十一　秒七十七半

曆率一百九十一萬　二百四十二　秒一十三半

曆度法五千二百三十

周日一百一十五日　八十七分　六十秒

合日五十七日　九十三分　八十秒

曆度三百六十五度　二十四分　七十秒

曆中一百八十二度　六十二分　三十五秒

曆策一十五度　二十一分　八十五秒

晨伏夕見一十四度

夕伏晨見一十九度

段目	段日	平度	限度	初行率

合伏	一十五日	二十九度	二十四度三十六	二百五
夕順疾	一十五日	二十三度七十五	一十九度九十五	一百八十一
夕順遲	一十五日	一十三度二十五	一十一度一十三	一百三十五
夕留	二日			
夕退伏	一十日九十三八十	八度二十六	二度四十八十	
合退伏	一十日九十三八十	八度二十六	二度四十九八十	一百八
晨留	二日			
晨順遲	一十五日	一十三度二十五	一十一度一十三	
晨順疾	一十五日	二十三度七十五	一十九度九十五	一百三十五
晨伏	一十五日	二十九度	二十四度三十六	一百八十一

策數	損益率	盈積度	損益率	縮積度
一	益五十七	初	益五十七	初
二	益五十三	空度五十七	益五十三	空度五十七

三	益四十五	一度一十	益四十五	一度一十
四	益三十五	一度五十五	益三十五	一度五十五
五	益二十二	一度九十	益二十二	一度九十
六	益八	二度一十二	益八	二度一十二
七	損八	二度二十	損八	二度二十
八	損二十二	二度一十二	損二十二	二度一十二
九	損三十五	一度九十	損三十五	一度九十
十	損四十五	一度五十五	損四十五	一度五十五
十一	損五十三	一度一十	損五十三	一度一十
十二	損五十七	空度五十七	損五十七	空度五十七

求五星天正冬至後平合及諸段中積中星

置通積分（先以里差加減之）各以其星周率去之不盡爲前合分覆減周率餘爲後合分如日法而一不滿退除爲分秒卽得其星天正冬至後平合中積中星（命爲日曰）

度曰中星中積命爲以段日累加中積卽爲諸段中積以平度累加中星經退則減之卽爲段中星

求五星平合及諸段入曆

置通積分各加其星後合分以曆率去之不盡各以其曆度法除爲度不滿退除爲分秒卽爲其星平合入曆度及分秒以諸段限度累加之卽得諸段入曆度及分秒

求五星平合及諸段盈縮定差

各置其星段入曆度及分秒如在曆中以下爲盈以上爲減去曆中餘爲縮以其星曆策除之爲策數不盡爲入策度及分命數算外以其策損益率乘之餘曆策而一爲分以損益其下盈縮積度卽爲其星段盈縮定差

求五星平合及諸段定積

各置其星段中積以其段盈縮定差盈加縮減之卽得其段定積日及分加天正冬至大餘及約分滿紀法去之不滿命壬戌算外卽得日辰也

求五星平合及諸段所在月日

各置其定積以加天正閏日及約分以朔策及約分除之爲月數不盡爲入月以來日數及分其月數命天正十一月算外卽得其段入月中朔日數及分乃以日辰相距爲所在定朔月日

求五星平合及諸段加時定星

各置中星以盈縮定差盈加縮減金星倍之水星三之然後加減卽爲五星諸段定星以加天正冬至加時黃道日度依宿次命之卽其日其段加時所在度及分秒

求五星諸段初日晨前夜半定星

各以其段初行率乘其段定積日下加時分百約之乃順減退加其日加時定星卽其段初日晨前夜半定星所在宿度及分秒

求諸段日率度率

各以其段日辰距後段日辰爲日率以其段夜半宿次與後段夜半宿次相減餘爲度率

求諸段平行分

各置其段度率及分秒以其段日率除之即得其段平行度日及分秒

求諸段總差及日差

本段前後平行分相減爲其段汎差（假令求木星次疾汎差乃以順疾順遲平行分相減餘爲次疾汎差他皆倣此）倍而退位爲增減差加減其平行分爲初末日行分（前多後少者加爲初減爲末前少後多者減爲初加爲末）倍增減差爲總差以日率減一除之爲日差

求前後伏遲退段增減差

前伏者置後段初日行分加其日差之半爲末日行分後伏者置前段末日行分加其日差之半爲初日行分以減伏段平行分餘爲增減差前遲者置前段末日行分倍其日差減之爲初日行分後遲者置後段初日行分倍其日差減之爲末日行分以遲段平行分減之餘爲增減差（前後近留遲段）木火土三星退行者六因平行分退一位爲增減差金星前後伏退者三因平行分半而退位爲增減差前退者置後段初日之行分以其日差減之爲末日行分後退者置前段

末日之行分以其日差減之爲初日行分以本段平行分減之餘爲增減差水星平行分爲增減差皆以增減差加減平行分爲初末日行分前多後少加初減末前少後多減初加末又倍增減差爲總差以日率減一除之爲日差

求每日晨前夜半星行宿次

各置其段初日行分以日差累損益之後少則損之後多則益之爲每日行度及分秒乃順加退減之滿宿次去之即得每日晨前夜半星行宿次視前段末日後段初日行初相較之數不過一二日差爲妙或多日差數倍或顚倒不倫當類同前後增減差稍損益之使其有倫然後用之或前後平行分俱多俱少則平注之或總差之秒不盈一分亦平注之若有不倫而平注得倫者亦平注之

求五星平合及見伏入氣

置定積以氣策及約分除之爲氣數不滿爲入氣日及分秒命天正冬至算外即得所求平合及見伏入氣日及分秒

求五星平合及見伏行差

各以其段初日星行分與太陽行分相減餘爲行差若金在退行水在退合者

相併爲行差如水星夕伏晨見者直以太陽行分爲行差

求五星定合及見伏汎積

木火土三星各以平合晨疾夕伏定積爲定合定見定伏汎積金水二星置其段盈縮定差水星倍之各以行差除之爲日不滿退除爲分秒若在平合夕見晨伏者盈減縮加如在退合夕伏晨見盈加縮減皆以加減定積爲定合定見定伏汎積

求五星定合定積定星

木火土三星各以平合行差除其日太陽盈縮差爲距合差日以太陽盈縮差減之爲距合差度日在盈縮以差日差度減之在縮曆加之加減其星定合汎積爲定合定積定星金水二星順合退合各以平合退合行差除其日太陽盈縮差爲距合差日順加退減太陽盈縮差爲距合差度順在盈曆以差日差度加之在縮曆減之退在盈曆以差日減之差度加之在縮曆以差日加之差度減之皆以加減其定星定合再定合汎積爲定合再定合定積定星以冬至大

餘及約分加定積滿紀法去之命得定合日晨以冬至加時黃道日度加定星

滿宿次去之卽得定合所在宿次其順退所在盈縮卽太陽盈縮

求木火土三星定見伏定日

各置其星定見伏汎積晨加夕減象限日及分秒半中限爲象限如中限以下自相乘

以上覆減歲周日及分秒餘亦自相乘滿七十五而一所得以其星伏見度乘

之一十五除之爲差其差如其段行差而一爲日不滿退除爲分秒見加伏減

汎積爲定積加命如前卽得日辰

求金水二星定見伏定日

各以伏見日行差除其日太陽盈縮差爲日若晨伏夕見日在盈曆加之在縮

曆減之如夕伏晨見日在盈曆減之在縮曆加之加減其星汎積爲常積視常

積如中限以下爲冬至後以上去之餘爲夏至後其二至後如象限以下自相

乘以上覆減中限餘亦自相乘各如法而一冬至後晨夏至後夕以一十八爲法冬至後夕夏至後晨以七十五

爲法以伏見度乘之一十五除之爲差其差滿行差而一爲日不滿退除爲分秒

加減常積爲定積冬至後晨見夕伏加之夕見晨伏減之夏至後晨見夕伏減之夕見晨伏加之加命如前即得定見伏日晨

其水星夕疾在大暑氣初日至立冬氣九日三十五分以下者不見晨留在大寒氣初日至立夏氣九日三十五分以下者不見春不晨見秋不夕見者亦舊曆有之

元史卷五十七

元史卷五十八

明翰林學士亞中大夫知制誥兼修國史宋　濂等修

地理志第十

地理一

自封建變爲郡縣有天下者漢隋唐宋爲盛然幅員之廣咸不逮元漢梗於北狄隋不能服東夷唐患在西戎宋患常在西北若元則起朔漠併西域平西夏滅女真臣高麗定南詔遂下江南而天下爲一故其地北踰陰山西極流沙東盡遼左南越海表蓋漢東西九千三百二里南北一萬三千三百六十八里唐東西九千五百一十一里南北一萬六千九百一十八里元東南所至不下漢唐而西北則過之有難以里數限者矣初太宗六年甲午滅金得中原州郡七年乙未下詔籍民自燕京順天等三十六路戶八十七萬三千七百八十一口四百七十五萬四千九百七十五憲宗二年壬子又籍之增戶二十餘萬世祖至元七年又籍之又增三十餘萬十三年平宋全有版圖二十七年又籍之得

戶一千一百八十四萬八百有奇於是南北之戶總書于策者一千三百一十九萬六千二百有六口五千八百八十三萬四千七百一十有一而山澤溪洞之民不與焉立中書省一行中書省十有一曰嶺北曰遼陽曰河南曰陝西曰四川曰甘肅曰雲南曰江浙曰江西曰湖廣曰征東分鎮藩服路一百八十五府三十三州三百五十九軍四安撫司十五縣一千一百二十七文宗至順元年戶部錢糧戶數一千三百四十萬六百九十九視前又增二十萬有奇漢唐極盛之際有不及焉蓋嶺北遼陽與甘肅四川雲南湖廣之邊唐所謂羈縻之州往往在是今皆賦役之比於內地而高麗守東藩執臣禮惟謹亦古所未見地大民衆後世狃於治安而不知詰戎兵慎封守積習委靡一旦有變而天下遂至於不可爲嗚呼盛極而衰固其理也唐以前以郡領縣而已元則有路府州縣四等大率以路領州領縣而腹裏或有以路領府府領州州領縣者其府與州又有不隸路而直隸省者具載于篇而其沿革則泝唐而止焉作地理志

凡路低於省一字府與州直隸省者亦低於省一字其有宣慰司廉訪司亦止低於省一字各路錄事司與路所親領之縣與府州之隸路者低於路一字府

與州所領之縣低於府與州一字府領州州又領縣者又低於縣一字路所親領之縣若府若州曰領縣若干府若干州若干府與州所領之縣則曰若干縣所以別之也

中書省統山東西河北之地謂之腹裏為路二十九州八屬府三屬州九十一屬縣三百四十六各路立站總計一百九十八處

大都路唐幽州范陽郡遼改燕京金遷都為大興府元太祖十年克燕初為燕京路總管大興府太宗七年置版籍世祖至元元年中書省臣言開平府闕庭所在加號上都燕京分立省部亦乞正名遂改中都其大興府仍舊四年始於中都之東北置今城而遷都焉京城右擁太行左挹滄海枕居庸奠朔方城方六十里十一門正南曰麗正南之右曰順承南之左曰文明北之東曰安貞北之西曰健德正東曰崇仁東之右曰齊化東之左曰光熙正西曰和義西之右曰肅清西之左曰平則海子在皇城之北萬壽山之陰舊名積水潭聚西北諸泉之水流入都城而匯於此汪洋如海都人因名焉恣民漁採無禁擬周之靈沼云九年改大都十九年置留守司二十一年置大都路總管府戶一十四萬七千五百九十口四十萬一千三百五十用至元七年抄籍數領院二縣六州十州領十六縣

右警巡院

左警巡院初設警巡院三至元四年省其一止設左右二院分領坊市民事

縣六

大興赤　宛平赤與大興分治郭下金水河源出玉泉山流入皇城故名金水　良鄉下　永清下　寶坻下至元十六年於縣立屯田所收子粒赴太倉及豐源倉輸納　昌平下

州十

涿州下　唐范陽縣復改涿州宋因之元太宗八年爲涿州路中統四年復爲涿州領二縣范陽下倚郭　房山下金奉先縣至元二十七年改今名

霸州下　唐隸幽州周始置霸州宋升永清郡金置信安軍元仍爲霸州領四縣益津下倚郭中統四年省至元二年置　文安下　大城下　保定下至元二年省入益津四年置

通州下　唐爲潞縣金改通州取漕運通濟之義有豐備通濟太倉以供京師領二縣潞縣倚郭　三河下

薊州下　唐置後改漁陽郡仍改薊州宋爲廣川郡金爲中都元太祖十年定其地仍爲薊州領五縣漁陽下倚郭　豐閏下至元二年省入玉田四年以路當衝要復置二十一年立豐

閏署領屯田八百三十七戶 玉田下 遵化下 平谷下至元二年省入漁陽十三年復置

漷州下 遼金爲漷陰縣元初爲大興府屬邑至元十三年升漷州割大興府之武清香河二邑來屬領二縣香河下 武清

順州下 唐初改燕州復爲歸德郡復爲順州復爲歸順州遼爲歸化軍宋爲順興軍金仍爲順州置温陽縣元廢縣存州

檀州下 唐改密雲郡又復爲檀州遼爲武威軍宋爲鎮遠軍金仍爲檀州元因之

東安州下 唐以前爲安次縣遼金因之元初隸大興府太宗七年隸霸州中統四年升爲東安州隸大都路

固安州下 唐仍隋舊爲固安縣隸幽州宋隸涿水郡金隸涿州元憲宗九年隸霸州又改隸大興府中統四年升固安州

龍慶州唐爲嬀川縣金爲縉山縣元至元三年省入懷來縣五年復置本屬上都路宣德府奉聖州二十二年仁宗生於此延祐三年割縉山懷來

來隸大都升縉山爲龍慶州領一縣懷來下

上都路唐爲奚契丹地金平契丹置恆州元初爲札剌兒部兀魯郡王營幕地憲宗五年命世祖居其地爲巨鎮明年世祖命劉秉忠相宅於桓州東灤水北之龍岡中統元年爲開平府五年以闕庭所在加號上都歲一幸焉至元二年置留守司五年升上都路總管府十八年升上都留守司兼行本路總管府事戶四萬一千六十二口一十一萬八千一百九十一領院一縣一府一州四州領三縣府領三縣二州州領六縣

警巡院

縣一

開平上

府一

順寧府唐爲武州遼爲德州金爲宣德州元初爲宣寧府太宗七年改山東路總管府中統四年改宣德府仍隸上都路至元三年以地震改順寧

府領三縣二州

三縣

宣德（下。倚郭。至元二年，省本府之錄事司并龍門縣並入焉。二十八年，又割龍門去屬雲州。）宣平（下）順聖（下。本隸弘州，今來屬。）

二州

保安州（下）唐新州。遼改奉聖州。金爲興德府。元初因之，舊領永興、縉山、懷來、礬山四縣。至元二年，省礬山入永興。三年，省縉山入懷來，仍改爲奉聖州，隸宣德府。五年，復置縉山。延祐三年，以縉山、懷來仍隸大都。至元三年，以地震改保安州。領一縣：

永興（下。倚郭。）

蔚州（下）唐改爲安邊郡，又改爲興唐縣，又仍爲蔚州。遼爲忠順軍。金仍爲蔚州。元至元二年，省州爲靈仙縣，隸弘州。其年，復改爲蔚州，隸宣德府。領五縣：靈仙（下）靈丘（下）飛狐（下）定安（下）廣靈（下）

州四

興州下 唐爲奚地金初爲興化郡隸北京後爲興州元中統三年屬上都路領二縣興安下至元二年置 宜興中至元二年置

松州下 本松林南境遼置松山州金爲松山縣隸北京大定府路元中統三年升爲松州仍存縣至元二年省縣入州

桓州下 本上谷郡地金置桓州元初廢至元二年復置雲州下 古望雲川地契丹置望雲縣金因之元中統四年升縣爲雲州治望雲縣至元二年州存縣廢二十八年復升宣德之龍門鎮爲望雲縣隸雲州領一縣望雲

興和路上 唐屬新州金置柔遠鎮後升爲縣又升撫州屬西京元中統三年以郡爲內輔升隆興路總管府建行宮戶八千九百七十三口三萬九千四百九十五領縣四州一

縣四

高原下倚郭中統二年隸宣德府三年來屬 懷安下元初隸宣德府中統三年來屬 天成下元初隸宣德府中統三年來屬

咸寧下元初隸宣德府中統三年來屬

州一

寶昌州下金置昌州元初隸宣德府中統三年隸本路置鹽使司延祐六年改寶昌州

永平路下唐平州遼爲盧龍軍金爲興平軍元太祖十年改興平府中統元年升平灤路置總管府設錄事司大德四年以水患改永平路戶一萬三千五百一十九口三萬五千三百領司一縣四州一州領二縣

錄事司

縣四

盧龍下倚郭　遷安下至元二年省入盧龍縣後復置　撫寧下至元二年與海山俱省入昌黎七年復置仍省昌黎海山入焉十一年復置四年又與海山俱入昌年復置昌黎以屬灤州今昌黎屬本縣　昌黎下至元二年與海山俱省入昌黎十一年復置仍併海山入焉詳見撫寧縣

州一

灤州下在盧龍塞南金領義豐馬城石城樂亭四縣元至元二年省義豐

入州三年復置先以石城省入樂亭其年改入義豐四年馬城亦省領二
縣義豐下倚郭至元二年省入州三年復置 樂亭下元初嘗於縣置漢州尋廢復爲樂亭縣隸灤州
德寧路下 領縣一德寧下
淨州路下 領縣一天山下
泰寧路下 領縣一泰寧下
集寧路下 領縣一集寧下
應昌路下 領縣一應昌下
全寧路下 領縣一全寧下
寧昌路下 領縣一寧昌下
砂井總管府領縣一砂井
以上七路一府八縣皆闕
保定路上 本清苑縣唐隸鄚州宋升保州金改順天軍元太宗十一年升順
天路置總管府至元十二年改保定路設錄事司戶七萬五千一百八十二

口一十三萬九百四十領司一縣八州七州領十一縣

錄事司

縣八

清苑中附郭 滿城中 唐縣下金隸定州後來屬 慶都下元初隸真定府太宗十一年來屬 行唐下 曲陽中古恆州地唐為曲陽縣宋屬中山府金因之元初改恆州立元帥府割阜平靈壽行唐慶都唐縣以隸之逮移鎮歸德還隸中山府復為曲陽縣後隸保定北嶽恆山在焉 新安下金置新安州渥城縣元至元二年州縣俱廢改為新安鎮入歸信縣四年割入容城九年置新安縣來屬 博野下至元三十一年立

州七

易州中 唐改上谷郡又復為易州元太宗十一年割隸順天府至元十年隸大都路二十三年還隸保定領三縣 易縣中倚郭元初存州廢縣至元三年復置 淶水下 定興下金隸涿州今來屬

祁州中 唐為義豐縣屬定州宋改為蒲陰縣金於縣置祁州屬真定路元至元三年立附郭蒲陰縣及以束鹿深澤二縣來屬隸保定領三縣 蒲陰

中倚郭　深澤下至元二年併入束鹿縣三年又來屬　束鹿中

雄州下　唐歸義縣五代爲瓦橋關周世宗克三關於關置雄州宋爲易陽郡金爲永定軍元太宗十一年割雄州三縣屬順天路至元十年改屬大都路十二年改屬順天路爲保定路二十三年復以雄州隸之領三縣歸信下　容城下金隸安肅州今來屬　新城太宗二年改新泰州七年復爲縣隸大都路十一年隸順天路至元二年隸雄州十年隸大都二十三年復來屬

安州下　唐爲唐興縣隸鄚州宋升順安軍金改安州治渥城縣元初移治葛城至元二年廢爲鎮入高陽縣後復改安州隸保定領二縣　葛城下倚郭

高陽下

遂州下　唐爲遂城縣屬易州宋改廣信軍金廢爲遂城縣隸保州元至元二年省入安肅州爲鎮後復置州而縣廢隸保定

安肅州下　本易州宥戎鎮地宋創立靜戎軍又改安肅軍金爲安肅州元隸保定

完州下 唐爲北平縣隸定州宋升北平軍金更爲永平縣又改完州元至元二年改永平縣後復爲完州

燕南河北道肅政廉訪司

真定路唐恆山郡又改鎮州宋爲真定府元初置總管府領中山府趙邢洺磁滑相濬衞祁威完十一州後割磁威隸廣平濬滑隸大名祁完隸保定又以邢入順德洺入廣平相入彰德衞入衞輝又以冀深晉蠡四州來屬戶一十三萬四千九百八十六口二十四萬六百七十領司一縣九府一州五府領三縣州領十八縣

錄事司

縣九

真定中倚郭 藁城中太宗六年爲永安州無極寧晉新樂平棘四縣隸焉七年廢州爲藁城縣屬真定 欒城下 元氏中

獲鹿中太宗在潛邸改西寧州既即位七年復爲獲鹿縣隸真定 平山下 靈壽下 阜平下 涉縣元初爲崇州隸真定路後廢州復置涉縣至元二年省入磁州後復來屬

府一

中山府唐定州宋爲中山郡金爲中山府元初因之舊領祁完二州太宗十一年割二州隸順天府後爲散府隸真定領三縣安喜中 新樂下 無極中

州五

趙州中 唐趙州宋爲慶源軍金改沃州元仍爲趙州舊領平棘臨城欒城元氏高邑贊皇寧晉隆平柏鄉九縣太祖十五年割欒城元氏隸真定領七縣平棘中 寧晉下 隆平下 臨城中 柏鄉下 高邑下 贊皇下至元二年併入高邑七年復置

冀州上 唐改魏州後仍爲冀州宋升安武軍元仍爲冀州領五縣信都中至元初與冀州錄事司俱省入冀州後復置三年省錄事司入焉爲冀州治所 南宮上 棗彊中 武邑中 新河中太宗四年置

深州下 唐改饒陽郡後仍爲深州元初隸河間置帥府太宗十年隸真定

路領饒陽安平武彊束鹿靜安五縣後割安平饒陽武彊隸晉州束鹿隸祁州以冀州之衡水來屬領二縣靜安（中）衡水（下）

晉州唐宋皆爲鼓城縣元太祖十年改晉州太宗十年立鼓城等處軍民萬戶所中統二年復爲晉州領四縣鼓城（中 倚郭）饒陽（中）安平（下 太祖十九年爲南平州於此行千戶總管府事領饒陽一縣太宗七年復改爲縣隸深州憲宗在潛隸鼓城等處軍民萬戶府中統二年改立晉州仍爲安平縣隸焉）武彊（下 元初創立東武州領武邑靜安太宗六年廢州復爲縣改隸深州十一年割屬祁州憲宗在潛隸鼓城等處軍民萬戶府中統二年置晉州縣隸焉）

蠡州（下）唐始置宋改永寧軍金仍爲蠡州元初隸真定領司候司博野縣至元三年省司候司博野縣入蠡州十七年直隸省部二十一年仍屬真定

順德路（下）唐邢州宋爲信德府金改邢州元初置元帥府後改安撫司憲宗分洺水民戶之半於武道鎮置司總管五年以武道鎮置廣宗縣併以來屬中統三年升順德府至元元年以洺州磁州來屬二年洺磁自爲一路以順

德爲順德路總管府戶三萬五百一口一十二萬四千四百六十五領司一

縣九

錄事司

縣九

邢臺中倚郭　鉅鹿中　內丘中至元二年併唐山縣入焉後復置唐山與內丘並　平鄉中　廣宗中憲宗五年置中統三年以後屬順德府至元二年省入平鄉縣後復置隸順德路　沙河下至元二年省南和縣入焉後復置南和與沙河並　南和下　唐山下　任縣下至元二年省入邢臺縣後復置

廣平路下　唐洺州又爲廣平郡元太宗八年置邢洺路總管府以邢磁威隸之憲宗二年爲洺磁路止領磁威二州至元十五年升廣平路總管府戶四萬一千四百四十六口六萬九千八百八十二領司一縣五州二州領六縣

錄事司

縣五

永平中倚郭　曲周中　肥鄉中　雞澤下元初併入永年後復置　唐平下

州一

磁州中　唐磁州宋爲滏陽郡金以隸彰德元太祖十年升爲滏源軍節度隸真定路太宗八年隸邢洺路憲宗二年改邢洺路爲洺磁路至元二年以真定之涉縣及城安縣併入滏陽武安縣併入邯鄲止以滏陽邯鄲二縣及錄事司來屬後復置涉縣歸真定以滏陽武安邯鄲成安錄事司隸焉至元三年併錄事司入滏陽縣至元十五年改洺磁路爲廣平路總管府磁州仍隸焉領四縣滏陽中倚郭　武安中　邯鄲下　成安下　威州中　舊無此州金始置元太宗六年割隸邢洺路以洺水縣來屬憲宗二年隸洺磁路徙州治於洺水領二縣洺水中倚郭太宗八年隸洺州定宗二年改隸威州憲宗一年徙威州治此　井陘下威州本治此憲宗二年移州治於洺水縣井陘爲屬縣

彰德路下　唐相州又改鄴郡石晉升彰德軍金升彰德府元太宗四年立彰德總帥府領衞輝二州憲宗二年割出衞輝以彰德爲散府屬真定路至元二年復立彰德總管府領懷孟衞輝四州及本府安陽臨漳湯陰輔岩林慮

五縣四年又割出懷孟衛輝仍立總管以林慮升爲林州復立輔岩縣隸之
六年併輔岩入安陽戶三萬五千二百四十六口八萬八千二百六領司一
縣三州一

錄事司

縣三

安陽上至元六年併輔岩入焉　湯陰中　臨漳中

州一

林州下　本林慮縣金升爲州元太宗七年行縣事憲宗二年復爲州至元
二年復爲縣又併輔岩入焉未幾復爲州割輔岩入安陽仍以州隸彰德
路

大名路中　唐魏州五代南漢改大名府金改安武軍元因舊名爲大名府路
總管府戶六萬八千六百三十九口一十六萬三百六十九領司一縣五州
三州領六縣

錄事司

縣五

元城中倚郭至元二年併入大名縣後復置 大名中倚郭太宗六年立縣治憲宗二年遷縣事於府城內至元二年省元城來屬尋析大名元城爲二縣九年還縣治於故所 南樂中 魏縣中 清河本恩州地太宗七年籍爲清河縣隸大名路

州三

開州上 唐澶州宋升開德府金爲開州元割開封之長垣曹州之東明來屬領四縣濮陽上倚郭 東明中太宗七年割隸大名路至元二年來屬 長垣中初隸大明路至元二年始隸開州 清豐中

滑州中 唐改靈昌郡宋改武成軍元仍爲滑州領二縣白馬上爲州治所 內黃

濬州下 唐置黎州後廢石晉置濬州宋爲通利軍又改平川軍金復爲濬州元初隸真定至元二年隸大名

懷慶路下 唐懷州復改河內郡又仍爲懷州宋升爲防禦金改南懷州又改沁南軍元初復爲懷州太宗四年行懷孟州事憲宗六年世祖在潛邸以懷

孟二州爲湯沐邑七年改懷孟路總管府至元元年以懷孟路隸彰德路二年復以懷孟自爲一路延祐六年以仁宗潛邸改懷慶路戶三萬四千九百九十三口一十七萬九百二十六領司一縣三州一州領三縣

錄事司

縣三

河內中 修武中 武陟中

州一

孟州下 唐置河陽軍又升孟州宋隸河北道金大定中爲河水所害北去故城十五里築今城徙治焉故城謂之下孟州新城謂之上孟州元初治下孟州憲宗八年復立上孟州河陽濟源王屋温四縣隸焉設司候司至元三年省王屋入濟源併司候司入河陽領三縣河陽下 濟源下 太宗六年改濟源爲原州七年州廢復爲縣至元三年省王屋縣入焉 温縣

衛輝路下 唐義州又爲衛州又爲汲郡金改河平軍元中統元年升衛輝路

總管府設錄事司戶二萬二千一百一十九口一十二萬七千二百四十七
領司一縣四州二
錄事司
縣四
汲縣下倚郭 新鄉中 獲嘉下 胙城下舊以胙城爲倚郭憲宗元年還州治于汲以胙城爲屬邑
州二
輝州下 唐以共城縣置共州宋隸衞州金改爲河平縣又改蘇門縣又升蘇門縣爲輝州置山陽縣屬焉至元三年省蘇門縣廢山陽爲鎮入本州
淇州下 唐宋金並爲衞縣之域曰鹿臺鄉元憲宗五年以大名彰德衞輝籍餘之民立爲淇州因又置縣曰臨淇爲倚郭中統元年隸大名路宣撫司至元三年立衞輝路以州隸之而臨淇縣省
河間路上 唐瀛州宋河間府元至元二年置河間路總管府戶七萬九千二百六十六口一十六萬八千五百三十六領司一縣六州六州領十七縣

錄事司

縣六

河間 中。倚郭。肅寧 下。至元二年廢為鎮，入河間縣，後復舊。齊東 下。憲宗三年隸濟南路，至元二年還屬河間路。寧津 下。憲宗二年屬濟南路，至元二年隸河南。臨邑 下。本屬濟南府，太宗七年割屬河間，憲宗三年還屬濟南，至元二年復屬河間。青城 下。本青平鎮，太宗七年析臨邑、寧津地置縣，隸濟南，中統置青城縣，隸陵州，至元二年隸河間。

州六

滄州 中。唐改景城郡，復仍為滄州。金升臨海軍。元復為滄州。領五縣：清池 中。樂陵 中。南皮 下。無棣 下。至元二年併入樂陵縣，以縣治入濟南之棣州，尋復置。鹽山 下。

景州 中。唐觀州，又改景州。宋改永靜軍。金仍改觀州。元因之。至元二年復為景州。領五縣：蓨縣 中。舊屬觀州，元初升元州，後復為蓨縣。故城 中。元初隸河間路，至元二年併為故城鎮，屬景州，是年復置縣，還來屬。阜城 下。東光 下。吳橋 中。

清州 下。五代置乾寧軍，宋為乾寧郡，大觀間以河清改清州，金為乾寧郡。元太宗二年改清寧府，七年又改清州。至元二年以靖海與濟兩縣及本

州司候司併爲會川縣後復置清州領三縣會川（中） 靖海（下） 興濟（下）

獻州（下） 本樂壽縣宋隸瀛州又隸河間府金改爲壽州又改獻州元至元二年以州併入樂壽直隸河間路未幾復舊領二縣樂壽（中附郭） 交河（中至元二年入樂壽未幾如故）

莫州（下） 唐置鄚州尋改爲莫舊領二縣至元二年省入河間未幾仍領二縣莫亭（下倚郭至元二年與任丘俱省入河間縣後復置） 任丘

陵州（下） 本將陵縣宋金皆隸景州憲宗三年割隸河間府是年升陵州隸濟南路至元二年復爲縣三年復爲州仍隸河間路

東平路（下） 唐鄆州又改東平郡又號天平軍宋改東平府隸河南道金隸山東路元太祖十五年嚴實以彰德大名磁洺恩博濬滑等戶三十萬來歸以實行臺東平領州縣五十四實沒子忠濟爲東平路管軍萬戶總管行總管府事州縣如舊至元五年以東平爲散府九年改下路總管府戶四萬四千七百三十一口五萬一百四十七領司一縣六

錄事司

縣六

須城 下為東平治所 東阿 中 陽穀 中 汶上 中 壽張 下 平陰 下至元十三年以縣之辛鎮寨孝德等四鄉分析他屬明年改寨為肥城作中縣隸濟寧路以平陰為下縣仍屬東平

東昌路 下 唐博州宋隸河北東路金隸大名府元初隸東平路至元四年析為博州路總管府十三年改東昌路仍置總管府戶三萬三千一百二口一十二萬五千四百六領司一縣六

錄事司

縣六

聊城 中倚郭 堂邑 中 莘縣 中宋隸大名府元割以來屬 博平 中 茌平 中 丘縣 下本為鎮隸曲周至元二年併入堂邑二十六年山東宣慰司言丘縣併入堂邑差稅詞訴相去二百餘里往復非便平恩有戶二千七百升縣為宜遂立丘縣隸東昌

濟寧路 下 唐麟州周於此置濟州元太宗七年割屬東平府至元六年以濟州還治鉅野仍析鄆城之四鄉來屬八年升濟寧府治任城尋還治鉅野十

二年復立濟州治任城屬濟寧府十五年遷府於濟州却以鉅野行濟州事其年又以府治歸鉅野而濟州仍治任城但爲散州十六年濟寧升爲路置總管府戶一萬五百四十五口五萬九千八百一十八領司一縣七州三州領九縣

録事司

縣七

鉅野 中倚郭金廢屬鄆州至元六年復立 鄆城 上金以水患徙置盤溝村元至元八年復來屬 肥城 宋金爲平陰縣元至元十二年以平陰莘鎮寨東北十五里舊城改設今縣 金鄉 下初隸濟州至元二年來屬 碭山 金爲水蕩沒元憲宗七年始復置縣治隸東平路至元二年以戶口稀少併入單父縣三年復置屬濟州八年屬濟寧路 虞城 下金圮於水元憲宗二年始復置縣隸東平路至元二年以戶口稀少併入單父三年復立縣屬濟州八年隸濟寧路 豐縣 唐屬徐州元憲宗二年屬濟州至元二年以沛縣併入豐縣三年復立沛縣八年以豐縣直隸濟寧路

州三

濟州 下 唐以前爲濟北郡治單父唐初爲濟州又爲濟陽郡仍改濟州周

瀕濟水立濟州宋因之金還州治任城以河水湮沒故也元至元二年以
戶不及千數併隸任城六年還州於鉅野而任城爲屬邑八年升州爲濟
寧府治任城復還府治鉅野十二年以任城當江淮水陸衝要復立濟州
屬濟寧路而任城廢十五年還府於濟州以鉅野行濟州事其年復於鉅
野立府仍於此爲州二十三年復置任城隸州領三縣任城倚郭魚臺太宗七年
屬濟州至元二年併入金鄉三年復故八年屬濟寧府十三年來屬沛縣太宗七年移滕州治此憲宗二年州廢復爲縣至元二年省入
豐縣二年復置八年隸濟寧府十三年來屬
兗州下唐初爲兗州復升泰寧軍宋改襲慶府金改泰定軍元初復爲兗
州屬濟州憲宗二年分隸東平路至元五年復屬濟州十六年隸濟寧路
總管府二十三年立尚珍署領屯田四百五十六戶收子粒赴濟州官倉輸納餘糧糶賣所入鈔納於光祿寺領四縣嵫陽
曲阜泗水至元二年省入曲阜三年復置寧陽至元二年省入嵫陽大德元年復置
單州下唐置輝州治單父後唐改爲單州宋升團練州金隸歸德府元初
屬濟州憲宗二年屬東平府至元五年復屬濟州十六年隸濟寧路領二

縣單父縣在郭下元初與單州併屬濟州憲宗二年隸東平府至元二年復立單父縣三年還屬濟州今屬單州嘉祥舊屬濟州憲宗二年割隸東平路至元三年還屬濟州今爲單州屬縣

曹州上唐初爲曹州後改濟陰郡又仍爲曹州宋改興仁府金復爲曹州元初隸東平路總管府至元二年直隸省部戶三萬七千一百五十三口一十九萬五千三百三十五領縣五濟陰上成武中定陶中禹城中楚丘中

濮州上唐初爲濮州後改濮陽郡又仍爲濮州宋升防禦郡金爲刺史州元初隸東平路後割大名之館陶朝城恩州之臨清開州之觀城來屬至元五年析隸省部戶一萬七千三百一十六口六萬四千二百九十三領縣六鄄城上朝城中初隸東平府至元五年來屬館陶中初屬東平路至元三年來屬臨清觀城下金屬開州元初來屬范縣下初屬東平府路至元二年來屬

高唐州中唐爲縣屬博州宋金因之元初隸東平至元七年升州戶一萬九千一百四口二萬三千一百二十一領縣三高唐中夏津中初隸東平至元七年來屬武城中初隸東平至元七年來屬

泰安州中 本博城縣唐初於縣置東泰州後廢州改爲乾封縣屬兗州宋改奉符縣金置泰安州元初屬東平路至元二年省新泰縣入萊蕪縣五年析隸省部三十一年復立新泰縣東嶽泰山在焉戶九千五百四十口一萬七百九十五領縣四奉符中 長清中舊屬濟南府元初來屬 萊蕪下 新泰金屬泰安州至元二年省入萊蕪三十一年復立

德州唐初爲德州後改平原郡又仍爲德州金屬山東西路元初隸東平路總管府割大名之清平濟南之齊河縣來屬戶二萬四千四百二十四口一十五萬六千九百五十二領縣五安德下 平原下 齊河金創置此州隸濟南府至元二年來屬

清平宋金隸大名府元初來屬 德平

恩州中 唐貝州又爲清河郡宋改恩州金隸大名府路元初割清河縣隸大名府以武城隸高唐惟存歷亭一縣及司候司至元二年縣及司俱省入州七年自東平析隸省部戶一萬五百四十五口三萬七千四百七十九

冠州本冠氏縣唐因隋舊置毛州後州廢縣屬魏州宋金並屬大名府元初屬東平路至元六年升冠州直隸省戶五千六百九十七口二萬三千四十

山東東西道宣慰司

益都路唐青州又升盧龍軍宋改鎮海軍金爲益都路總管府戶七萬七千一百六十四口二十一萬二千五百二領司一縣六州八州領十五縣

錄事司

縣六

益都中倚郭至元二年以行淄州及行淄川縣併入三年又併臨淄臨朐二縣入焉十五年割臨淄臨朐復置縣並屬本縣 臨淄下 臨朐下 高苑下舊屬淄州 樂安下 壽光下

州八

濰州下唐初爲濰州後廢宋爲北海軍復升濰州金屬益都路元初領北海昌邑昌樂三縣及司候司憲宗三年省司候司入北海至元三年省昌樂縣入北海領二縣北海下 昌邑下

膠州下唐初爲膠西縣宋置臨海軍金仍改爲膠西縣屬密州元太祖於縣置膠州領三縣膠西中 即墨下宋金皆隸萊州元太祖二十二年來屬 高密下宋金並隸密州

密州唐初改爲高密郡後仍爲密州宋爲臨海軍復爲密州元初因之以膠西高密屬膠州憲宗三年省司候司入諸城縣隸益都領二縣諸城州治所安丘下

莒州下唐廢莒州以莒縣隸密州宋沿其舊金復爲莒州隸益都府元初因之領四縣莒縣下州治所憲宗三年省司候司入焉沂水下有沂山爲東鎮日照下蒙陰下元初因舊名爲新泰縣中統三年以李璮亂人民逃散省入沂水皇慶二年復置爲蒙陰縣

沂州下唐初改爲琅邪郡後仍爲沂州宋屬京東東路金屬山東東路元屬益都路領二縣臨沂中州治所憲宗三年省司候司入焉費縣下

滕州下唐爲滕縣屬徐州宋仍舊金改爲滕州屬兖州元隸益都路領二縣滕縣下憲宗三年省司候司入焉鄒縣下

嶧州下唐置鄫州又改蘭陵縣爲承縣後州廢以縣屬沂州宋仍舊金改蘭陵縣於縣置嶧州元初以嶧州隸益都路至元二年省蘭陵入本州

博興州下唐博昌縣後唐改博興宋屬青州金屬益都府元初升爲州

山東東西道肅政廉訪司

濟南路上 唐濟州又改臨淄郡又改濟南郡又爲青州宋爲濟南府金因之元初改濟南路總管府舊領淄陵二州至元二年淄州割入淄萊路陵州割入河間路又割臨邑縣隸河間路長清縣入泰安州禹城縣隸曹州齊河縣入德州割淄州之鄒平縣來屬置總管府戶六萬三千二百八十九口一十六萬四千八百八十五領司一縣四州二州領七縣

錄事司

縣四

歷城中倚郭 章丘上 鄒平上唐宋皆屬淄州至元間來屬 濟陽中

州二

棣州上 唐析滄州之陽信商河樂陵厭次置棣州宋金因之元初濱棣自爲一道中統三年改置濱棣路安撫司至元二年與濱州俱隸濟南路領四縣

厭次中倚郭初立司候司至元二年省入本縣 商河中 陽信中 無棣下宋金屬滄州元初割無棣之半屬滄州

半以來屬

濱州中唐屬棣州周始置濱州金隸益都元初以棣州爲濱棣路至元二年省路爲州棣濟南路領三縣

渤海中初設司候司至元二年省入此縣　利津下　霑化下

般陽府路下唐淄州宋屬河南道金屬山東東路元初太宗在潛置新城縣中統四年割濱州之蒲臺來屬先是淄州隸濟南路總管府五年升淄州路置總管府是歲改元至元割鄒平屬濟南路高苑屬益都路二年改淄州路爲淄萊路二十四年改般陽路取漢縣以爲名戶二萬一千五百三十口一十二萬三千一百八十五領司一縣四州二州領八縣

錄事司

縣四

淄州中倚郭　長山中初屬濟南路中統三年來屬　新城中本長山縣驛臺太宗在潛以人民完聚挪置城曰新城以田索二鎮屬焉　蒲臺下金屬濱州元初隸濱棣路中統五年屬淄州至元二年改屬淄萊路升中縣

州二

萊州中 唐初改東萊郡爲萊州宋爲防禦州金升定海軍屬山東東路元初屬益都路中統五年屬淄萊路舊設錄事司至元二年省入掖縣又省即墨入掖與膠水仍隸般陽路領四縣掖縣中 倚郭至元二年省錄事司析即墨縣入焉 膠水下 至元二年析即墨縣入焉 招遠下 萊陽

登州下 唐初爲牟州復改登州宋屬河南道元初屬益都路中統五年別置淄萊路以登州隸之至元二十四年改屬般陽路領四縣蓬萊下 黃縣下 福山下 僞齊以登州之兩水鎮爲福山縣楊疃鎮爲棲霞縣 棲霞下

寧海州下 僞齊劉豫以登州之文登牟平二縣立寧海軍金升寧海州元初隸益都路至元九年直隸省部戶五千七百一十三口一萬五千七百四十三領縣二牟平中 文登下

河東山西道宣慰使司

大同路上 唐爲北恆州又爲雲州又改雲中郡遼爲西京大同府金改總管府元初置警巡院至元二十五年改西京爲大同路戶四萬五千九百四十

五口一十二萬八千四百九十六領司一縣五州八州領四縣大德四年於西京黃華嶺立屯田六年立萬戶府所屬山陰鴈門馬邑鄯陽洪濟金城寧武凡七屯

錄事司

縣五

大同中倚郭至元二年省西縣入焉　白登下至元二年廢為鎮屬大同縣尋復置　宣寧下　平地下本號平地裊至元二年省入豐州二年置縣曰平地　懷仁下

州八

弘州下　唐為清塞軍隸蔚州遼置弘州金仍舊舊領襄陰順聖二縣元至元中割順聖隸宣德府惟領襄陰及司候司後並省入州

渾源州下　唐為渾源縣隸應州金升為州仍置縣在郭下併置司候司元至元四年省入州

應州下　唐末置後唐升彰國軍元初仍為應州領二縣金城下州治所　山陰下至元二年併入金城後復置

朔州下 唐改馬邑郡爲朔州後唐升鎮武軍宋爲朔寧府金爲朔州元因之領二縣鄯陽下 至元四年省錄事司入焉 馬邑下

武州下 唐隸定襄馬邑二郡遼置武州宣威軍元至元二年割寧邊州之半來屬舊領寧邊一縣及司候司四年省入州

豐州下 唐初爲豐州又改九原郡又仍爲豐州金爲天德軍元復爲豐州舊有錄事司幷富民縣元至元四年省入州

東勝州下 唐勝州又改榆林郡又復爲勝州張仁愿築三受降城東城南直榆林後以東城濱河徙置綏遠峯南郡今東勝州是也金初屬西夏後復取之元至元二年省寧邊州之半入焉舊有東勝縣及錄事司四年省入州

雲內州下 唐初立雲中都督府復改橫塞軍又改天德軍即中受降城之地金爲雲內州舊領雲川柔服二縣元初廢雲川設錄事司至元四年省司縣入州

河東山西道肅政廉訪司

冀寧路上唐并州又爲太原府宋金因之元太祖十一年立太原路總管府大德九年以地震改冀寧路戶七萬五千四百四口一十五萬五千三百二十一領司一縣十州十四州領九縣

錄事司

縣十

陽曲中倚郭 文水中 平晉下 祁縣下舊隸晉州後州廢隸太原路 榆次下至元二年隸太原路 太谷下

清源下 壽陽下 交城下 徐溝下

州十四

汾州中 唐改西河郡爲浩州又改汾州又改西河郡又爲汾州金置汾陽軍元初立汾州元帥府割靈石縣隸平陽路之霍州仍析置小靈石縣後廢府至元二年復行州事省小靈石入介休三年併温泉入孝義領四縣

西河中 孝義下至元三年割温泉縣之半置巡檢司隸本縣 平遙下元初屬太原府至元二年來屬 介休下元初置

隸太原府至元二年來屬仍省小靈石縣入焉

石州下 唐初改離石郡爲石州又改昌化郡又仍爲石州宋金因其名元中統二年省離石縣入本州三年復立至元三年省温泉入孝義以臨泉爲臨州舊置司候司後與孟門方山俱省入離石領二縣離石下倚郭 寧鄉下太宗九年隸太原府定宗三年隸石州憲宗九年又隸太原府至元三年復來屬

忻州下 唐初置新興郡後改忻州又改定襄郡又爲忻州金隸太原府元因之領二縣秀容下倚郭至元二年省入忻州四年復置 定襄下

平定州下 唐爲廣陽縣宋爲平定軍金爲平定州元至元二年省倚郭平定樂平二縣入本州七年復立樂平領一縣樂平下倚郭至元二年省縣爲鄉入本州立巡檢司七年復立

臨州下 唐置臨泉縣又置北和州後州廢隸石州宋置晉寧軍金廢軍置臨水縣隸石州元中統二年仍改臨泉縣直隸太原府三年升臨州

保德州下 本嵐州地宋始置州舊有倚郭縣元憲宗七年廢縣至元二年

省隩州芭州入本州三年又併岢嵐軍入焉四年割岢嵐隸管州隩州仍
來屬
嵺州下 本嵺縣元太宗十四年升嵺州
管州下 唐以靜樂縣置後州廢屬嵐州後又爲憲州宋爲靜樂軍金爲靜
樂郡又改爲管州元太祖十六年以嵐州之岢嵐寧化樓煩併入本州至
元二十二年割岢嵐隸嵐州而寧化樓煩併入本州
代州下 唐置代州總管府金改都督府元中統四年併鴈門縣入州
臺州下 唐爲五臺縣隸代州金升臺州隸太原路元因之
興州下 唐臨津縣隸嵐州又改合河縣金升興州隸太原路元因之
堅州下 唐繁時縣金爲堅州隸太原路元因之
嵐州下 唐宋並爲嵐州金升鎮西節度至元二年省入管州五年復立
盂州下 本盂縣金升爲州元因之
晉寧路上 唐晉州金爲平陽府元初爲平陽路大德九年以地震改晉寧路

戶一十二萬六百二十口二十七萬一百二十一領司一縣六府一州九府

領六縣州領四十縣

錄事司

縣六

臨汾中倚郭 襄陵中 洪洞中 浮山下 汾西下 岳陽下本倚氏縣屬平陽府至元三年省入岳陽縣四年以縣當東西驛路之要復置併岳陽和川二縣入焉後復改為岳陽縣

府一

河中府唐蒲州又改河中府又改河東郡又仍為河中府宋為護國軍金復為河中府元憲宗在潛置河解萬戶府領河解二州河中府領錄事司及河東臨晉虞鄉猗氏萬泉河津榮河七縣至元三年省虞鄉入臨晉省萬泉入猗氏併錄事司入河東罷萬戶府而河中府仍領解州八年割解州直隸平陽路河中止領五縣十五年復置萬泉縣來屬領六縣河東下府治所 萬泉下 猗氏下 榮河下金隸榮州元初廢榮州復為榮河縣 臨晉下 河津下

州九

絳州中　唐初爲絳郡又改絳州宋置防禦金改晉安府元初爲絳州行元帥府河解二州諸縣皆隸焉後罷元帥府仍爲絳州隸平陽路領七縣正平下倚郭至元二年省錄事司入焉　太平中　曲沃下　翼城下金爲翼州元初復爲翼城縣隸絳州　稷山下　絳縣下至元二年省垣曲縣入焉十六年復立垣曲縣絳縣如故　垣曲下

潞州下　唐初爲潞州後改上黨郡又仍爲潞州宋改隆德軍金復爲潞州元初爲隆德府行都元帥府事太宗三年復爲潞州隸平陽路至元三年以涉縣割入真定府以錄事司併入上黨縣領七縣上黨下　壺關下　長子下　潞城下　屯留下至元三年省入襄垣十五年復置　襄垣下　黎城下至元二年併步縣偏城等十三村入焉

澤州下　唐初爲澤州後爲高平郡又仍爲澤州宋屬河東道金爲平陽府元初置司候司及領晉城高平陽城沁水端氏陵川六縣至元三年省司候司陵川縣入晉城省端氏入沁水後復置陵州領五縣晉城下　高平下　陽城下　沁水下　陵川下至元三年省入晉城後復置

解州下本唐蒲州之解縣五代漢乾祐中置解州宋屬京兆府金升寶昌軍元至元四年併司候入解縣有鹽池方一百二十里領六縣解縣下安邑下聞嘉下夏縣下平陸下芮城下

霍州下唐初爲霍山郡又改呂州又廢州而以縣隸晉州金改霍州元因之領三縣霍邑下倚郭有霍山爲中鎮趙城舊屬平陽府靈石下舊屬汾州

隰州下唐初爲隰州又改大寧郡又仍爲隰州元以州隸晉寧路領五縣隰川中州治所至元三年省大寧溫泉三縣入焉大寧下至元三年省入隰川廿三年復置石樓下永和下蒲縣下

沁州下唐初爲沁州又改陽城郡又仍爲沁州宋置威勝軍金仍爲沁州元因之領三縣銅鞮下州治所至元三年省錄事司武鄉縣入焉沁源下至元十年省綿上縣入焉武鄉下至元三年省入銅鞮後復立

遼州下唐初置遼州又改箕州又改儀州宋復爲遼州元隸晉寧路領三縣遼山下倚郭榆社下至元三年省入遼山六年復立和順下至元三年省儀城縣入焉

吉州下　唐初置西汾州又爲南汾州又改慈州宋置吉鄉軍金改耿州又改吉州元初領司候司吉鄉鄉寧二縣中統二年併司候司入吉鄉縣至元二年省吉鄉三年又省鄉寧並入州後復置鄉寧領一縣鄉寧下

嶺北等處行中書省統和寧路總管府

和寧路上　始名和林以西有哈剌和林河因以名城太祖十五年定河北諸郡建都於此初立元昌路後改轉運和林使司前後五朝都焉太宗乙未年城和林作萬安宮丁酉治迦堅茶寒殿在和林北七十餘里戊戌營圖蘇胡迎駕殿去胡林城三十餘里世祖中統元年遷都大興和林置宣慰司都元帥府後分都元帥府於金山之南和林止設宣慰司至元二十六年諸王叛兵侵軼和林宣慰司怯伯等乘隙叛去二十七年立和林等處都元帥府大德十一年立和林等處行中書省以淇陽王月赤察兒爲右丞相太傅答剌罕爲左丞相罷和林宣慰司都元帥府置和林總管府至大二年改行中書省爲行尚書省四年罷尚書省復爲行中書省皇慶元年改嶺北等處行中書省改和林路總管府爲和寧路總管府至元二十年令西京宣慰司送

牛一千赴和林屯田二十二年併和林屯田入五條河三十年命戍和林漢軍四百留百人餘令耕屯杭海元貞元年於六衛漢軍內撥一千人赴青海屯田北方立站帖里干木憐納憐等一百一十九處

元史卷五十八

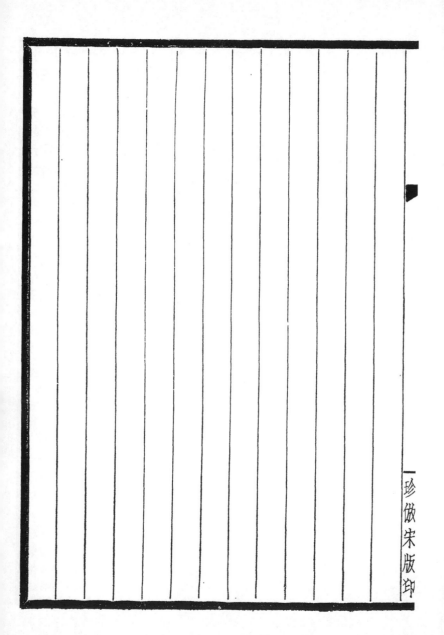

元史卷五十八考證

地理志一丑三年復置○臣祖庚按丑字南北板同縣志至元廿三年復置則丑爲廿字之訛今改正

元史卷五十八考證

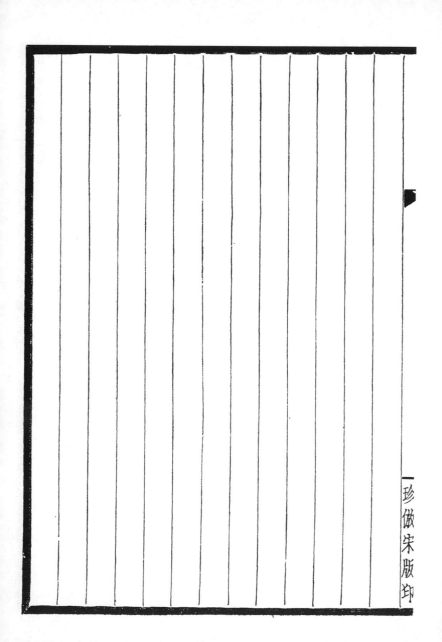

明翰林學士亞中大夫知制誥兼修國史宋　濂等修

地理志第十一

地理二

遼陽等處行中書省爲路七府一屬州十二屬縣十徒存其名而無城邑者不在此數本省計站一百二十處

遼陽路上唐以前爲高句驪及渤海大氏所有梁貞明中阿保機以遼陽故城爲東平郡後唐升爲南京石晉改爲東京金置遼陽府領遼陽鶴野二縣後復改爲東京宜風澄復蓋瀋貴德州廣寧府來遠軍並屬焉元初廢貴德澄復州來遠軍以廣寧府婆娑府懿州蓋州作四路直隸省至元六年置東京總管府降廣寧爲散府隸之十五年割廣寧仍自行路事直隸省十七年又以婆娑府懿州蓋州來屬二十四年始立行省二十五年改東京爲遼陽路後廢婆娑府爲巡檢司戶三千七百八口萬三千二百三十一壬子年抄籍數領

縣一州二

縣一

遼陽下倚郭至元六年以鶴野縣警巡院入焉

州二

蓋州下初爲蓋州路至元六年併爲東京支郡併熊岳陽池二縣入建安縣八年又併建安縣入本州

懿州下初爲懿州路至元六年爲東京支郡所領豪州及同昌靈山二縣省入順安縣入本州

廣寧府路下金爲廣寧府元封孛魯古歹爲廣寧王舊立廣寧行帥府事後以地遠遷治臨潢立總管府至元六年以戸口單寡降爲東京路總管府屬郡十五年復分爲路行總管府事有醫巫閭山爲北鎮在府城西北二十里至順錢糧戸數四千五百九十五領縣二閭陽下繁初立千戸所至元十五年以戸口繁夥復立行千戸所後復爲閭陽縣望平至元六年省鍾秀縣入焉十五年爲望平軍民千戸所今復爲縣

肇州按哈剌八都魯傳至元三十年世祖謂哈剌八都魯曰乃顏故地曰阿八剌忽者產魚吾今立城而以元速憨哈納思乞

里吉思三部人居之名其城曰肇州汝往爲宣慰使既至定市里安民居得魚九尾皆千斤來獻又成宗紀元貞元年立肇州屯田萬戶府以遼陽行省左丞阿散領其事而元一統志與經世大典皆不載此州不知其所屬所領之詳今以廣寧爲乃顏分地故附注於廣寧府之下乃顏孛魯古歹之孫也

山北遼東道肅政廉訪司

大寧路上　本奚部唐初其地屬營州貞觀中奚酋可度內附乃置饒樂郡遼爲中京大定府金因之元初爲北京路總管府領興中府及義瑞興高錦利惠川建和十州中統三年割興州及松山縣屬上都路至元五年併和州入利州爲永和鄉七年與中府降爲州仍隸北京改北京爲大寧二十五年改爲武平路後復爲大寧戶四萬六千六口四十四萬八千一百九十三壬子年數

領司一縣七州九

錄事司初置警巡院至元二年改置錄事司

縣七

大定下中統二年省長興入焉　龍山下初屬大定府至元四年屬利州後復來屬　富庶下至元三年省入興中州後復置　和衆下　金源下　惠和下　武平下

州九

義州 下

興中州 下 元初因舊爲興中府後省至元七年又降府爲州

瑞州 下 至元二十三年伯顏奏准以唆都哈觧等拘收戶計種田立屯於瑞州之西撥瀕海荒閑地及時開耕設打捕屯田總管府仍以唆都哈觧等爲屯田官

高州 下　錦州 下　利州 下　惠州 下　川州 下　建州 下

東寧路本高句驪平壤城亦曰長安城漢滅朝鮮置樂浪玄菟郡此樂浪地也晉義熙後其王高璉始居平壤城唐征高麗拔平壤其國東徙在鴨綠水之東南千餘里非平壤之舊至王建以平壤爲西京元至元六年李延齡崔坦玄元烈等以府州縣鎮六十城來歸八年改西京爲東寧府十三年升東寧路總管府設錄事司割靜州義州麟州威遠鎮隸婆娑府本路領司一餘城堙廢不設司存今姑存舊名

錄事司　土山縣　中和縣　鐵化鎮

都護府自唐之季地入高麗置府州縣鎮六十餘城此爲都護府雖仍唐舊名而無都護府之實至元六年李延齡等以其地來歸後城治廢毀僅存其名屬東寧路

定遠府　郭州　撫州　黃州領安岳三和龍岡咸從江西五縣長命一鎮　靈州　慈州

嘉州　順州　殷州　宿州　德州領江東永清通海順化四縣寧遠柔遠安戎三鎮　昌州

鐵州領定戎一鎮　泰州　价州　朔州　宣州領寧朔蕭島二鎮　成州領樹德一鎮

熙州　孟州領三登一縣椒島根島寧得三鎮　延州領陽巖一鎮　雲州

瀋陽路本挹婁故地渤海大氏建定理府都督瀋定二州此爲瀋州地契丹爲興遼軍金爲昭德軍又更顯德軍後皆燬於兵火元初平遼東高麗國麟州神騎都領洪福源率西京都護龜州四十餘城來降各立鎮守司設官以撫其民後高麗復叛洪福源引衆來歸授高麗軍民萬戶徙降民散居遼陽瀋州初創城郭置司存僑治遼陽故城中統二年改爲安撫高麗軍民總管府及高麗舉國內附四年又以質子淳爲安撫高麗軍民總管分領二千餘

戶理瀋州元貞二年併兩司爲瀋州等路安撫高麗軍民總管府仍治遼陽故城轄總管五千戶二十四百戶二十五（至順錢粮戶數五千一百八十三）

開元路古肅愼之地隋唐曰黑水靺鞨唐初渠長阿固郎始來朝後乃臣服以其地爲燕州置黑水府其後渤海盛靺鞨皆役屬之又其後渤海浸弱爲契丹所攻黑水復擅其地東瀕海南界高麗西北與契丹接壤卽金鼻祖之部落也初號女真後避遼興宗諱改曰女直太祖烏古打既滅遼卽上京設都海陵遷都於燕改爲會寧府金末其將蒲鮮萬奴據遼東元初癸巳歲出師伐之生禽萬奴師至開元率賓東土悉平開元之名始見於此乙未歲立開元南京二萬戶府治黃龍府至元四年更遼東路總管府二十三年改爲開元路領咸平府後割咸平爲散府俱隸遼東道宣慰司（至順錢粮戶數四千三百六十七）

咸平府古朝鮮地箕子所封漢屬樂浪郡後高麗侵有其地唐滅高麗置安東都護以統之繼爲渤海大氏所據遼平渤海以其地多險隘建城以居流民號咸州安東軍領縣曰咸平金升咸平府領平郭安東新興慶雲清安歸

仁六縣兵亂皆廢元初因之隸開元路後復割出隸遼東宣慰司

合蘭府水達達等路土地曠闊人民散居元初設軍民萬戶府五撫鎮北邊一曰桃溫距上都四十里一曰胡里改距上都四千二百里大都三千八百里（有胡里改江并混同江又有合蘭河流入于海）一曰斡朵憐一曰脫斡憐一曰孛苦江各有司存分領混同江南北之地其居民皆水達達女直之人各仍舊俗無市井城郭逐水草爲居以射獵爲業故設官牧民隨俗而治有合蘭府水達達等各以相統攝焉（有俊禽曰海東青由海外飛來至奴兒干土人羅之以爲土貢至順錢糧戶數二萬九百六）

河南江北等處行中書省爲路十二府七州一屬州三十四屬縣一百八十二（本省陸站一百六處水站九十處）

河南江北道肅政廉訪司

汴梁路上　唐置汴州總管府石晉爲開封府宋爲東京建都於此金改南京宣宗南遷都焉金亡歸附舊領歸德府延許裕唐陳亳鄧汝頴徐邳嵩宿申鄭鈞睢蔡息盧氏行襄樊二十州至元八年令歸德自爲一府割亳徐邳宿

四州隸之升申州爲南陽府割裕唐汝鄧嵩盧氏行襄樊隸之九年廢延州以所領延津陽武二縣屬南京路統蔡息鄭鈞許陳睢潁八州開封祥符倚郭而屬邑十有五舊有警巡院十四年改錄事司二十五年改南京路爲汴梁路二十八年以瀕河而南大江以北其地衝要又新入版圖置省南京以控治之三十年升蔡州爲汝寧府屬行省割息潁二州以隸焉本路戶三萬一十八口一十八萬四千三百六十七壬子年數領司一縣十七州五州領二十一縣

錄事司

縣十七

開封下倚郭 祥符下倚郭 中牟下 原武下舊以此縣隸延州元初隸開封府後復爲延州縣如舊至元九年州廢後來屬 鄢陵中 滎澤下舊隸鄭州至元二年來屬 封丘中金大定中河水湮沒遷治新城元初新城又爲河水所壞乃因故城遺址稍加完葺而遷治焉 扶溝下 陽武下舊隸延州至元九年州廢來屬 杞縣中元初河決城之北面爲水所圮遂爲大河之道乃於故城北二里河水北岸築新城置縣繼又修故城號南杞縣蓋黃河至此分爲三其大河流於二城之間其一流於新城之北郭睢河中其

一在故城之南東流俗稱三义口延津下舊爲延州隸河南路至元九年州廢以縣來屬蘭陽下 通許下 尉氏下

太康下 洧川下 陳留下

州五

鄭州下 唐初爲鄭州又改滎陽郡宋爲奉寧軍金仍爲鄭州元初領管城滎陽汜水河陰原武新鄭密滎澤八縣及司候司後割新鄭密屬鈞州滎澤原武隸開封府併司候司入管城領四縣管城下倚郭 滎陽下 汜水下 河陰下

許州下 唐初爲許州後改潁川郡又仍爲許州宋升潁昌府金改武昌軍元初復爲許州領五縣長社下 長葛下 郾城下 襄城下 臨潁下

陳州下 唐初爲陳州後改淮陽郡又仍爲陳州宋升懷德府金復爲陳州元初因之舊領宛丘南頓項城商水西華清水六縣至元二年南頓項城清水皆廢後復置南頓項城領五縣宛丘 西華 商水至元二年省南頓項城入焉後復置 南頓 項城

鈞州下 唐宋皆不置郡僞齊置潁順軍金改順州又改鈞州元至元二年又割鄭州密縣來屬領三縣陽翟下 新鄭下 密雲下

睢州下 唐屬曹州宋改拱州又升保慶軍金改睢州元因之領四縣襄邑下倚郭 考城下 儀封下 柘城下

河南府路唐初爲洛州後改河南府又改東京宋爲西京金爲中京金昌府元初爲河南府府治卽周之王城舊領洛陽宜陽永寧登封鞏偃師孟津新安黽池九縣後割黽池隸陝州戶九千五百二口六萬五千七百五十一壬子年數 領司一縣八州一州領四縣

錄事司

縣八

洛陽 宜陽下 永寧下 登封下中嶽嵩山在焉 鞏縣下 孟津下 新安 偃師下

州一

陝州下 唐初爲陝州又改陝府又改陝郡宋爲保義軍元仍爲陝州領四

縣陝縣下 靈寶下至元三年省入陝縣八年廢虢州爲虢略隸陝州併虢略治靈寶以虢略爲巡檢司併朱陽縣入焉 閿鄉下至元二年省湖城縣入焉 黽池下金升爲韶州置黽池司候司元至元三年省司候司八年省韶州復爲縣隸河南府路後割以來屬

南陽府唐初爲宛州而縣名南陽後州廢以縣屬鄧州歷五代至宋皆爲縣金升爲申州元至元八年升爲南陽府以唐鄧裕嵩汝五州隸焉二十五年改屬汴梁路後直隸行省戶六百九十二口四千八百九十三壬子年數領縣二州五州領十一縣

縣二

南陽下倚郭 鎮平下

州五

鄧州下 唐初爲鄧州後改南陽郡又仍爲鄧州宋屬京西南路金屬南京開封府舊領穰縣南陽內鄉淅川順陽五縣元初以淅川順陽省入內鄉舊設錄事司至元二年併入穰縣領三縣 穰縣下倚郭 內鄉下至元二年以順陽來屬

新野下

唐州下　唐初爲顯州後改唐州宋屬京西南路金改裕州元初復爲唐州至元三年以民力不及廢湖陽比陽桐柏三縣領一縣泌陽倚郭

嵩州下　唐爲陸渾伊闕二縣宋升順州金改嵩州領伊陽福昌二縣元初以福昌隸河南至元三年省伊陽入州領一縣盧氏下至元二年隸南京路八年屬南陽府十一年來屬

汝州下　唐初爲伊州又改汝州宋屬京西北路元至元三年廢郟城寶豐二縣入梁縣後復置郟縣領三縣梁縣下　魯山下　郟縣下

裕州下　唐初置北澧州又改魯州後廢爲縣屬唐州金升爲裕州舊領方城舞陽葉縣元初即葉縣行隨州事就置昆陽縣爲屬邑至元三年罷州併昆陽舞陽二縣入葉縣後復置舞陽領三縣方城下倚郭　葉縣下　舞陽下

汝寧府唐蔡州上蔡西平確山遂平平輿爲屬邑至元七年省遂平平輿入汝陽隸汴梁路三十年河南江北行省平章伯顏言蔡州去汴梁地遠凡事稽誤宜升散府遂升汝寧府直隸行省以息頼信陽光四州隸焉復置遂平

縣鈔籍戶口闕至順錢糧戶數七千七十五領縣五州四州領十縣

縣五

汝陽下元初廢後置蔡州治此仍復置縣 上蔡下 西平下 確山下 遂平下元初省入汝陽後復置

州四

潁州下 唐初為信州後改汝陰郡又改潁州宋升順昌府金復為潁州舊領汝陰泰和沈丘潁上四縣元至元二年省四縣及錄事司入州後復領三縣 太和下 沈丘下 潁上下

息州下 唐初為息州後為新息縣隸蔡州五代至宋皆因之金復置息州舊領新息新蔡真陽褒信四縣元中統三年以李璮叛廢州四年復置至元三年以四縣併入州後復領二縣

新蔡下 真陽下

光州下 唐初為光州後改弋陽郡又復為光州宋升光山軍元至元十二年歸附屬蘄黃宣慰司二十二年同蘄黃等州直隸行省三十年隸汝寧

府領三縣定城 固始（下宋末兵亂徙治無常至元十一年復舊治） 光山（下兵亂地荒至元十二年復立舊治）

信陽州下 唐初為申州又改義陽郡宋改信陽軍端平間兵亂地荒凡四十餘年元至元十四年改立信陽府領羅山信陽二縣十五年改為信陽州二十年以羅山縣當驛置要衝徙州治此而移縣治於西南號曰羅山新縣今州治即舊縣戶三千四百一十四口三萬三千七百五十一（至元七年數）

領二縣 羅山（倚郭） 信陽

歸德府唐宋州又為睢陽郡後唐為歸德軍宋升南京金為歸德府金亡宋復取之舊領宋城寧陵下邑虞城穀熟碭山六縣元初與亳之酇縣同時歸附置京東行省未幾罷歲壬子又立司府州縣官以綏定新居之民中統二年審民戶多寡定官吏員數至元二年以虞城碭山二縣在枯黃河北割屬濟寧府又併穀熟入睢陽酇縣入永州降永州為永城縣與寧陵下邑隸本府八年以宿亳徐邳並隸焉壤地平坦數有河患府為散郡設知府治中府判各一員直隸行省（抄籍戶數闕至順錢糧戶數二萬三千三百一十七）領縣四州四州領八縣

縣四

睢陽下倚郭唐曰宋城亦曰睢陽金曰睢陽宋曰宋城元仍曰睢陽　永城下　下邑下　寧陵下

州四

徐州下　唐初爲徐州又改彭城郡又升武寧軍宋因之金屬山東西路金亡宋復之元初歸附後凡州縣視民多少設官吏至元二年例降爲下州舊領彭城蕭永固三縣及錄事司至是永固併入蕭縣彭城并錄事司併入州領一縣蕭縣下至元二年併入徐州十二年復立

宿州中　唐置宋升保靜軍金置防禦使金亡宋復之元初隸歸德府領臨渙蘄靈壁符離四縣并司候司至元二年以四縣一司并入州四年以靈壁入泗州十七年復來屬領一縣靈壁下

邳州下　唐初爲邳州後廢屬泗州又屬徐州宋置淮陽軍金復爲邳州金亡宋暫有之元初以民少併三縣入州至元八年以州屬歸德府十二年復置睢寧宿遷兩縣屬淮安十五年還來屬領三縣下邳下州治所宿遷下睢

寧下

亳州下　唐初爲亳州後改譙郡又仍爲亳州宋升集慶軍金復爲亳州金亡宋復之元初領縣六譙酇鹿邑城父衞真穀熟後以民戶少併城父入譙衞真入鹿邑穀熟入睢陽酇入永城其睢陽永城去隸歸德後復置城父領三縣

譙縣下　鹿邑下此邑數有水患歷代民不寧居　城父下

襄陽路唐初爲襄州後改襄陽郡宋爲襄陽府元至元十年兵破樊城襄陽守臣呂文煥降罷宋京西安撫司立河南等路行中書省更襄陽府爲散府未幾罷省十一年改襄陽府爲總管府又立荊湖等路行樞密院十二年立荊湖行中書省後復罷本府領四縣一司十九年割均房二州光化棗陽二縣來屬抄籍戶口數闕至順錢糧戶數五千九十領司一縣六州二州領四縣

錄事司

縣六

襄陽下倚郭　南漳下　宜城下　穀城下　光化至元十三年南伐明年設官置縣屬南陽十九年來屬　棗陽

至元十四年屬南陽十九年來屬

州二

均州下唐初爲均州又爲武當郡宋爲武當軍元至元十二年江陵歸附割隸湖北道宣慰司十九年還屬襄陽領二縣武當下兵亂遷治無常至元十四年復置鄖縣下兵後僑治無常至元十四年復置

房州下唐初爲遷州後爲房州又改房陵郡宋置保寧軍德祐中知州黃思賢納土命千戶鎮守仍令思賢領州事至元十九年隸襄陽路領二縣

房陵下竹山下

蘄州路下唐初爲蘄州後改蘄春郡又仍爲蘄州宋爲防禦州至元十二年立淮西宣撫司十四年改總管府設錄事司戶三萬九千一百九十口二十四萬九千三百二十一自此以後至德安府皆用至元二十七年數領司一縣五

錄事司

縣五

蘄春中倚郭 蘄水中 廣濟中宋嘉熙兵亂徙治大江中洲歸附後復舊治 黃梅中宋嘉熙兵亂僑治中洲後復舊 羅田下兵亂縣廢歸附後始立

黃州路下 唐初爲黃州後改齊安郡又仍爲黃州宋爲團練軍州元至元十二年歸附十四年立總管府十八年又爲黃蘄州宣慰司治所二十三年罷宣慰司直隸行省戶一萬四千八百七十八口三萬六千八百七十九領司一縣三

錄事司

縣三

黃岡中州治所 黃陂下兵亂僑治鄭州青山磯歸附還舊治 麻城下兵亂徙治什子山歸附還舊治

淮西江北道肅政廉訪司

廬州路上 唐改廬江郡又仍爲廬州宋爲淮西路元至元十三年設淮西總管府明年於本路立總管府隸淮西道二十八年以六安軍爲縣來屬後升六安縣爲州戶三萬一千七百四十六口二十二萬九千四百五十七領司

一縣三州三州領八縣

錄事司

縣三

合肥上倚郭　梁縣中　舒城中

州三

和州中　唐改歷陽郡後仍爲和州宋隸淮南西道元至元十三年置鎮守萬戶府明年改立安撫司又明年升和州路二十八年降爲州隸廬州路舊設錄事司後入州自治領三縣歷陽上倚郭　含山中　烏江中

無爲州中　唐初隸光州宋始以城口鎮置無爲軍思與天下安於無事取無爲而治之意以名之元至元十四年升爲路二十八年降爲州罷鎮巢州爲縣以屬焉領三縣無爲上倚郭　廬江中　巢縣下

六安州下　唐以霍山縣置霍州後州廢仍爲縣梁改灊山縣宋改六安軍元至元十二年歸附二十八年降爲州隸廬州路後升爲州領二縣六安

中英山中

安豐路下唐初爲壽州後改壽春郡宋爲壽春府又以安豐縣爲安豐軍繼還安豐軍於壽春府元至元十四年改安豐路總管府十五年定爲散府領壽春安豐霍丘三縣二十八年復升爲路以臨濠府爲濠州與下蔡蒙城俱來屬戶一萬七千九百九十二口九萬七千六百一十一領司一縣五州一

州領三縣

錄事司

縣五

壽春中倚郭 安豐下至元二十一年江淮行省言安豐之芍陂可溉田萬頃若立屯開耕實爲便益從之於安豐縣立萬戶府屯戶一萬四千八百有奇 霍丘下 下蔡下至元十三年隸壽春府廿八年罷府與蒙城皆來屬 蒙城下

州一

濠州下唐初爲濠州後改鍾離郡又仍爲濠州阻淮帶山與壽陽俱爲淮南之險郡名初從豪後加水爲濠南唐置定遠軍宋爲團練州初隸淮南

路後隸淮南西路元至元十三年歸附設濠州安撫司十五年定爲臨濠府二十八年復爲濠州革懷遠爲下縣來屬領三縣鍾離下倚郭定遠下懷遠下宋爲懷遠軍領荊山一縣至元二十八年以軍爲縣隸濠州省荊山入焉

安慶路下唐初爲東安州又改舒州又改同安郡又復爲舒州宋爲安慶府元至元十三年立安撫司十四年改安慶路總管府屬蘄黃宣慰司二十三年罷宣慰司直隸行省戶三萬五千一百六口二十一萬九千四百九十領司一縣六

錄事司

縣六

懷寧中 宿松中 望江下 太湖中 桐城中 潛山至治三年初立

淮東道宣慰使司

江北淮東道肅政廉訪司

揚州路上唐初改南兗州又改邗州又改廣陵郡又復爲揚州宋爲淮東路

元至元十三年初建大都督府置江淮等處行中書省十四年改爲揚州路總管府十五年置淮東道宣慰司本路屬焉十九年省宣慰司以本路總管府直隸行省二十一年行省移杭州復立淮東道宣慰司止統本路屬淮安二郡而本路領高郵府及真滁通泰崇明五州二十二年行省復還宣慰司遂廢所屬如故後改立河南江北等處行中書省移治汴梁路復立淮東道宣慰司割出高郵府爲散府直隸宣慰司戸二十四萬九千四百六十六口一百四十七萬一千一百九十四領司一縣二州五州領九縣

錄事司

縣二

江都上倚郭　泰興上

州五

真州中　五代以前地屬揚州宋以迎鑾鎮置建安軍又升爲真州元至元十三年初立真州安撫司十四年改真州路總管府二十一年復爲州隸

揚州路領二縣揚子上倚郭至元二十年省錄事司入焉六合下

滁州下唐初析揚州地置又改永陽郡又復爲滁州元至元十五年改滁州路總管府二十年仍爲州隸揚州路領三縣清流中至元十四年省錄事司入焉來安下全椒中

泰州上唐更海陵縣曰吳陵置吳州尋廢南唐升泰州元至元十四年立泰州路總管府二十一年改爲州隸揚州路領二縣海陵上倚郭如皐上

通州中唐屬揚州南唐於海陵東境置靜海鎮周平淮南改爲通州宋改靜海郡元至元十五年改通州路總管府二十一年復爲州隸揚州路領二縣靜海上倚郭海門中

崇明州下本通州海濱之沙洲宋建炎間有昇州句容縣姚劉姓者因避兵於沙上其後稍有人居焉遂稱姚劉沙嘉定間置鹽場屬淮東制司元至元十四年升爲崇明州

淮安路上唐楚州又改臨淮郡又仍爲楚州宋爲淮安州元至元十三年行

淮東安撫司十四年改立總管府領山陽鹽城淮安淮陰新城清河桃園七縣設錄事司二十年升爲淮安府路併淮安新城淮陰三縣入山陽兼領臨淮府海寧泗安東四郡其盱眙天長臨淮虹五河贑榆朐山沭陽各歸所隸二十七年革臨淮府以盱眙天長隸泗州戶九萬一千二十二口五十四萬七千三百七十七領司一縣四州三州領八縣（至元二十三年於本路之白水塘黃家疃等處立洪澤屯田萬戶府）

錄事司

縣四

山陽（上　至元十二年安東州歸附以本縣馬羅軍寨作山陽縣十三年淮安路歸附仍存淮安縣二十年省淮安新城入焉）　鹽城（上）

桃園（下）　清河（下　本泗州之清河口宋立清河軍至元十五年爲縣）

州三

海寧州（下）　唐海州宋隸淮東路元至元十五年升爲海州路總管府復改爲海寧府未幾降爲州隸淮安路初設錄事司二十年與東海縣併入朐

山領三縣朐山中 沭陽下 贛榆下

泗州下 唐改臨淮郡後復爲泗州宋隸淮東路元至元十三年降爲下州舊領臨淮淮平虹靈壁睢寧五縣十六年割睢寧屬邳州十七年割靈壁入宿州以五河縣來屬二十一年併淮平入臨淮二十七年廢臨淮府以盱眙天長二縣隸焉領五縣臨淮下 虹縣下 五河下 元隸臨淮府十七年來屬 盱眙上 宋昭信軍至元十三年行招信軍安撫司事領盱眙天長招信五河四縣明年升招信路總管府十五年改爲臨淮府十七年以五河縣在淮之北改屬泗州二十年併招信入盱眙二十七年廢臨淮府爲盱眙縣 天長中

安東州下

高郵府唐爲縣宋升爲軍元至元十四年升爲高郵路總管府領錄事司及高郵興化二縣二十年廢安宜府爲寶應縣來屬又併錄事司改高郵路爲府屬揚州路今隸宣慰司 抄籍戶口數闕至順錢糧戶數五萬九十有八 領縣三高郵上 興化中 寶應上 舊爲寶應軍至元十六年爲安宜府二十年廢府爲縣來屬本府

荊湖北道宣慰司

山南江北道肅政廉訪司

中興路上 唐荊州復爲江陵府宋爲荊南府元至元十三年改上路總管府設錄事司天曆二年以文宗潛藩改爲中興路戶一十七萬六百八十二口五十九萬九千二百二十四領司一縣七

錄事司

縣七

江陵上 公安中 石首中 松滋中 枝江下 潛江中 監利中宋末兵亂民散收附後始復舊

峽州路下 唐改夷陵郡又爲峽州宋隸荊湖北路後徙治江南元至元十三年歸附十七年升爲峽州路戶三萬七千二百九十一口九萬三千九百四十七領縣四夷陵中宋末隨州遷治不常歸附後復歸江北舊治 宜都下 長陽下 遠安下

安陸府唐郢州又改富水郡又爲郢州宋隸京西路元至元十三年歸附十五年升爲安陸府戶一萬四千六百六十五口三萬三千五百五十四領縣二長壽中 京山中兵亂移治漢濱至元十二年還舊治

沔陽府唐復州又改竟陵郡又爲復州宋端平閒移州治于沔陽鎮至元十三年歸附改爲復州路十五年升爲沔陽府戶一萬七千七百六十六口三萬九百五十五領縣二玉沙中倚郭 景陵中兵亂徙治無常歸附後還舊治

荆門州下唐爲縣宋升爲軍端平閒移治當陽縣元至元十三年歸附十四年升爲府十五年遷府治于古城降爲州戶二萬九千四百七十一口一十六萬五千四百三十五領縣二長林上 當陽中

德安府唐安州又改安陸郡又仍爲安州宋爲德安府咸淳閒徙治漢陽元至元十三年還舊治隸湖北道宣慰司十八年罷宣慰司直隸鄂州行省爲散府後割以來屬戶一萬九百二十三口三萬六千二百一十八領縣四州一州領二縣

縣四

安陸下 孝感下 應城中 雲夢下

州一

隨州下 唐初爲隨州又改漢東郡又復爲隨州宋爲崇信軍又爲棗陽軍後因兵亂遷徙無常元至元十二年歸附十三年卽黃仙洞爲州治戶一萬五千九百六十六口五萬二千六十四領二縣隨縣下 應山下

元史卷五十九

元史卷六十

明翰林學士亞中大夫知制誥兼修國史宋　濂等修

地理志第十二

地理三

陝西諸道行御史臺

陝西等處行中書省為路四府五州二十七屬州十二屬縣八十八本省陸站八十處水站一處

奉元路上唐初為雍州後改關內道又改京兆府又以京城為西京又曰中京又改上都宋分陝西秦鳳熙河涇原環慶鄜延為六路金併陝西為四路元中統三年立陝西四川行省治京兆至元初併雲陽縣入涇陽櫟陽縣入臨潼終南縣入盩厔十六年改京兆為安西路總管府二十三年四川置行省改此省為陝西等處行中書省大德元年移雲南行臺於此為陝西行臺皇慶元年改安西為奉元路戶三萬三千九百三十五口二十七萬一千三

百九十九壬子年數領司一縣十一州五州領十五縣

錄事司

縣十一

咸寧下 長安下 咸陽下 興平下 臨潼下屯田一千二十頃有奇 藍田下 涇陽下至元二年併入高陵縣三年復立屯田一千三十頃有奇 高陵下 鄠縣下 盩厔下屯田九百四十三頃有奇 鄜縣下舊爲鄜州添置柿林縣至元元年省鄜州爲鄜縣廢柿林

州五

同州下 唐初爲同州又改馮翊郡又復爲同州宋爲定國軍金因之元仍爲同州領五縣 朝邑下 白水下 郃陽下 澄城下 韓城下唐宋爲韓城縣金曰禎州至元元年州廢二年再立六年州又廢止設縣

華州下 唐改鎮國軍宋改鎮潼軍金改金安軍元復爲華州西嶽華山在焉領三縣 華陰下 蒲城下 渭南下屯田一千二百二十二頃有奇

耀州下 唐初立宜州後爲華原縣後又爲耀州宋爲感義軍又改感德軍

又爲耀州如故金因之元至元元年併華原縣入州又併美原入富平領三縣三原下富平下同官下

乾州下唐以高宗乾陵所在改醴泉縣爲奉天又升爲乾州宋改醴州金復改乾州元至元元年併奉天縣入州五年復置奉天省好時入焉又割永壽來屬後又改奉天爲醴泉領三縣醴泉下武功下永壽下宋金屬邠州至元十五年徙縣治于麻亭

商州下唐初爲商州又改上洛郡又復爲商州宋及元皆因之領一縣洛南下

延安路下唐初爲延州又改延安郡又爲延州宋爲延安府金爲鄜延路元改延安路戶六千五百三十九口九萬四千六百四十一壬子年數領縣八州三州領八縣本路屯田四百八十餘頃

縣八

膚施下甘泉下宜川下元初置司候司至元六年省入宜川延長下延川下安定下本宋舊堡元壬子

年升爲安定縣至元元年析置丹頭縣四年併丹頭入本縣縣安塞下本金舊堡壬子年升爲縣保安下金爲保安州至元六年降爲

州三

鄜州下唐初爲鄜州又改洛交郡又復爲鄜州宋金因之舊領洛交洛川鄜城直羅四縣元至元四年併鄜城入洛川又併洛交直羅入州六年廢坊州以中部宜君二縣來屬領三縣洛川下中部下宜君下

綏德州下唐綏州又改上郡又爲綏州宋爲綏德軍金爲州領八縣歸附後併嗣武入米脂綏平入懷寧至元四年併定戎入米脂懷寧入青澗又併義合綏德入本州領二縣青澗下米脂下

葭州下唐銀州宋爲晉寧軍金改爲葭州元至元六年併通秦彌川葭蘆入州併太和入神木建寧入府谷領三縣神木下元初創立雲州於古麟州之神木寨至元六年廢州爲縣吳堡下府谷下後唐爲府州元初建州治至元六年廢爲縣

興元路下唐爲梁州又改漢中郡又爲興元府宋仍舊名元立興元路總管

府久之以鳳金洋三州隸焉宋時領南鄭西縣褒城廉水城固五縣後廢廉水入南鄭元初割出西縣屬沔州以洋州西鄉縣來屬戶二千一百四十九口一萬九千三百七十八（至元二十七年數）領縣四州三

縣四

南鄭（下）　城固（下）　褒城（下）　西鄉（下）

州三

鳳州（下）唐初爲鳳州後升節度府宋爲團練州至元五年以在郭梁泉縣併入州隸興元路

洋州（下）唐改洋州郡又復爲洋州後更革不常宋復爲洋州元至元二年省興道真符二縣入州

金州（下）唐改西城郡爲金州宋升爲金房開達四州路元爲散州

陝西漢中道肅政廉訪司

鳳翔府唐爲扶風郡又爲鳳翔府號西京宋金因其名元初割平涼府秦隴

德順西寧鎮寧州隸鞏昌路改恆州以所領盩厔縣隸安西府路尋立鳳翔路總管府至元九年更爲散府戶二千八十一口一萬四千九百八（壬子年數）領縣五鳳翔（下 屯田九十頃有奇）扶風（下）岐山（下）寶雞（下）麟游（下）

邠州（下）唐豳州以字類幽改爲邠宋金以來皆因之領縣二新平（下）淳化（下 至元七年併三水入本縣）

涇州（下）唐改安定郡後仍爲涇州宋改彰化軍舊領保定長武靈臺良原四縣金改保定縣爲涇州元初以隸都元帥府立總司轄邠州後屬鞏昌都總帥府或隸平涼府陝西省所隸不一今直隸省領縣二涇川（下 涇州治此即保定）靈臺（下 至元七年併歸涇川十一年復立以良原併入而長武仍併於涇州）

開成州（下）唐原州宋爲鎮戎軍金升鎮戎州元初仍爲原州至元十年皇子安西王分治秦蜀遂立開成府仍視上都號爲上路至治三年降爲州領縣一州一

縣一

開成

州一

廣安州本鎮戎地金升爲縣隸鎮戎州經亂荒廢元至元十年安西王封守西土既立開成路遂改爲廣安縣募民居止未幾戶口繁夥十五年升爲州仍隸本路

莊浪州下沿革闕成宗大德八年二月降莊浪路爲州

鞏昌等處總帥府

鞏昌府唐初置渭州後曰隴西郡尋陷入吐蕃宋復得其地置鞏州金爲鞏昌府元初改鞏昌路便宜都總帥府統鞏昌平涼臨洮慶陽隆慶五府及秦隴會環金德順徽金洋安西河洮岷利巴沔龍大安褒涇邠寧定西鎮原階成西和蘭二十七州又於成州行金洋州事至元五年割安西州屬脫思麻路總管府六年以河州屬吐蕃宣慰司都元帥府七年併洮州入安西州八年割岷州屬脫思麻路十三年立鞏昌路總管府十四年復行便宜都總帥府事其年割隆慶府利巴大安褒沔龍等州隸廣元路二十一年又以涇邠

二州隸陝西漢中道宣慰司而帥府所統者鞏昌平涼臨洮慶陽府凡四秦隴寧定西鎮原階成西和蘭會環金德順徽金洋州凡十有五戶四萬五千一百三十五口三十六萬九千二百七十二壬子年數領司一縣五

錄事司

縣五

隴西下 寧遠下 伏羌下本舊寨至元十三年升縣 通渭下 鄣縣下宋名鹽川寨金爲鎮至元十七年置今縣

平涼府唐爲馬監隸原州宋爲涇原路升平涼軍金立平涼府元初併潘原縣入平涼化平入華亭隸鞏昌帥府領縣三平涼下屯田一百一十五頃 崇信下 華亭下

臨洮府唐臨洮軍宋爲鎮洮軍又爲熙州金爲臨洮府元至元十三年復以渭源堡升爲縣領縣二狄道下 渭源下

慶陽府唐慶州宋環慶路改慶陽軍又升府金爲慶源路元初改爲慶陽散府至元七年併安化彭原入焉領縣一合水下

秦州中 唐初爲秦州宋爲天水郡金爲秦州舊領六縣元至元七年併雞川隴城入秦安治坊入清水領縣三成紀中 清水中 秦安下

隴州中 唐改汧陽郡復爲隴州宋金置防禦使舊領四縣元至元七年省吳山隴安入汧源十三年罷防禦使爲散郡有吳山爲西鎮 領縣二汧源中 汧陽下

寧州下 唐初改北地郡爲寧州宋金因之元至元七年併襄樂安定定平入州領縣一真寧下

定西州下 本唐渭州西市五代淪于先零宋置定西城金改定西縣復升爲州仍置安西縣倚郭通西二寨並置縣來屬元至元三年併三縣入本州屯田四百六十七頃

鎮原州下 唐原州又爲平涼郡宋金因之元改鎮原州以鎮戎州之東山三川二縣來屬至元七年例併州縣遂以臨涇彭陽及東山三川四縣入本州屯田四百二十六頃有奇

西和州下 唐岷州又改和政郡又仍爲岷州宋改曰西和舊領縣三大潭祐

川軍與久廢惟有長道一縣元至元七年亦併入本州

環州下 唐改威州宋復爲環州後與慶州定爲環慶路金隸慶陽府元初爲散郡舊領通遠一縣元至元七年併入本州

金州下 本蘭州龕谷寨金升寨爲縣以龕谷爲金州治所元至元七年併縣入州

靜寧州下 宋慶曆中以渭州隴干城置德順軍復置隴干縣金升爲州元初併治平永洛入隴干後復省隴干改爲靜寧州領縣一隆德下

蘭州下 唐初置後改金城郡又仍爲蘭州宋金因之元初領阿干一縣及司候司至元七年併司縣入本州

會州下 唐初改西會州又爲粟州又爲會寧郡又爲會州宋置敷川縣金置寶川縣陷于河西僑治州西南百里會川城名新會州元初棄新會州還於所隸西寧縣至元七年併縣入州

徽州下 元兵入蜀鳳州二縣首降以鳳州仍治梁泉別置南鳳州治于河池

後又升永寧鄉爲縣與兩當同爲屬邑至元元年改爲徽州七年併河池永寧二縣入州領縣一兩當下

階州下唐初置武州又改武都郡又更名階州宋因之今州治在柳樹城距舊城東八十里舊領福津將利二縣至元七年併入本州

成州下唐初爲成州又改同谷郡後仍爲成州宋因之舊領同谷栗亭二縣元初歲壬寅以田世顯挈成都府歸附令還於栗亭行栗亭管民司事不隸成州割天水縣來屬至元七年併同谷天水二縣入州

金洋州本隸興元路戊戌歲有雷李二將挈民戶歸附令還至成州自行金洋州事

土蕃等處宣慰司都元帥府至元九年於土蕃西界立寧河站

河州路下領縣三定羌下寧河下安鄉下

雅州下憲宗戊午歲攻破雅州石泉守將趙順以城降領縣五石山下瀘山下百丈下榮經下嚴道下

黎州下至元十八年給黎雅州民千一百五十四戶鈔二千三百八錠以資牛具種實領縣一漢源下

洮州下領縣一可當下

貴德州下

茂州下領縣二文山下汶川下

脫思麻路

岷州下

鐵州下

碉門魚通黎雅長河西寧等處宣撫司至元二年授雅州碉門安撫使高保四虎符高保四言碉門舊有城邑中統初爲宋人所廢衆依山爲柵去碉門半舍欲復戍故城便於守佃敕秦蜀行省彼中緩急卿等相度須得其宜城如可復當助成之三年諭四川行樞密院遣人於碉門岩州西南沿邊丁寧告諭官吏軍民有願來歸者方便接納用意存恤百姓貧者賑之願徙近裏城邑者以屋舍給之

禮店文州蒙古漢兒軍民元帥府自河州以下至此多闕其餘如朵甘思烏思藏積石州之類尚多載籍疎略莫能詳錄也

四川等處行中書省爲路九府三屬府二屬州三十六軍一屬縣八十一蠻夷

種落不在其數（本省陸站四十八處水站八十四處鹽場十二處俱鹽井所出井凡九十五眼在成都夔府重慶敘南嘉定順慶廣元潼川紹慶等路所管州縣萬山之間）

西蜀四川道廉訪司

成都路（上）唐改蜀郡爲益州又改成都府宋爲益州路又爲成都府路元初撫定立總管府設錄事司至元十三年領成都嘉定崇慶三府眉邛隆黎雅威茂簡漢彭綿十一州後嘉定自爲一路以眉雅黎邛隸之二十年又割黎雅屬吐蕃招討司降崇慶爲州隆州併入仁壽縣隸本府戶三萬二千九百一十二口二十一萬五千八百八十八（至元二十七年數）領司一縣九州七州領十一縣

錄事司

縣九

成都（下唐宋爲成都府治所至元十三年以本縣元管大城內西北隅併入錄事司）華陽（下）新都（下）郫縣（下）溫江（下）雙流（下）新繁（下）仁壽（下唐爲陵州宋爲隆州元至元二十年以此州地荒民散併爲仁壽縣隸成都府路）金堂（下）宋

屬懷安軍元初升爲懷州而縣屬如故至元二十年併州入金堂縣隸成都府路

州七

彭州下　唐置濛州又爲彭州宋及元因之領二縣濛陽下　崇寧下

漢州下　唐爲德陽郡又爲漢州自唐至宋苦於兵革民不聊生元中統元年復立漢州領三縣什邡下　德陽下至元八年升爲德州十三年仍爲縣隸成都路十八年復來屬　綿竹下至元十三年以戶少併入州後復置

安州下　唐置石泉縣宋升爲軍元中統五年升爲安州領一縣石泉下

灌州下　唐導江縣五代爲灌州宋爲永康軍後廢爲灌口寨元初復立灌州至元十三年以導江青城二縣戶少省入州青城陶壩立屯田萬戶府

崇慶州下　唐爲唐安郡又爲蜀州宋爲崇慶軍元至元十二年立總管府二十年改爲崇慶州併江原縣入州本州有屯田萬戶府領二縣晉原下　新津下

威州下　唐維州宋改威州領保寧通化二縣元至元十九年併保寧入州領一縣通化下

簡州下唐析益州置宋因之元至元二十年併附郭陽安縣入州二十二年併成都府所屬靈泉縣來隸而本州有平泉以地荒竟廢之

嘉定府路下唐初爲嘉州又改犍爲郡又仍爲嘉州宋升嘉定府元至元十三年立總管府舊領龍游夾江峨眉犍爲洪雅五縣二十年併洪雅入夾江領司一縣四州二州領三縣戶口數闕

錄事司

縣四

龍游下 夾江下 峨眉下 犍爲下

州二

眉州下唐改嘉州又仍爲眉州元至元十四年隸嘉定路領二縣彭山下

青神下

邛州唐初置邛州又改臨邛郡又仍爲邛州元至元十四年立安撫司兼行州事二十一年併臨邛依政蒲江三縣入州領一縣大邑下

廣元路下唐初爲利州又改益昌郡又復爲利州宋爲利州路端平後兵亂無寧歲地荒民散者十有七年元憲宗三年立利州治設都元帥府至元十四年罷帥府改爲廣元路戶一萬六千四百四十二口九萬六千四百六至元二十七年數領縣二府一州四府領三縣州領七縣本路屯田九頃有奇

縣二

綿谷下 昭化下元初併葭萌入焉

府一

保寧府下唐隆州又改閬州又爲閬中郡後唐爲保寧軍元初立東川路元帥府至元十三年升保寧府二十年罷元帥府改保寧路初領新得小寧二州後併入閬中縣又併奉國入蒼溪縣新井新政西水總入南部縣仍改爲府隸廣元路本府屯田一百一十八頃有奇領三縣閬中下倚郭 蒼溪下 南部下

州四

劍州下唐爲始州後改劍州宋升普安軍又爲隆慶府元至元二十年改

劍州領二縣普安下至元二十年併普城劍門入焉梓潼下

龍州下唐初爲龍門郡又改龍州又改江油郡又改應靈郡宋改政州繼復舊元憲宗歲戊午宋守將王知府以城降至元二十二年併江油清川二縣入焉

巴州下唐初改巴州又改清化郡又爲巴州宋領化城難江恩陽曾口上通江下通江六縣元至元二十年併南江恩陽二縣入化城上下通江二縣入曾口領二縣化城下曾口下

沔州下唐初爲興州又爲順政郡又改興州宋改沔州元至元十四年隸廣元路二十年廢褒州止設鐸水縣遷沔州而治焉領三縣鐸水下倚郭大安下本大安州至元二十年降爲縣以來屬略陽下至元二十年併長舉及西縣入焉

順慶路下唐爲南充郡又改梁州又改充州宋升順慶府元中統元年立征南都元帥府至元四年置東川路統軍司後改東川府十五年復爲順慶二十年升爲路設錄事司戶二千八百二十一口九萬五千一百五十六至元二十

七年數領司一縣二府一州二府領二縣州領五縣

錄事司

縣二

南充下至元二十年併漢初入焉　西充下至元二十年併流溪舊縣入焉

府一

廣安府唐屬宕渠巴西洛陵三郡宋置廣安軍又改寧西軍元至元十五年廢寧西軍二十年升爲廣安府舊領渠江岳池和溪新明四縣後併和溪新明入岳池領二縣渠江下倚郭　岳池下

州二

蓬州下唐改蓬州郡又仍爲蓬州元初立宣撫都元帥府後罷至元二十年立蓬州路總管府後復爲蓬州領三縣相如至元二十年以金城寨入焉　營山下至元二十年併良山入焉　儀隴下至元二十年併蓬池伏虞入焉

渠州下唐初爲渠州又改潾山郡又爲渠州宋屬潼川府元至元十一年

立渠州安撫司二十年罷安撫司以渠州爲散郡領二縣流江下大竹下至

元二十年併鄰山鄰水入焉

潼川府唐梓州又改梓潼郡又爲梓州宋改靜戎軍又改安靜軍又升潼川府兵後地荒元初復立府治至元二十年併涪城及錄事司入郪縣通泉入射洪東關入鹽亭銅山入中江領縣四州二戶口闕

縣四

郪縣下倚郭　中江下　射洪下　鹽亭下

州二

遂寧州下　唐遂州又改遂寧郡宋爲遂寧府元初因之至元十九年併遂寧青石二縣入小溪長江入蓬溪後復改爲州領二縣小溪下　蓬溪下

綿州下　唐更改不常元初隸成都路元至元二十年併魏城入本州改隸潼川路領二縣彰明下　羅江下

永寧路下闕　領州一

筠連州下闕至元十七年樞密院言四川行省參政行諸蠻夷部宣慰司昝順言先是奉旨以高州筠連川騰川縣隸安撫郭漢傑立站今漢傑已併蠻洞五十六有旨昝順所陳卿等與中書議臣等以為宜遣使行視之帝曰此五十六洞如舊隸高州筠連則與郭漢傑立站否則還之昝順領一縣騰川下

四川南道宣慰司至元十六年立

重慶路上唐渝州宋更名恭州又升重慶府元至元十六年立重慶路總管府二十一年升為上路割中涪二州為屬郡二十二年又割瀘合來屬省壁山入巴縣廢南平軍入南川縣為屬邑置錄事司戶二萬二千三百九十五口九萬三千五百三十五至元二十七年數領司一縣三州四州領十縣本路三堆中嶆趙市等處屯田四百二十頃

錄事司

縣三

巴縣下倚郭　江津下至元十六年賜四川行省參政昝順田民百八十戶於江津縣　南川下

州四

瀘州下唐改瀘川郡爲瀘州宋爲瀘川軍元至元二十年併瀘川縣入焉二十二年隸重慶路領三縣江安下納溪下合江下

忠州下唐改爲南賓郡又爲忠州宋升咸淳府元仍爲忠州領三縣臨江下南賓下豐都下

合州下唐爲合州又改巴川郡又仍爲合州宋因之元至元十五年宋安撫使王立以城降二十年爲散郡併錄事司赤水入石照縣二十二年改爲州隸重慶路領三縣銅梁下元初併巴川入焉定遠下本宋地名女菁平元至元四年便宜都總帥部兵𢷬爲武勝軍後爲定遠州二十四年降爲縣石照下

涪州下唐改爲涪陵郡又改涪州宋因之元至元二十年併涪陵樂温二縣入焉領一縣武龍下

紹慶府下唐黔州又黔中郡宋升爲紹慶府元至元二十年仍置府戶三千九百四十四口一萬五千一百八十九至元二十七年數領縣二彭水下黔江下

懷德府領州四闕

來寧州下　柔遠州下　酉陽州下　服州下皆闕

夔路下　唐初爲信州又爲夔州又爲雲安郡又仍爲夔州宋升爲帥府元至元十五年立夔州路總管府以施雲安萬大寧四州隸焉二十二年又以開達梁山三州來屬戸二萬二十四口九萬九千五百九十八至元二十七年數領司一縣二州七州領五縣本路屯田五十六頃

錄事司

縣二

奉節下　巫山下

州七

施州下　唐改清江郡又改清化郡又復爲施州宋因之舊領清江建始二縣元至元二十二年併清江入州領一縣建始下

達州下　唐爲通州又改通川郡又仍爲通州宋更名達州元至元十五年隸四川東道宣慰司二十二年改隸夔路領二縣通川下　新寧下

梁山州下 本梁山縣宋升梁山軍元至元二十年升爲州領一縣梁山下
萬州下 唐改浦州爲萬川又改南浦郡宋爲浦州元至元二十年以南浦
爲萬州領一縣武寧
雲陽州下 唐雲安監宋置安義縣後復爲監元至元十五年立雲安軍二
十年升雲陽州併雲陽縣入焉
大寧州下 舊大昌縣宋置監元至元二十年升爲州併大昌縣入焉
開州下 唐改爲盛山郡又復爲開州宋及元皆因之
敘南等處蠻夷宣撫司
敘州路古僰國唐戎州貞觀初徙治僰道在蜀江之西三江口宋升爲上州
屬東川路後易名敘州咸淳中城登高山爲治所元至元十二年郭漢傑挈
城歸附十三年立安撫司未幾毀山城復徙治三江口罷安撫司立敘州十
八年復升爲路隸諸部蠻夷宣撫司領縣四州二
縣四

宜賓下　慶符下　南溪下　宣化下元貞二年於本縣置萬戶府領軍屯田四十餘頃

州二

富順州下　唐富義縣宋富義監後改富順縣元至元十二年改立富順監安撫司二十年罷安撫司升富順州

高州下　古夜郎之屬境隣烏蠻與長寧軍地相接均爲西南羌族前代以爲化外置而不論唐開拓邊地於本部立高州宋設長寧軍十州族姓俱效順元至元十五年雲南行省遣官招諭內附十七年知州郭安復行州事蠻人散居村囤無縣邑鄉鎮

馬湖路下　古牂牁屬地漢唐以下名馬湖部宋時蠻主屯湖內元至元十三年內附後立總管府還於夷部溪口瀕馬湖之南岸創府治其民散居山箐無縣邑鄉鎮領軍一州一初馬湖蠻來朝嘗以獨本葱爲獻由是歲至郡縣疲於遞送元貞二年勑罷之

軍一

長寧軍唐置長寧等羈縻十四州五十六縣并隸瀘州都督府宋以長寧

地當衝要升爲長寧軍立安寧縣元至元十二年郡守黃立挈城效順二
十二年設錄事司後與安寧縣俱省入本軍
州一
戎州下 本夜郎國西南蠻種號大壩都掌分族十有九前代以化外置而
弗論唐武后時恢拓蠻徼設十四州五團二十九縣於本部置晏州元至
元十三年以昝順爲蠻夷部宣撫司遣官招諭十七年本部官得蘭紐來
見授以大壩都總管二十二年升爲戎州叛服不常州治在箐前所領俱
村囤無縣邑鄉鎮
上羅計長官司領蠻地羅計羅星乃古夜郎境爲西南種族前代置之化外
宋設長寧軍十州族姓俱效順各命之官其後分姓他居遂有上下羅計之
分蓋亦如唐羈縻之以爲西蜀後戸屏蔽元至元十三年蠻夷部宣撫昝順
引本部夷酋得賴阿當歸順十五年授得賴阿當千戸十八年黎州同知李
奇以武恩將軍來充羅星長官二十二年夷人叛誘誅上羅星夷行樞密院

討平之其民人散居村箐無縣邑鄉鎮

下羅計長官司領蠻地其境近烏蠻與敘州長寧軍相接均爲西南夷族與上羅計同至元十二年長寧知軍率先內附十三年昝順引本部夷酋得顏箇詣行樞密院降奏充下羅計蠻夷千戶二十二年諸蠻皆叛惟本部無異志

四十六囤蠻夷千戶所領豕蛾夷地在夢符向南抵定川古夜郎之屬唐羈縻定州之支江縣也至元十三年收附於慶符縣僑置千戶所領四十六囤

黃水口上下落骨　山落牟許滿呉

麽落財　麽落賢　騰息奴　屯莫面

落搔　麽落梅　麽得幸　上落松

麽得會　麽得惡　落魂　落昧下村

落鳥　麽得享　落燕　落得慮

麽得了　麽騰斛　許宿　麽九色

落搔屯右　麼得晏　落能　山落寨
水落寨　落得播　麼得具　麼得淵
騰日彫　落昧上村　賴扇　許焰
騰郎　周頭　賣落炎　落女
愛荅洛　愛荅速　麼得奸　阿郎頭
下得辛　上得辛　愛得婁　落鷗
諸部蠻夷
秦加大散等洞以下各設蠻夷官　斜崖冒朱等洞
朧堤紂皮等洞　石耶洞
散毛洞　彭家洞
黑土石等處　市備洞
樂化兀都剌布白享羅等處
洪望册德等族　大江九姓羅氏

水西　鹿朝

阿永蠻部至元二十一年酋長阿泥入覲自言阿永鄰境爲蒙等蠻悉隸皇太子位願依例附屬詔從其請以阿永蠻隸宮府

師壁洞安宣撫司　永順等處軍民安撫司

阿者洞以下各設蠻夷官　謝甲洞

上安下壩　阿渠洞

下役洞　驢虛洞

錢滿等處　水洞下曲等寨

必藏等處　酌宜等處

雍邦等寨　崖筍等寨

冒朱洞　麻峽栢歌等寨

新附蒐羅金井　沙溪等處

宙窄洞　新容米洞

甘肅等處行中書省爲路七州二屬州五本省馬站六處

河西隴北道肅政廉訪司

甘州路上 唐爲甘州又爲張掖郡宋初爲西夏所據改鎮夷郡又立宣化府元初仍稱甘州至元元年置甘肅路總管府八年改甘州路總管府十八年立行中書省以控制河西諸郡戶一千五百五十口二萬三千九百八十七至元二十七年數本路黑山滿峪泉水渠鴨子翅等處屯田計一千一百六十餘頃

永昌路下 唐涼州宋初爲西涼府景德中陷入西夏元初仍爲西涼府至元十五年以永昌王宮殿所在立永昌路降西涼府爲州隸焉

西涼州下

肅州路下 唐爲肅州又爲酒泉郡宋初爲西夏所據元太祖二十一年西征攻肅州下之世祖至元七年置肅州路總管府戶一千二百六十二口八千六百七十九至元二十七年數

沙州路下 唐爲沙州又爲燉煌郡宋仍爲沙州景祐初西夏陷瓜沙肅三州盡得河西故地金因之元太祖二十二年破其城以隸八都大王至元十四

年復立州十七年升為沙州路總管府瓜州隸焉沙州去肅州千五百里內附貧民欲乞糧沙州必須白之肅州然後給與朝廷以其不便故升沙州為路

瓜州　下　唐改為晉昌郡復為瓜州宋初陷於西夏夏亡州廢元至元十四年復立二十八年徙居民於肅州但名存而已

亦集乃路　下　在甘州北一千五百里城東北有大澤西北俱接沙磧乃漢之西海郡居延故城夏國嘗立威福軍元太祖二十一年內附至元二十三年立總管府二十三年亦集乃總管忽都魯言所部有田可以耕作乞以新軍二百人鑿合卽渠於亦集乃地并以傍近民西僧餘戶助其力從之計屯田九十餘頃

寧夏府路　下　唐屬靈州宋初廢為鎮領番部自唐末有拓拔思恭者鎮夏州世有銀夏綏宥靜五州之地宋天禧間傳至其孫德明城懷遠鎮為興州以居後升興慶府又改中興府元至元二十五年置寧夏路總管府至元八年立西夏中興等路行尚書省元貞元年革寧夏路行中書省併其事於甘肅行省　領州三　本路棗園納憐站等處屯田一千八百頃

靈州　下　唐為靈州又為靈武郡宋初陷於夏國改為翔慶軍

鳴沙州下 隋置環州立鳴沙縣唐革州以縣隸靈州宋沒於夏國仍舊名

元初立鳴沙州屯田四百四十餘頃

應理州下 與蘭州接境東阻大河西據沙山考之圖志乃唐靈武郡地其

州城未詳建立之始元初仍立州

山丹州下 唐爲刪丹縣隸甘州宋初爲夏國所有置甘肅軍元初爲阿只吉

大王分地至元六年行山丹城事刪訛爲山二十二年升爲州隸甘肅行省

西寧州下 唐置鄯州理湟水縣上元間沒於土蕃號青唐城宋改爲西寧州

元初爲章吉駙馬分地至元二十三年立西寧州等處拘推課程所二十四

年封章吉爲寧濮郡王以鎮其地

兀剌海路闕 太祖四年由黑水城北兀剌海西關口入河西獲西夏將高令公克兀剌海城

元史卷六十

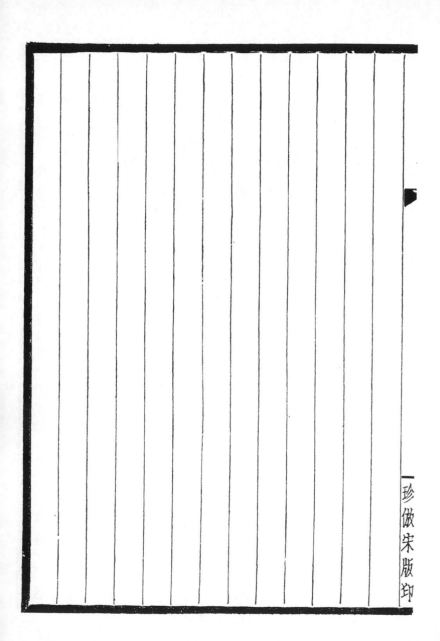

元史卷六十一

明翰林學士亞中大夫知制誥兼修國史宋　濂等修

地理志第十三

地理四

雲南諸路行中書省爲路三十七府二屬府三屬州五十四屬縣四十七其餘甸寨軍民等府不在此數馬站七十四處水站四處

雲南諸路道肅政廉訪司大德三年罷雲南行御史臺立肅政廉訪司

中慶路上唐姚州閣羅鳳叛取姚州其子鳳伽異增築城曰柘東六世孫券豐祐改曰善闡歷五代迄宋羈縻而已元世祖征大理凡收府八善闡其一也郡四部三十有七其地東至普安路之橫山西至緬地之江頭城凡三千九百里而遠南至臨安路之鹿滄江北至羅羅斯之大渡河凡四千里而近憲宗五年立萬戶府十有九分善闡爲萬戶府四至元七年改爲路八年分大理國三十七部爲南北中三路路設達魯花赤并總管十三年立雲南行中書省初置郡縣遂改善闡爲

中慶路領司一縣三州四州領八縣本路軍民屯田二萬二千四百雙有奇

錄事司

縣三

昆明中倚郭唐置元憲宗四年分其地立千戶二至元十二年改善州領縣二十一年州革縣如故其地有昆明池五百餘里夏潦必冒城郭張立道爲大理等處勸農使求泉源所出洩其水得地萬餘頃皆爲良田云

富民下至元四年立黎瀼千戶十二年卽黎瀼立縣

宜良下唐匡州卽其地爨酋羅氏於此立城居之名曰羅裒龍乃今縣也元憲宗六年立太池千戶隸嵩明萬戶至元十三年升宜良州治太池縣二十一年州罷爲縣後廢太池來屬

州四

嵩明州下州在中慶東北治沙札臥城烏蠻車氏所築白蠻名爲嵩明昔漢人居之後烏白蠻強盛漢人徙去盟誓於此因號嵩盟今州南有土臺盟會處也漢人嘗立長州築金城阿葛二城蒙氏興改長州爲嵩盟部段氏因之元憲宗六年立嵩明萬戶至元十二年復改長州十五年升嵩明府二十二年降爲州領二縣

楊林下在州東南治楊林城乃雜蠻枳氏車氏斗氏麽氏四種所居之地城東門內

有石如羊形故又作羊唐有羊林部落卽此地元憲宗七年立羊林千戶至元十二年改爲縣邵甸下在州西治白邑村無城郭車蠻斗蠻舊地名爲束甸以束爲邵憲宗七年立邵甸千戶至元十二年改爲縣

晉寧下唐晉寧縣蒙氏段氏皆爲陽城堡部元憲宗七年立陽城堡萬戶至元十二年改晉寧州領二縣

呈貢下西臨滇澤之濱在路之南州之北其間相去六十里有故城曰呈貢世爲些莫強宗部蠻所居元憲宗六年立呈貢千戶至元十二年割詔營切龍呈貢雌甸塔羅和羅忽六城及烏納山立呈貢縣

歸化下在州東北呈貢縣南西濱滇澤地名大吳龍昔吳氏所居後爲些莫徒蠻所有世隸善闡憲宗六年分隸呈貢千戶至元十二年割大吳龍安江安湖立歸化縣

昆陽州下在滇池南棘獹羅雜夷所居有城曰巨橋今爲州治閣羅鳳叛唐令曲𠾑蠻居之段氏與隸善闡元憲宗併羅舀等十二城立巨橋萬戶至元十三年改昆陽州領二縣

三泊下至元十三年於那龍城立縣

易門下在州之西治市坪村世爲烏蠻所居段氏時高智昇治善闡奄而有之至元四年立洟門千戶十二年改爲縣縣西有泉曰洟源訛作易門

安寧州下唐初置安寧縣隸昆州閣羅鳳叛唐後烏白蠻遷居蒙氏終善闡爨酋孫氏爲安寧城主及袁氏高氏互有其地元憲宗七年隸陽城萬戶

至元三年立安寧千戶十二年改安寧州領二縣祿豐下在州西治白村其地瘴熱非大酋所居惟為雜蠻居之遷徙不常至元十三年割安寧千戶之碌琫化泥驥琮籠三處立祿豐縣因江中有石如甑俗名碌琫譯謂碌爲石琫爲甑訛爲今名羅次下在州北治壓磨呂白村本為蠻羅部地險俗悍至元十二年因羅部立羅次州隸中慶路二十四年改州爲縣二十七年隸安寧州

威楚開南等路下爲雜蠻耕牧之地夷名俄碌歷代無郡邑後爨酋威楚築城俄碌睒居之唐時蒙舍詔閣羅鳳合六詔爲一侵俄碌取和子城今鎮南州是也後閣羅鳳叛於本境立郡縣諸爨盡附蒙氏立二都督六節度銀生節度卽今路也及段氏興銀生隸姚州又名當筋瞼及高昇泰執大理國柄封其姪子明量於威楚築外城號德江城傳至其裔長壽元憲宗三年征大理平之六年立威楚萬戶至元八年改威楚路置總管府領縣二州四州領一縣本路軍民屯田共七千一百雙

縣二

威楚下倚郭至元十五年升威州仍立富民淨樂二縣二十一年降州爲威楚縣革二縣爲鄉來屬定遠下在路北地名目直睒雜蠻居

之諸葛孔明征南中經此睒後號爲牟州唐蒙氏遺爨蠻酋蘿蕁鎮牟州於築城曰耐龍至高氏專大理國政命雲南些莫徒酋夷羨徙民二百戶於黃蓬穽其蘿蕁故城隸高氏元憲宗四年立牟州千戶黃蓬穽爲百戶至元十二年改爲定遠州黃蓬穽爲南寧縣後革縣爲鄉改州爲縣隸本路

州四

鎮南州下州在路北昔樸落蠻所居川名欠舍中有城曰雞和至唐時蒙氏併六詔征東蠻取和子雞和二城置石鼓縣又於沙却置俗富郡沙却卽今州治至段氏封高明量爲楚公欠舍沙却皆隸之元憲宗三年其酋內附七年立欠舍千戶石鼓百戶至元二十二年改欠舍千戶爲鎮南州立定邊石鼓二縣二十四年革二縣爲鄉仍隸本州

南安州下州在路東南山嶺稠疊內一峯竦秀林麓四周其頂有泉昔黑爨蠻祖瓦晟吳立柵居其上子孫漸盛不隸他部至高氏封威楚方隸焉憲宗立摩芻千戶隸威楚萬戶至元十二年改千戶爲南安州隸本路領一縣

廣通下縣在州之北夷名爲路睒雜蠻居之南詔閣羅鳳曾立路睒縣至段氏封高明量於威楚其後宜州酋些莫徒裔易裒等附之至高長壽遂處於路睒易裒去舊堡二十里山上築城白龍戲新柵憲宗七年長壽內附立路睒千戶至元十二年改爲廣通縣隸南安州

開南州下 州在路西南其川分十二甸昔樸和泥二蠻所居也莊蹻王滇池漢武開西南夷諸葛孔明定益州皆未嘗涉其境至蒙氏與立銀生府後爲金齒白蠻所陷移府治於威楚開南遂爲生蠻所據自南詔至段氏皆爲徼外荒僻之地元中統三年平之以所部隸威楚萬戶至元十二年改爲開南州

威遠州下 州在開南州西南其川有六昔撲和泥二蠻所居至蒙氏與開威楚爲郡而州境始通其後金齒白夷蠻酋阿只步等奪其地中統三年征之悉降至元十二年立開南州及威遠州隸威楚路

武定路軍民府下 唐隸姚州在滇北昔獹鹿等蠻居之至段氏使烏蠻阿歴治納洟厎共龍城於共甸又築城名曰易龍其裔孫法瓦浸盛以其遠祖羅婺爲部名元憲宗四年內附七年立爲萬戶隸威楚至元八年併仁德于矢入本部爲北路十二年割出二部改本路爲武定領州二州領四縣本路屯田七百

州二

和曲州下 州在路西南蠻名巨邏甸僰獑諸種蠻所居地多漢冢或謂漢人曾居蒙氏時白蠻據其地至段氏以烏蠻阿闡併吞諸蠻聚落三十餘處分兄弟子姪治之皆隸羅婺部元憲宗六年改巨邏甸曰和曲至元二十六年升爲州領二縣南甸下路治本縣蠻曰瀼甸又稱洟陬籠至元二十六年改爲縣元謀下夷中舊名環州元治五甸至元十六年改爲縣

祿勸州下 州在路東北甸名洪農碌券雜蠻居之無郡所至元二十六年立祿勸州領二縣易龍下易籠者城名在州北地名倍場縣境有二水蠻語謂洟爲水籠爲成因此爲名昔羅婺部大酋居之爲羣酋會集之所至元二十六年立縣石舊下縣在州東有四甸曰掌鳩曰法塊曰抹捻曰曲蔽掌鳩甸有溪遶其三面凡數十渡故名今訛名石舊至元二十六年立縣

鶴慶路軍民府下 府治在麗江路東南大理路東北夷名其地曰鶴川樣共昔隸越析詔漢唐末建城邑開元末閤羅鳳合六詔爲一稱南詔徙治羊苴城地近龍尾鶴柘今府即其地也大和中蒙勸封祐於樣共立謀統郡蒙氏

後經數姓如故元憲宗三年內附爲鶴州七年立二千戶仍稱謀統隸大理上萬戶至元十一年罷謀統千戶復爲鶴州二十年爲燕王分地隸行省二十三年升爲鶴慶府領一縣

劍川 下縣治在劍川湖西夷云羅魯城按唐史南詔有六節度劍川其二也初蒙氏未合六詔時有浪穹詔與南詔戰不勝遂保劍川更稱浪劍貞元中南詔擊破之奪劍共諸川地其酋徙居劍睒西北四百里號劍羌蒙氏終至段氏改劍川爲義督瞼憲宗四年內附七年立義督千戶至元十一年罷千戶立劍川縣隸鶴州軍民屯田共二千餘雙

雲遠路軍民總管府元貞二年置

徹里軍民總管府大德中置 大德中雲南省言大徹里地與八百媳婦犬牙相錯勢均力敵今大徹里胡念巳降小徹里復控扼地利多相殺掠胡念日與相拒不得離遣其弟胡倫入朝指畫地形乞別立徹里軍民宣撫司擇通習蠻夷情狀者爲之帥招其來附以爲進取之地乃立徹里軍民總管府

廣南西路宣撫司闕

麗江路軍民宣撫司路因江爲名謂金沙江出沙金故云源出吐蕃界今麗江卽古麗水兩漢至隋唐皆爲越巂郡西徼地昔麼些蠻居之遂爲越析詔二部皆烏蠻種居鐵橋貞元中其地歸南詔元憲宗三年征大理從金沙

濟江麼些負固不服四年春平之立茶罕章管民官至元八年立宣慰司十三年改爲麗江路立軍民總管府二十二年府罷於通安巨津之間立宣撫司領府一州七州一領縣一

府一

北勝府在麗江之東唐南詔時鐵橋西北有施蠻者貞元中爲異牟尋所破遷其種居之號劍羌名其地曰成偈睒又改名善巨郡蒙氏終段氏時高智昇使其孫高大惠鎮此郡後隸大理元憲宗三年其酋高俊內附至元十五年立爲施州十七年改爲北勝州二十年升爲府

州七

順州在麗江之東俗名牛睒昔順蠻種居劍川共唐貞元間南詔異牟尋破之徙居鐵橋大婆小婆三探覽等川其酋成斗族漸盛自爲一部遷於牛睒至十三世孫自瞪猶隸大理元憲宗三年內附至元十五年改牛睒爲順州

蒗蕖州治羅共睒在麗江之東北勝永寧南北之間羅落麽些三種蠻世居之憲宗三年征大理至元九年內附十六年改羅共睒爲蒗蕖州

永寧州昔名樓頭睒接吐蕃東徼地名荅藍麽些蠻祖泥月烏逐出吐蕃遂居此睒世屬大理憲宗三年其三十一世孫和字內附至元十六年改爲州

通安州治在麗江之東雪山之下昔名三睒僕繲蠻所居其後麽些蠻葉古乍奪而有之世隸大理憲宗三年其二十三世孫麥良內附中統四年以麥良爲察罕章管民官至元九年其子麥兀襲父職十四年改三睒爲通安州

蘭州在蘭滄水之東漢永平中始通博南山道渡蘭滄水置博南縣唐爲盧鹿蠻部至段氏時置蘭溪郡隸大理元憲宗四年內附隸茶罕章管民官至元十二年改蘭州

寶山州在雪山之東麗江西來環帶三面昔麽些蠻居之其先自樓頭徙

居此二十餘世世祖征大理自卞頭濟江由羅邦至羅寺圍大匱等寨其酋內附名其寨曰察罕忽魯罕至元十四年以大匱七處立寶山縣十六年升爲州

巨津州昔名羅波九睒北接三川鐵橋西隣吐蕃按唐書南詔居鐵橋之南西北與吐蕃接今州境實大理西北陬要害地麼些大酋世居之憲宗三年內附至元十四年於九睒立巨津州蓋以鐵橋自昔爲南詔吐蕃交會之大津渡故名領一縣臨西下縣在州之西北乃大理極邊險僻之地夷名羅裒間居民皆麼些二種蠻至元十四年立大理州縣於羅裒間立臨西縣以西臨吐蕃境故也隸巨津州

東川路下 至元二十八年立

茫部路軍民總管府下

益良州下 強州下

孟傑路自東川路以下闕 泰定三年八百媳婦蠻請官守置木安孟傑二府於其地

普安路下 治在盤町山陽巴盤江東古夜郎地秦爲黔中地兩漢隸牂牁郡

蜀隸與古郡隋立牂州唐置西平州後改興古郡爲盤州蒙氏叛唐其地爲南詔東鄙東爨烏蠻七部落居之其後爨酋阿宋逐諸蠻據其地號于失部世爲酋長元憲宗七年其酋內附命爲于失萬戶至元十三年改普安路總管府明年更立招討司十六年改爲宣撫司二十二年罷司爲路

曲靖等路宣慰司軍民萬戶府曲靖二州在漢爲夜郎味縣地蜀分置興古郡隋初爲恭州協州唐置南寧州東西爨分烏白蠻二種自曲靖州西南昆川距龍和城通謂之西爨白蠻自彌鹿升麻二川南至步頭通謂之東爨烏蠻貞觀中以西爨歸王爲南寧都督襲殺東爨首領蓋聘南詔閣羅鳳以兵脅西爨徙之至龍和皆殘於兵東爨烏蠻復振徙居西爨故地世與南詔爲婚居故曲靖州天寶末征南詔進次曲靖州大敗其地遂沒于蠻元憲宗六年立磨彌部萬戶至元八年改爲中路十三年改曲靖路總管府二十年以隸皇太子二十五年升宣撫司領縣一州五州領六縣本路屯田四千四百八十雙歲輸金三千五百五十兩馬一百八十四

縣一

南寧 下。倚郭。唐以爨歸王爲南寧州都督，治石城，及閣羅鳳叛，州廢。蒙氏改石城郡，至段氏爲蠻莫彌部所據。五城，元憲宗三年內附，六年立千戶，隸莫彌部萬戶。至元十三年升南寧州，二十二年革爲縣。

州五

陸涼州 下。卽漢牂牁郡之平夷縣。南詔叛後，落温部蠻世居之。憲宗三年內附，立落温千戶，屬落蒙萬戶。至元十三年改爲陸涼州。領二縣：芳華 下。在州西。河納 下。在州南，治蔡村。

越州 下。在路之南，其川名魯望，普麽部蠻世居之。憲宗四年內附，六年立千戶，隸末迷萬戶。至元十二年改越州，隸曲靖路。

羅雄州 下。與溪洞蠻獠接壤，歷代未嘗置郡。夷名其地爲塔敝納夷甸。俗傳盤瓠六男，其一曰蒙由丘，後裔有羅雄者居此甸，至其孫普恐，名其部曰羅雄。憲宗四年內附，七年隸普摩千戶。至元十三年割夜苴部爲羅雄州，隸曲靖路。

馬龍州下　夷名曰撒匡昔僰剌居之盤瓠裔納垢逐舊蠻而有其地至羅苴內附於本部立千戶至元十三年改爲州卽舊馬龍城也領一縣通泉（下在州西南與嵩明州楊林縣接壤納垢之孫易陬分居其地元初爲易龍百戶隸馬龍千戶至元十三年改名通泉縣隸馬龍州）

霑益州下　在本路之東北據南盤江北盤江之間唐初置州天寶末沒于蠻爲僰剌二種所居後磨彌部奪之元初其孫普垢屬內附憲宗七年以本部隸曲靖磨彌萬戶府至元十三年改霑益州領三縣交水（下治易陬龍城其先磨彌部酋蒙提居之後大理國高護軍逐其子孫爲私己憲宗五年內附至元十三年卽其城立縣）石梁（下孫磨彌部又名伍勒部其酋世爲巫居石梁原山至元十三年爲縣）羅山（下夷名落蒙山乃磨彌部東境）

澂江路下　治在滇池東南唐屬牂州隸黔州都督府開元中降爲羈縻州今夷中名其地曰羅伽甸初麼些蠻居之後爲僰蠻所奪南詔蒙氏爲河陽郡至段氏麼些蠻之裔復居此甸號羅伽部元憲宗四年內附六年以羅伽部爲萬戶至元三年改萬戶爲中路十六年升爲澂江路領縣三州二州領三縣（本路屯田四千一百雙）

縣三

河陽 下內附後爲千戶至元十六年爲河陽州二十六年降爲縣

江川 下在澂江路南星雲湖之北蒙氏叛唐使白蠻居之至段氏些麼徒蠻之裔居此城更名步雄部其後弄景內附卽本部爲千戶至元十三年改千戶爲江川州二十年降爲縣

陽宗 下在本路西北明湖之南昔麼些蠻居之號曰強宗部其酋盧舍內附立本部千戶至元十三年改爲縣

州二

新興州 下 漢新興縣唐初隸牂州後南詔叛降爲羈縻州蒙氏爲溫富州段氏時麼些蠻分居其地內附後立爲千戶至元十三年改新興州隸澂江路領二縣

普舍 下在州西北昔有強宗部蠻之裔長曰部傍據普具龍城次曰普舍據普札龍城二城之西有白城漢人所築一酋屢爭其地莫能定後普舍孫直劚內附立本部爲千戶十三年改千戶爲普舍縣治普札龍城隸新興州

研和 下麼些徒蠻步雄居之其孫龍鍾內附立百戶至元十三年改爲縣

路南州 下 州在本路之東夷名路甸有城曰撒呂黑爨蠻之裔落蒙所築子孫世居之因名落蒙部憲宗朝內附卽本部立萬戶至元七年併落蒙羅伽末迷三萬戶爲中路十三年分中路爲二路改羅伽爲澂江路落蒙

爲路南州隸澂江路領一縣邑市下至元十三年卽邑市彌歪二城立邑市縣彌沙等五城立彌沙縣二十四年併彌沙入本縣隸路南州

普定路本普里部歸附後改普定府至元二十七年初斡羅思呂國瑞入賄丞相桑哥及要束木等請㧓羅甸宣慰司至是言招到羅甸國札哇并龍家宋家犵狫猫人諸種蠻夷四萬六千六百戶阿卜阿牙者來朝爲曲靖路宣慰同知脫因反普安路官所阻會雲南行省言羅甸卽普里也歸附後改普定府印信具存隸雲南省三十餘年賦役如期今所㧓羅甸宣慰安撫司隸湖南省斡羅思等擅以兵脅降普定土官矣資男札哇希古等勒令同其入覲邀功希賞乞罷之仍以其地隸雲南制可　大德七年改爲路大德七年中書省臣言蛇節宋隆濟等作亂普定知府容苴率衆效順容苴歿其妻適姑亦能宣力戎行乞令襲其夫職仍改普定爲路隸曲靖宣慰司以適姑爲本路總管虎符

仁德府昔棘剌蠻居之無郡縣其部曰仲扎溢源後烏蠻之裔新丁奪而有之至四世孫因其祖名新丁以爲部號語訛爲仁地憲宗五年內附明年立本部爲仁地萬戶至元初復叛四年降之仍爲萬戶十三年改萬戶爲仁德府本府屯田五百六十雙　領縣二

爲美下縣治在府北地名溢浦適倨睒甸卽仁地故部至元二十四年置縣

歸厚下縣治在府西地名易浪滷龍舊隸仁地部至元二十四年分立二縣曰倘俸曰爲美二十五年改倘俸曰歸厚

羅羅蒙慶等處宣慰司都元帥府

建昌路下 本古越巂地唐初設中都府治越巂至德中沒于吐蕃貞元中復之懿宗時蒙詔立城曰建昌府以烏白二蠻實之其後諸酋爭強不能相下分地爲四堆段與爲長其裔浸強遂併諸酋自爲府主大理不能制傳至阿宗娶落蘭部建蒂女沙智元憲宗朝建蒂內附以其壻阿宗守建昌至元十二年析其地置總管府五州二十三建昌其一路也設羅羅宣慰司以總之

本路領縣一州九州領一縣本路立軍民屯田

縣一

中縣縣治在住頭回甸蓋越巂之東境也所居烏蠻自別爲沙麻部以酋長所立處爲中州至元十年內附十四年仍爲中州二十二年降爲縣隸建昌路

州九

建安州下 即總府所治建蒂既平分建昌府爲萬戶二又置千戶二至元十五年割建鄉城十四村及建蒂四村立寶安州十七年改本千戶爲建安州二十六年革寶安州以其鄉村來屬

永寧州下　在建昌之東郭唐時南詔立建昌郡領建安永寧二州元至元九年西平王平建蔕十六年分建昌爲二州在城曰建安東郭曰永寧倶隸建昌路

瀘州下　州在路西昔名沙城驗卽諸葛武侯禽孟獲之地有瀘水深廣而多瘴鮮有行者冬夏常熱其源可燖鷄豚至段氏時於熱水甸立城名湧籠隸建昌憲宗時建蔕內附復叛至元九年平之十五年改湧籠爲瀘州

禮州下　州在路西北瀘沽水東所治曰籠壓城南詔末諸蠻相侵奪至段氏與併有其地裔孫阿宗內附復叛至元九年平之設千戶十五年改爲禮州領一縣瀘沽縣在州北昔羅落蠻所居至蒙氏霸諸部以爲蠻酋守此城後漸盛自號曰落蘭部或稱羅落其裔蒲德遣其姪建蔕內附建蔕繼叛殺蒲德自爲酋長併有諸部至元九年平之設千戶十三年升萬戶十五年改縣

里州下　唐隸巂州都督蒙詔時落蘭部小酋阿都之裔居此因名阿都部傳至納空隨建蔕內附中統三年叛至元十年其子耶吻效順隸烏蒙十八年設千戶二十二年同烏蠻叛奔羅羅斯二十三年升軍民總管府二

十六年府罷爲州隸建昌路

闊州下 州治密納甸古無城邑烏蒙所居昔仲由蒙之裔孫名科居此因以名爲部號後訛爲闊至三十七世孫𫍯羅內附至元九年設千戶二十六年改爲州

邛部州下 州在路東北大渡河之南越嶲之東北君長十數筰都最大唐立邛部縣後沒于蠻至宋歲貢名馬土物封其酋爲邛都王今其地夷稱爲邛部川治烏弄城昔麽些蠻居之後仲由蒙之裔奪其地元憲宗時內附中統五年立邛部川安撫招討使隸成都元帥府至元十年割屬羅羅斯宣慰司二十一年改爲州

隆州下 州在路之西南與漢邛部縣接境唐會川縣之西北蒙氏改會川爲會同邏立五瞼本州爲邊府瞼其後瞼主楊大蘭於瞼北壃上立城分派而居名曰大隆城卽今州治也元至元十三年內附十四年設千戶十七年改隆州

姜州下　姜者蠻名也烏蠻仲牟由之裔阿壇絳始居閟畔部其孫阿羅仕大理國主高泰是時會川有城曰龍納羅落蠻世居焉阿羅挾高氏之勢攻拔之遂以祖名曰絳部憲宗時隨閟畔內附因隸焉至元八年爲落蘭部酋建蔕所破九年平之遂隸會川後屬建昌十五年改爲姜州二十七年復屬閟畔部後又屬建昌

德昌路軍民府下　漢邛都縣地唐沒於南詔路在建昌西南所居蠻號屈部元至元九年內附十二年立定昌路以本部爲昌州二十三年罷定昌路併入德昌路治本州葛魯城領州四本路立軍民屯田

昌州下　路治本州初烏蠻阿屈之裔寖強用祖名爲屈部其孫烏則至元九年內附十二年改本部爲州兼領普濟威龍隸定昌路二十三年罷定昌路併隸德昌

德州下　在路之北其地今名吾越甸城曰亦苴龍所居蠻苴郎以遠祖名部曰頼綖憲宗時內附至元十二年立千戶十三年改爲德州隸德平路

二十三年改隸德昌

威龍州下 州在路西南夷名巴翠部領小部三一曰沙媧普宗二曰烏鷄泥祖三曰媧諾龍葛蒲皆獹魯蠻種也至元十五年合三部立威龍州隸德昌

普濟州下 州在路西北夷名玗甸昔爲荒僻之地獹魯蠻世居之後屬屈部至元九年隨屈部內附十五年於玗甸立定昌路二十三年路革改隸德昌

會川路下 路在建昌南唐移邛都於此其地當征蠻之要衝諸酋聽會之所故名天寶末沒於南詔立會川都督府又號清寧郡至段氏仍爲會川府元至元九年內附十四年立會川路治武安州領州五本路立軍民屯田

武安州下 蠻稱龍泥城至元十四年立管民千戶十七年改爲武安州

黎溪州下 古無城邑蠻云黎彊訛爲今名初烏蠻與漢人雜處及南詔閣羅鳳叛徙白蠻守之蒙氏終羅羅逐去白蠻段氏與令羅羅蠻乞夷據其

地至元九年其裔阿夷內附改其部爲黎溪州

永昌州下 州在路北治故歸依城卽古會川也唐天寶末沒於南詔置會川都督至蒙氏改會同府置五瞼徙張王李趙楊周高段何蘇龔尹十二姓於此以趙氏爲府主居今州城趙氏弱王氏據之及段氏與高氏專政逐王氏以其子高政治會川元憲宗三年征大理高氏逃去九年故酋王氏孫阿龍率衆內附至元八年以其男阿禾領會川十四年改管民千戶十七年立永昌州隸會川路

會理州下 州在會川府東南唐時南詔屬會川節度地名昔陀有蠻名阿壇絳亦仲由蒙之遺種其裔羅於則得昔陀地居之取祖名曰絳部後強盛盡有四州之地號蒙歪元憲宗八年其孫亦蘆內附隸閟畔萬戶至元四年屬落蘭部十三年改隸會川路十五年置會理州仍隸會川二十七年復屬閟畔部

麻龍州下 麻龍者城名也地名棹羅能烏蠻蒙次次之裔祖居閟畔東川

後普恐遷苗臥龍其孫阿麻內附至元五年爲建蒂所併十二年屬會川

十四年立管民千戶隸會川路十七年立爲州二十七年割屬閟畔部

柏興府昔摩沙夷所居漢爲定筰縣隸越嶲郡唐立昆明縣天寶末沒於吐蕃後復屬南詔改香城郡元至元十年其鹽井摩沙酋羅羅將猻鹿茹庫內附十四年立鹽井管民千戶十七年改爲閏鹽州以猻鹿部爲普樂州俱隸德平路二十七年併普樂閏鹽二州爲閏鹽縣立柏興府隸羅羅宣慰司領縣二

閏鹽 下倚郭夷名爲賀頭甸以縣境有鹽井故名

金縣 下縣在府北夷名利寶揭勒所居蠻因茹庫乃漢越嶲郡北境與吐蕃接至元十五年立爲金州後降爲縣以縣境斛僰和山出金故名焉

臨安廣西元江等處宣慰司兼管軍萬戶府

臨安路 下 唐隸牂州天寶末沒於南詔蒙氏立都督府二其一曰通海郡段氏改爲秀山郡阿僰部蠻居之元憲宗六年內附以本部爲萬戶至元八年改爲南路十三年又改爲臨安路領縣二千戶一州三州領二縣 宣慰司所領屯田六百雙本路有司所管三千四百雙爨僰軍千戶所管一千一百五十雙有奇

縣二

河西下縣在杞麓湖之南又名其地曰休臘昔莊蹻王其地唐初於姚州之南置西宗州領三縣河西其一也天寶後沒於蠻為步雄部後阿僰蠻易渠奪而居之元憲宗六年內附七年即阿僰部立萬戶休臘隸之至元十三年始為河西州隸臨安路二十六年降為縣

蒙自下縣界南隣交趾西近建水州縣境有山名自則漢語訛為蒙自上有故城白夷所築即今縣治下臨巴甸南詔時以趙氏鎮守至段氏阿僰蠻居之憲宗六年內附繼叛七年平之立千戶隸阿僰萬戶至元十三年改阿僰萬戶為臨安路以本千戶為縣

捨資千戶蒙自縣之東阿僰蠻所居地昔名褒古又曰部娟踵甸傳至裔孫捨資因以為名內附後隸蒙自千戶至元十三年改蒙自為縣其地近交趾遂以捨資為安南道防送軍千戶隸臨安路

州三

建水州下在本路之南近接交趾為雲南極邊治故建水城唐元和間蒙氏所築右稱步頭亦云巴甸每秋夏溪水漲溢如海夷謂海為惠歷為大故名惠歷漢語曰建水歷趙楊李段數姓皆仍舊名些麽徒蠻所居內附後立千戶隸阿僰萬戶至元十三年改建水州隸臨安路

石平州下在路之西南阿僰蠻據之得石坪聚為居邑名曰石坪至元七

年改邑爲州隸臨安路

寧州下 在本路之東唐置黎州天寶末沒于蠻地號泿曠夷語謂旱龍也步雄部蠻些麽徒據之後屬爨蠻酋阿幾以泿曠割與寧酋豆圭元憲宗四年寧酋內附至元十三年改爲寧州隸臨安路舊領三縣通海嶍峨西沙西沙在州東寧部蠻世居之其裔孫西沙築城於此因名西沙龍憲宗四年其酋普提內附就居此城爲萬戶至元十三年立爲西沙縣二十六年以隸寧州至治二年併入州領二縣

通海下 倚郭元初立通海千戶隸善闡萬戶至元十三年改通海縣隸寧海府二十七年府革直隸臨安路今割隸寧州

嶍峨下 縣在河西縣之西控扼山谷北接滇池亦屬滇國昔嶍猊蠻居之後阿僰酋逐嶍猊據其地至其孫阿次內附以其部立千戶至元十三年改爲州領卬洲平甸二縣二十六年降爲縣併二縣爲鄉隸臨安路今割隸寧州

廣西路下 東爨烏蠻彌鹿等部所居唐爲羈縻州隸黔州都督府後師宗彌勒二部浸盛蒙氏段氏莫能制元憲宗七年二部內附隸落蒙萬戶至元十二年籍二部爲軍立廣西路十八年復爲民領州二

師宗州下 在路之東南昔爨蠻逐獠僰等居之其後師宗據匿弄甸故名師宗部至元十二年立爲千戶十八年復爲民二十七年改爲州

彌勒州下 在路南昔些莫徒蠻之裔彌勒得郭甸巴甸部籠而居之故名其部曰彌勒至元十二年爲千戶十八年復爲民二十七年改爲州

元江路下 古西南夷地今元江在梁州之西南又當在黑水之西南也阿僰諸部蠻自昔據之憲宗四年內附七年復叛率諸部築城以拒命至元十三年遣立元江府以羈縻之二十五年命雲南王討平之割羅槃馬籠步日思麽羅丑羅陀步騰步竭台威台陽設栖你陀十二部於威遠立元江路

步日部在本路之西蒙氏立此甸徙白蠻鎮之名步日瞼

馬籠部因馬籠山立寨在本路之北所居蠻阿僰元初立爲千戶屬寧州萬戶至元十三年改隸元江萬戶二十五年屬元江路

大理金齒等處宣慰司都元帥府

大理路軍民總管府上 本漢楪榆縣地唐於昆明之弄棟州置姚州都督府治楪榆洱河蠻後蒙舍詔皮羅閣逐河蠻取太和城至閤羅鳳號大蒙國雲

南先有六詔至是請於朝求合爲一從之蒙舍在其南故稱南詔徙治太和城至異牟尋又遷於喜郡史城又徙居羊苴咩城卽今府治改號大禮國其後鄭趙楊三氏互相篡奪至石晉時段思平更號大理國元憲宗三年收附六年立上下二萬戶至元七年併二萬戶爲大理路有點蒼山在大理城西周廣四百里爲雲南形勝要害之地城中有五花樓唐大中十年南詔王券豐佑所建樓方五里高百尺上可容萬人世祖征大理時駐兵樓前至元三年嘗賜金重修焉領司一縣一府二州五府領一縣州領二縣

錄事司憲宗七年立中千戶屬大理萬戶至元十一年罷千戶立錄事司十二年升理州二十一年州罷復立錄事司

縣一

太和倚郭憲宗七年於城內外立上中下三千戶至元二十六年卽中千戶立錄事司上下二千戶立縣

府二

永昌府唐時蒙氏據其地歷段氏高氏皆爲永昌府元憲宗七年分永昌之永平立千戶至元十一年立永昌州十五年升爲府隸大理路領一縣

永平下縣在府東鹿滄江之東卽漢博平縣唐蒙氏改勝鄉郡屬永昌至元十一年改永平縣隸永昌府

騰衝府在永昌之西即越睒地唐置羈縻郡蒙氏九世孫異牟尋取越睒逐諸蠻有其地爲軟化府其後白蠻徙居之改騰衝府元憲宗三年府酋高救內附至元十一年改藤越州又立藤越縣十四年改騰衝府二十五年罷州縣府如故永昌騰衝二府軍民屯田共二萬二千一百五雙

州五

鄧川州下 在本路北夷有六詔邆賧其一也唐置邆川州治大釐蒙氏襲而奪之後改德原城隸大理段氏因之元憲宗三年內附七年立德原千戶隸大理上萬戶至元十一年改德原城爲鄧川州領一縣浪穹下本名彌茨乃浪穹詔所居之地唐初其王鐸羅望與南詔戰不勝保劍川更稱浪劍貞元中南詔破之以浪穹施浪鄧賧總三浪爲浪穹州元憲宗七年內附立浪穹千戶隸大理上萬戶至元十一年降爲縣隸鄧川州

蒙化州下 本蒙舍城唐置陽瓜州天寶間屬伽異爲州刺史段氏爲開南縣元憲宗七年以蒙舍立千戶屬大理上萬戶至元十一年立蒙化府十四年升爲路二十年降爲州復隸大理路

趙州下 昔爲羅落蠻所居地蒙氏立國有十瞼趙州瞼其一也夷語瞼若州皮羅閣置趙郡閣羅鳳改爲州段氏改天水郡憲宗七年立趙瞼千戶隸大理下萬戶至元十一年改爲州又於白崖瞼立建寧縣隸本州卽古勑弄地二十五年縣革入州隸大理路

姚州下 唐於栟棟川置姚州都督府天寶間閣羅鳳叛取姚州附吐蕃終段氏爲姚州元憲宗三年內附七年立統矢千戶大姚堡千戶至元十二年罷統矢立姚州隸大理路領一縣

大姚下 唐置西濮州後更名髳州南接姚州統縣四一曰青蛉卽此地夷名大姚堡與栟棟川相接元憲宗七年立千戶隸大理下萬戶至元十一年罷千戶立大姚縣隸姚州

雲南州下 唐以漢雲南縣置郡蒙氏至段氏並爲雲南州元憲宗七年立千戶隸大理下萬戶至元十一年立雲南州

蒙憐路軍民府至元二十七年從雲南行省請以蒙憐甸爲蒙憐路軍民總管府蒙萊甸爲蒙萊路軍民總管府其餘闕

蒙萊路軍民府闕

金齒等處宣撫司其地在大理西南蘭滄江界其東與緬地接其西土蠻凡

八種曰金齒曰白夷曰僰曰峨昌曰驃曰繲曰渠羅曰比蘇按唐史茫施蠻
本關南種在永昌之南樓居無城郭或漆齒或金齒故俗呼金齒蠻自漢開
西南夷後未嘗與中國通唐南詔蒙氏與異牟尋破羣蠻盡虜其人以實其
南東北取其地南至青石山緬界悉屬大理及段氏時白夷諸蠻漸復故地
是後金齒諸蠻浸盛元憲宗四年平定大理繼征白夷等蠻中統初金齒白
夷諸酋各遣子弟朝貢二年立安撫司以統之至元八年分金齒白夷爲東
西兩路安撫使十二年改西路爲建寧路東路爲鎮康路十五年改安撫爲
宣撫立六路總管府二十三年罷兩路宣撫司併入大理金齒等處宣撫司
柔遠路在大理之西永昌之南其地曰潞江曰普坪瞼曰申瞼僰寨曰烏摩
坪僰蠻卽通典所謂黑爨也中統初僰酋阿八思入朝至元十三年與茫施
鎮康鎮西平緬麓川俱立爲路隸宣撫司
茫施路在柔遠路之南瀘江之西其地曰怒謀曰大枯賧曰小枯賧卽唐史
所謂茫施蠻也中統初內附至元十三年立爲路隸宣撫司

鎮康路在柔遠路之南蘭江之西其地曰石睒亦黑僰所居中統初內附至元十三年立爲路隸宣撫司

鎮西路在柔遠路正西東隔麓川其地曰于賴睒曰渠瀾睒白夷蠻居之中統初內附至元十三年立爲路隸宣撫司

平緬路北近柔遠路其地曰驃睒曰羅必四庄曰小沙摩弄曰驃睒頭白夷居之中統初內附至元十三年立爲路隸宣撫司

麓川路在茫施路東其地曰大布茫曰睒頭附賽曰睒中彈吉曰睒尾福祿培皆白夷所居中統初內附至元十三年立爲路隸宣撫司

南睒在鎮西路西北其地有阿賽睒午真睒白夷峨昌所居元初內附至元十五年隸宣撫司金齒六路一睒歲賦金銀各有差

烏撒烏蒙宣慰司在本部巴的甸烏撒者蠻名也其部在中慶東北七百五十里舊名巴凡兀姑今曰巴的甸自昔烏雜蠻居之今所轄部六曰烏撒部阿頭部易溪部易娘部烏蒙部閟畔部其東西又有芒布阿晟二部後烏蠻

之裔折怒始強大盡得其地因取遠祖烏撒爲部名憲宗征大理累招不降

至元十年始附十三年立烏撒路十五年爲軍民總管府二十一年改軍民

宣撫司二十四年升烏撒烏蠻宣慰司

木連路軍民府以下闕

蒙光路軍民府

木邦路軍民府

孟定路軍民府

謀粘路軍民府

南甸軍民府

六難路甸軍民府

陋麻和管民官

雲龍甸軍民府

縹甸軍民府

二十四寨達魯花赤

孟隆路軍民府

木朵路軍民總管府至元三十年以金齒木朵甸戶口增殖立下路總管府其爲長者給兩珠虎符

金齒孟定各甸軍民官

孟愛等甸軍民府至元二十一年金齒新附孟愛甸酋長遣其子來朝卽其地立軍民總管府

蒙兀路

通西軍民總管府大德元年蒙陽甸酋領緬吉納款遣其弟阿不剌等赴闕進方物且請歲貢銀千兩及置郡縣驛傳遂立通西軍民府

木來軍民府至元二十九年雲南省言新附金齒適當忙兀禿兒迷失出征軍馬之衝資其芻糧擬立爲木來路中書省奏置散府以布伯爲達魯花赤用其土人馬列知府事

元史卷六十一

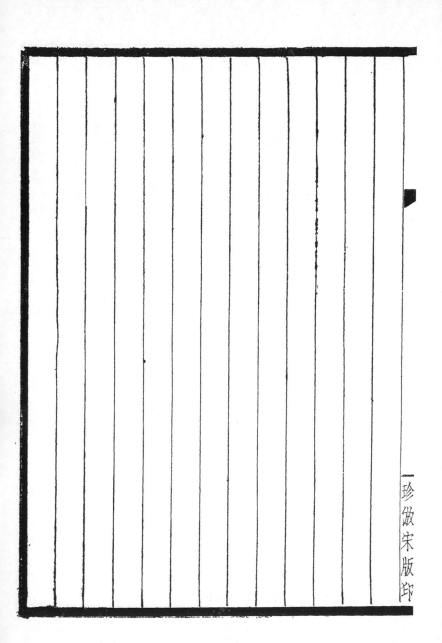

元史卷六十二

明翰林學士亞中大夫知制誥兼修國史宋　濂等修

地理志第十四

地理五

江浙等處行中書省為路三十府一州二屬州二十六屬縣一百四十三本省陸站一百八十處水站八十二處

江南浙西道肅政廉訪司

杭州路上　唐初為杭州後改餘杭郡又仍為杭州五代錢鏐據兩浙號吳越國宋高宗南渡都之為臨安府元至元十三年平江南立兩浙都督府又改為安撫司十五年改為杭州路總管府二十一年自揚州遷江淮行省來治于杭改曰江浙行省本路戶三十六萬八百五十口一百八十三萬四千七百一十至元二十七年抄籍數　領司二縣八州一

左右錄事司宋高宗建炎三年遷都杭州設九廂元至元十四年分為四隅錄事司泰定二年併為左右二錄事司

縣八

錢塘上　仁和上（與錢塘分治城下）　餘杭中　臨安中　新城中　富陽中　於潛中　昌化中

州一

海寧州中　唐以來爲鹽官縣元元貞元年以戶口繁多升爲鹽官州（是年升江南平陽等縣爲州以戶爲差戶至四萬五萬者爲下州五萬至十萬者爲中州凡爲中州者二十八下州者十五）泰定四年海圮鹽官天曆二年改海寧州海寧東南皆濱巨海自唐宋常有水患大德延祐間亦嘗被其害泰定四年春其害尤甚命都水少監張仲仁往治之沿海三十餘里下石囤四十四萬三千三百有奇木櫃四百七十餘工役萬人文宗卽位水勢始平乃罷役故改曰海寧云

湖州路上　唐改吳興郡又改湖州宋改安吉州至元十三年升湖州路戶二十五萬四千三百四十五（抄籍戶口數闕用至順錢糧數）領司一縣五州一

錄事司（舊設東西南北四廂至元十三年立總督四廂十四年改錄事司）

縣五

烏程上 歸安上與烏程皆為倚郭 安吉中 德清中 武康中

州一

長興州中 唐為綏州又更名雉州又為長城縣朱梁改曰長興宋因之元

元貞元年升為州

嘉興路上 唐為嘉興縣石晉置秀州宋為嘉禾郡又升嘉興府戶四十二萬

六千六百五十六口二百二十四萬五千七百四十二領司一縣一州二

錄事司舊置廂官元初改為兵馬司至元十四年置錄事司

縣一

嘉興上倚郭

州二

海鹽州中 唐為縣宋因之元元貞元年升州

崇德州中 石晉置宋因之元元貞元年升州

平江路上 唐初為蘇州又改吳郡又仍為蘇州宋為平江府元至元十三年

升平江路戶四十六萬六千一百五十八口二百四十三萬三千七百領司

一縣二州四

錄事司

縣二

吳縣上 長洲上與吳縣並爲倚郭

州四

崑山州中 唐以來爲縣元元貞元年升州

常熟州中 唐以來爲縣元元貞元年升州

吳江州中 唐以來爲縣元元貞元年升州

嘉定州中 本崑山縣地宋置縣元元貞元年升州

常州路上 唐初爲常州又改晉陵郡又復爲常州宋因之元至元十四年升

爲路戶二十萬九千七百三十二口一百二萬一十一領司一縣二州二

錄事司

縣二

晉陵中倚郭　武進中倚郭

州二

宜興州中　唐義興縣宋改義爲宜至元十五年升宜興府二十年仍爲縣二十一年復升爲府仍置宜興縣以隸之元元貞元年府縣俱廢止立宜興州

無錫州中　唐無錫縣元元貞元年升州

鎮江路下　唐潤州又改丹陽郡又爲鎮海軍宋爲鎮江府元至元十三年升爲鎮江路戶一十萬三千三百一十五口六十二萬三千六百四十四領司一縣三

錄事司

縣三

丹徒中倚郭　丹陽中　金壇中

建德路上 唐睦州又爲嚴州又改新定郡宋爲建德軍又爲遂安軍後升建德府元至元十三年改建德府安撫司十四年改建德路戶一十萬三千四百八十一口五十萬四千二百六十四領司一縣六

錄事司

縣六

建德中倚郭 淳安中 遂安下 桐廬中 分水中 壽昌中

松江府唐爲蘇州屬邑宋爲秀州屬邑元至元十四年升爲華亭府十五年改松江府仍置華亭縣以隸之戶一十六萬三千九百三十一至順錢糧數 領縣二

華亭上倚郭 上海上本華亭縣地至元二十七年以戶口繁多置上海縣屬松江府

江陰州上 唐初爲暨州後爲江陰縣隸常州宋爲軍元至元十二年依舊置軍行安撫司事十四年升爲江陰路總管府今降爲江陰州戶五萬三千八百二十一口三十萬一百七十七

浙東道宣慰司都元帥府元治婺州大德六年移治慶元

慶元路上　唐爲鄞州又爲明州又爲餘姚郡宋升慶元府元至元十三年改置宣慰司十四年改爲慶元路總管府戶二十四萬一千四百五十七口五十一萬一千一百一十三領司一縣四州二

錄事司

縣四

鄞縣上倚郭　象山中　慈溪中　定海中

州二

奉化州下　唐析鄮縣地置奉化縣隸明州元元貞元年升爲奉化州隸慶元

昌國州下　宋置昌國縣元至元十四年升爲州仍置昌國縣以隸之後止立昌國州隸慶元

衢州路上　本太末地唐析婺州之西境置衢州又改信安郡又改爲衢州元至元十三年改衢州路總管府戶一十萬八千五百六十七口五十四萬三

千六百六十領司一縣五

錄事司

縣五

西安中倚郭　龍游上　江山下　常山下宋改信安今復舊名　開化中

浙東海右道肅政廉訪司

婺州路上　唐初爲婺州又改東陽郡宋爲保寧軍元至元十三年改婺州路

戸二十二萬一千一百一十八口一百七萬七千五百四十領司一縣六州

一

錄事司

縣六

金華上倚郭　東陽上　義烏上　永康中　武義中　浦江中

州一

蘭溪州下　本金華之西部三河戍唐析置蘭溪縣宋因之元元貞元年升

州

紹興路上　唐初爲越州又改會稽郡又仍爲越州宋爲紹興府元至元十三年改紹興路戶一十五萬一千二百三十四口五十二萬一千五百八十八領司一縣六州二

錄事司

縣六

山陰上　會稽中與山陰俱倚郭有會稽山爲南鎮　上虞上　蕭山中　嵊縣上　新昌中

州二

餘姚州下　唐餘姚縣宋因之元元貞元年升州

諸暨州下　宋諸暨縣元元貞元年升州

温州路上　唐初爲東嘉州又改永嘉郡又爲温州宋升瑞安府元至元十三年置温州路戶一十八萬七千四百三口四十九萬七千八百四十八領司一縣二州二

錄事司
縣二
永嘉上倚郭　樂清下
州二
瑞安州下　唐瑞安縣宋因之元元貞元年升州
平陽州下　唐平陽縣宋因之元元貞元年升州
台州路上　唐初爲海州復改台州又改臨海郡又爲德化軍宋因之元至元
十三年置安撫司十四年改台州路總管府戶一十九萬六千四百一十五
口一百萬三千八百三十三領司一縣四州一
錄事司
縣四
臨海上倚郭　仙居上　寧海上　天台中
州一

黃巖州下　唐爲縣宋因之元元貞元年升州

處州路上　唐初爲括州又改縉雲郡又爲處州宋因之元至元十三年立處州路總管府戶一十三萬二千七百五十四口四十九萬三千六百九十二領司一縣七

錄事司

縣七

麗水中倚郭　龍泉中　松陽中　遂昌中　青田中　縉雲中　慶元中

江東建康道肅政廉訪司

寧國路上　唐爲宣州又爲宣城郡又升寧國軍宋升寧國府元至元十四年升寧國路總管府戶二十三萬二千五百三十八口一百一十六萬二千六百九十領司一縣六

錄事司舊立四廂元至元十四年廢四廂創立

縣六

宣城上倚郭 南陵中 涇縣中 寧國中 旌德中 太平中

徽州路上 唐歙州宋改徽州元至元十四年升徽州路戶一十五萬七千四百七十一口八十二萬四千三百四領司一縣五州一

錄事司舊設四廂至元十四年改置

縣五

歙縣上倚郭 休寧中 祈門中 黟縣下 績溪中

州一

婺源州下 本休寧縣之回玉鄉唐析之置婺源縣元元貞元年升州

饒州路上 唐改鄱陽郡仍改饒州宋因之元至元十四年升饒州路總管府戶六十八萬二百三十五口四百三萬六千五百七十領司一縣三州三

錄事司舊設三廂至元十四年改立

縣三

鄱陽上倚郭 德興上 安仁中

州三

餘干州中　唐以來爲縣元元貞元年升州

浮梁州中　唐以來爲縣元元貞元年升州

樂平州中　唐以來爲縣元元貞元年升州

江南諸道行御史臺

集慶路上　唐武德初置揚州東南道行臺尙書省後復爲蔣州罷行臺移揚州江都改金陵曰白下以其地隸潤州貞觀中更白下曰江寧至德中置江寧郡乾元中改昇州其後楊氏有其地改爲金陵府南唐李氏又改爲江寧府宋平南唐復爲昇州仁宗以昇王建國升建康軍高宗改建康府建行都又爲沿江制置司治所元至元十二年歸附十四年升建康路初立行御史臺于揚州既而徙杭州又徙江州又還杭州二十三年自杭州徙治建康天曆二年以文宗潛邸改建康路爲集慶路戶二十一萬四千五百四十八口一百七萬二千六百九十領司一縣三州二

錄事司

縣三

上元中倚郭　江寧中倚郭　句容中

州二

溧水州中　唐以來皆爲縣元元貞元年升州

溧陽州中　唐以來並爲縣元至元十六年升爲溧陽路二十七年復降爲縣後復升爲州

太平路下　唐置南豫州宋爲太平州至元十四年升爲太平路戶七萬六千二百二口四十四萬六千三百七十一領司一縣三

錄事司舊設四廂至元十四年改立

縣三

當塗中倚郭　蕪湖中　繁昌下

池州路下　唐於秋浦縣置池州後廢以縣隸宣州未幾復置宋仍爲池州元

至元十四年升爲路戶六萬八千五百四十七口三十六萬六千五百六十七領司一縣六

錄事司

縣六

貴池下倚郭卽秋浦縣吳改爲貴池 青陽下 建德下 銅陵下 石埭中 東流下

信州路上唐乾元以前爲衢饒撫建四州之地乾元元年始割衢之玉山常山饒之弋陽及撫建二州之地置信州宋因之元至元十四年升爲路戶一十三萬二千二百九十口六十六萬二千二百五十八領司一縣五

錄事司

縣五

上饒上倚郭 玉山中 弋陽中 貴溪中 永豐中

廣德路下唐初以綏安縣置桃州後廢州改綏安爲廣德縣宋爲廣德軍元至元十四年升爲路戶五萬六千五百一十三口三十三萬九千七百八十

領司一縣二

錄事司

縣二

廣德中倚郭　建平中

鉛山州中　本建撫二州之地山產銅鉛後唐析上饒弋陽五鄉爲銅場繼升爲縣屬信州宋因之元至元二十九年割上饒之乾元永樂二鄉弋陽之新政善政二鄉來屬升爲鉛山州直隸行省戶二萬六千三十五至順錢糧數

福建道宣慰使司都元帥府大德元年立

福建閩海道肅政廉訪司

福州路上　唐爲閩州後改福州又爲長樂郡又爲威武軍宋爲福建路元至元十五年爲福州路十八年遷泉州行省於本州十九年復還泉州二十年仍還本州二十二年併入杭州戶七十九萬九千六百九十四口三百八十七萬五千一百二十七領司一縣九州二州領二縣

錄事司至元十五年行中書省於在城十二廂分四隅置錄事司十六年併其二置東西二司二十年復併爲一

縣九

閩縣中倚郭　侯官中倚郭　懷安中　古田上　閩清中　長樂中　連江中　羅源中　永福中

州二

福清州下　唐析長樂八鄉置萬安縣又改福唐又改福清元元貞元年升爲州

福寧州上　唐長溪縣元升爲福寧州領二縣

寧德中　福安中

建寧路下　唐初爲建州又改建安郡宋升建寧軍元至元二十六年升爲路

戶一十二萬七千二百五十四口五十萬六千九百二十六領司一縣七

錄事司

縣七

建安中 甌寧中與建安俱倚郭 浦城中 建陽中 崇安中 松溪下 政和下

泉州路上 唐置武榮州又改泉州宋爲平海軍元至元十四年立行宣慰司兼行征南元帥府事十五年改宣慰司爲行中書省升泉州路總管府十八年遷行省於福州路十九年復還泉州二十年仍遷福州路戸八萬九千六十口四十五萬五千五百四十五領司一縣七

錄事司至元十五年立南北二司十六年併爲一

縣七

晉江中倚郭 南安中 惠安下 同安下 永春下 安溪下 德化下

興化路下 宋置太平軍又改興化軍先治興化後還莆田元至元十四年升興化路戸六萬七千七百三十九口三十五萬二千五百三十四領司一縣三

錄事司

縣三

莆田中宋置興化軍還治莆田元至元十三年割左右二廂屬錄事司縣如故 仙游下 興化下軍治元在此後移於莆田此縣為

屬邑

邵武路下 唐邵武縣屬建州宋置邵武軍元至元十三年為邵武路戶六萬四千一百二十七口二十四萬八千七百六十一領司一縣四

錄事司

縣四

邵武中倚郭 光澤中 泰寧中 建寧中

延平路下 五代為延平鎮王延政始以鎮為鐔州南唐置劍州宋以利州路亦有劍州乃稱此為南劍州元至元十五年升南劍路後改延平路戶八萬九千八百二十五口四十三萬五千八百六十九領司一縣五

錄事司

縣五

南平中倚郭 尤溪中 沙縣中 順昌中 將樂中

汀州路下 唐開福撫二州山洞置州治新羅後改臨汀郡又仍爲汀州宋隸福建路元至元十五年升爲汀州路戶四萬一千四百二十三口二十三萬八千一百二十七領司一縣六本路屯田二百二十五頃

錄事司

縣六

長汀中倚郭 寧化中 清流下 蓮城下 上杭下 武平下

漳州路下 唐析閩州西南境置後改漳浦郡又復爲漳州宋因之元至元十六年升漳州路戶二萬一千六百九十五口一十萬一千三百六領司一縣五本路屯田二百五十頃

錄事司

縣五

龍溪下倚郭 漳浦下 龍巖下 長泰下 南靖下本南勝改今名

江西等處行中書省爲路一十八州九屬州十三屬縣七十八本省馬站八十五處水站六十

九處

江西湖東道肅政廉訪司

龍興路上 唐初爲洪州又爲豫章郡又仍爲洪州宋升隆興府元至元十二年設行都元帥府及安撫司仍領南昌新建豐城進賢奉新靖安分寧武寧八縣置錄事司十四年改元帥府爲江西道宣慰司本路爲總管府立行中書省十五年立江西湖東道提刑按察司移省於贛州十六年復還龍興十七年併入福建行省止立宣慰司十九年復立罷宣慰司隸皇太子位二十一年改隆興府爲龍興二十三年豐城縣升富州武寧縣置寧州領武寧分寧二縣大德五年以分寧縣置寧州武寧縣隸龍興路戶三十七萬一千四百三十六口一百四十八萬五千七百四十四至元二十七年抄籍數領司一縣六州二。

錄事司宋以南昌新建二縣分置九廂元至元十三年廢城內六廂置錄事司

縣六

南昌上倚郭至元二十年割錄事司所領城外二廂東南兩關來屬 新建上倚郭 進賢中 奉新中 靖安中 武寧中至元二十三年置寧州縣爲倚郭大德八年於分寧縣置寧州武寧直隸本路

州二

富州上 本富城縣又曰豐城唐自豐水之西徙治章水東即今治所宋屬隆興府元至元十九年隸皇太子位二十三年升爲富州

寧州中 唐分寧縣宋因之元至元二十三年於武寧縣置寧州分寧爲倚郭縣大德八年割武寧直隸本路遂徙州治於分寧

吉安路上 唐爲吉州又爲廬陵郡宋升爲上州元至元十四年升吉州路總管府置錄事司領一司八縣元貞元年吉水安福太和永新四縣升州改吉州爲吉安路戶四十四萬四千八十三口二百二十二萬四百一十五領司一縣五州四大德二年吉贛立屯田

錄事司

縣五

廬陵上倚郭 永豐上 萬安中 龍泉中 永寧下至順間分永新州立

州四

吉水州中 舊爲縣元元貞元年升州

安福州中 唐初以縣置穎州後廢復爲縣元元貞元年升州

太和州下 唐初置南平州後廢爲縣元元貞元年升州

永新州下 唐爲縣元元貞元年升州

瑞州路上 唐改建成縣曰高安即其地置靖州又改筠州宋爲高安郡又改瑞州元至元十四年升瑞州路領一司三縣元元貞元年升新昌縣爲州戶一十四萬四千五百七十二口七十二萬二千三百二領司一縣二州一

錄事司至元十四年始立

縣二

高安上倚郭 上高中

州一

新昌州下 唐為建成縣屬靖州後省入高安宋割高安上高二縣地升鹽步鎮為新昌縣元元貞元年升州

袁州路上 唐為袁州又為宜春郡元至元十三年置安撫司十四年改總管府領四縣設錄事司隸湖南行省十九年升路隸江西行省元貞元年萍鄉縣升州戸一十九萬八千五百六十三口九十九萬二千八百一十五領司一縣三州一

錄事司至元十三年設兵馬司十四年改錄事司

縣三

宜春上倚郭 分宜上 萬載中

州一

萍鄉州中 本為縣元貞元年升州

臨江路上 唐改建成為高安而蕭灘鎮實高安境內南唐升鎮為清江縣屬洪州後又屬筠州宋即清江縣置臨江軍隸江南西道元至元十三年隸江

西行都元帥府十四年改臨江路總管府元貞元年新淦新喻二縣升州戶一十五萬八千三百四十八口七十九萬一千七百四十領司一縣一州二

錄事司宋隸都監司元至元十三年設兵馬司十五年改錄事司

縣一

清江上宋即縣治置臨江軍元至元十四年升軍為路而縣為倚郭

州二

新淦州中唐以來為縣元元貞元年升州

新喻州中唐以來為縣元元貞元年升州

撫州路上唐初為撫州又為臨川郡又仍為撫州元至元十二年復為撫州十四年升撫州路總管府戶二十一萬八千四百五十五口一百九萬二千二百七十五領司一縣五

錄事司至元十四年廢宋三廂立

縣五

臨川上 崇仁上 金溪上 宜黃中 樂安中

江州路下 唐初爲江州又改潯陽郡又仍爲江州宋爲定海軍元至元十二年置江東西宣撫司十三年改爲江西大都督府隸揚州行省十四年罷都督府升江州路隸龍興行都元帥府後置行中書省江州直隸焉十六年隸黃蘄等路宣慰司二十二年復隸行省戶八萬三千九百七十七口五十萬三千八百五十二領司一縣五

錄事司宋隸都監司元至元十二年設兵馬司十四年置錄事司

縣五

德化中唐潯陽縣 瑞昌中 彭澤中 湖口中 德安中

南康路下 唐屬江州宋置南康軍治星子縣元至元十四年升南康路隸江淮行省二十二年割屬江西領一司三縣戶九萬五千六百七十八口四十七萬八千三百九十領司一縣二州一

錄事司

縣二

星子下南康治所　都昌上

州一

建昌州下　唐初置南昌州後廢屬洪州宋屬南康軍元元貞元年升州

贛州路上　唐初爲虔州又爲南康郡又仍爲虔州宋改贛州元至元十四年升贛州路總管府十五年設錄事司領一司十縣隸江西省二十四年併龍南入信豐安遠入會昌大德元年寧都會昌二縣升州割瑞金隸會昌至大三年復置龍南安遠二縣屬寧都戶七萬一千二百八十七口二十八萬五千一百四十八領司一縣五州二州領三縣本路屯田五百一十餘頃

錄事司

縣五

贛縣上州治所　興國中　信豐下　雩都下　石城下

州二

寧都州下 唐爲縣元大德元年升寧都州領二縣龍南下至元二十四年併入信豐縣至大三年復置 安遠下至元二十四年省入會昌縣至大三年復置

會昌州下 本雩都地唐屬虔州宋升縣之九州鎮爲會昌縣復升爲軍元大德元年升會昌州領一縣瑞金下舊屬虔州大德元年來屬

建昌路下 本南城縣屬撫州南唐升建武軍宋升建昌軍元至元十四年改建昌路總管府割南城置錄事司十九年南豐縣升州直隸行省戶九萬二千二百二十三口五十五萬三千三百三十八領司一縣三

錄事司至元十四年立

縣三

南城中 新城中 廣昌中

南安路下 唐升大庾鎮爲縣屬虔州宋以縣置南安軍元至元十四年改南安路總管府十五年割大庾縣在城四坊設錄事司十六年廢錄事司戶五萬木百一十一口三十萬三千六百六十六領縣三大庾中倚郭 南康中 上猶

珍倣宋版印

南豐州下下南唐爲上猶宋改南安至元十六年改永淸後復爲上猶唐爲南豐縣隸撫州宋改隸建昌軍元至元十九年升爲州直隸行省戶二萬五千七十八口一十二萬八千九百

廣東道宣慰使司都元帥府

海北廣東道肅政廉訪司

廣州路上唐以廣州爲嶺南五府節度五管經署使治所又改南海郡又仍爲廣州宋升爲帥府元至元十三年內附後又叛十五年克之立廣東道宣慰司立總管府幷錄事司元領八縣而懷集一縣割屬賀州戶一十七萬二百一十六口一百二萬一千二百九十六領司一縣七

錄事司至元十六年立以州之東城西城子城幷番禺南海二縣在城民戶隸之

縣七

南海中番禺下與南海俱倚郭東莞中增城中香山下新會下淸遠下

韶州路下唐初爲番州又更名東衡州又改韶州又爲始興郡又仍爲韶州

元至元十三年內附未幾廣人叛十五年始定立總管府設錄事司戶一萬九千五百八十四口一十七萬六千二百五十六領司一縣四

錄事司

縣四

曲江中元初分縣城西廂地及城外三廂屬錄事司 樂昌下 仁化下 乳源下

惠州路下 唐循州宋改惠州又改博羅郡又復爲惠州元至元十六年改惠州路總管府戶一萬九千八百三口九萬九千一十五領縣四歸善下倚郭 博羅下 海豐下 河源下

南雄路下 本始興縣唐初屬韶州五代劉氏割韶之須昌始興二縣置雄州宋以河北有雄州改爲南雄州元至元十五年改南雄路總管府戶一萬七百九十二口五萬三千九百六十領縣二保昌下本湞昌宋改今名 始興下

潮州路下 唐初爲潮州又改潮陽郡又復爲潮州元至元十五年歸附十六年改爲總管府以孟招討鎮守未幾移鎮漳州土豪各據其地二十一年廣

東道宣慰使月的迷失以兵來招諭二十三年復爲江西等處行樞密院副使兼廣東道宣慰使以鎮之始定戶六萬三千六百五十口四十四萬五千五百五十領司一縣三

錄事司至元二十二年始立

縣三

海陽下倚郭 潮陽下 揭陽下

德慶路下 唐初爲南康州又名康州又改晉康郡宋升德慶府元至元十三年徇廣東既取廣州而德慶未下十四年廣西宣慰司以兵取之改隸廣西道十七年立德慶路總管府後仍屬廣東道戶一萬二千七百五十口三萬二千九百九十七領縣二端溪下 瀧水下

肇慶路下 唐初爲端州又改高要郡又仍爲端州宋升肇慶府元至元十三年徇廣東惟肇慶未附十六年廣南西道宣慰司定之因隸廣西十七年改爲下路總管府仍屬廣東戶三萬三千三百三十八口五萬五千四百二十

九領縣二高要中倚郭四會中

英德州下 唐湞州五代南漢爲英州宋升英德府元至元十三年歸附十五年立英德路總管府二十三年降爲散州大德五年復爲路本州素爲寇盗淵數大德四年達魯花赤脫歡察兒比歲招降羣盗至二千餘戶遂升英德爲路命脫歡察兒爲達魯花赤兼萬戶以鎮之至大元年復降爲州領縣一 翁源大德五年置

梅州下 唐爲程鄉縣屬潮州五代南漢置敬州宋改梅州元至元十三年歸附十六年置總管府二十三年改爲散州戶二千四百七十八口一萬四千八百六十五領縣一 程鄉

南恩州下 唐恩州又爲齊安郡宋改南恩州元至元十三年置南恩路總管府十九年降爲散州戶一萬九千三百七十三口九萬六千八百六十五領縣二 陽江下 陽春下

封州下 唐改爲臨封郡後復爲封州元至元十三年歸附明年廣人叛廣西宣慰司以兵定之遂隸西道十六年立封州路總管府後又降爲散州仍屬

東道戶二千七十七口一萬七百四十二領縣二封州下開建下

新州下 唐改爲新昌郡後復爲新州元至元十六年置新州路總管府十九年降爲散州戶一萬一千三百十六口六萬七千八百九十六領縣一新興下

桂陽州下 本桂陽縣唐宋因之元至元十三年內附十九年升桂陽縣爲散州割連州陽山縣來屬爲蒙古觧忽都虎郡王分地元隸湖南道宣慰司後隸廣東道戶六千三百五十六口二萬五千六百五十五領縣一陽山下唐屬連州宋因之至元十九年割以來屬

連州下 唐改連山郡復改連州元至元十三年置安撫司直隸行中書省十七年廢安撫司升爲連州路總管府隸湖南道宣慰司十九年降爲散州隸廣東道戶四千一百五十四口七千一百四十一領縣一連山下

循州下 唐改爲海豐郡仍改循州宋爲博羅郡元至元十三年立總管府二十三年降爲散州戶一千六百五十八口八千二百九十領縣三龍川下與

寧下 長樂下

元史卷六十二

元史卷六十三

明翰林學士亞中大夫知制誥兼修國史宋　濂等修

志第十五

地理六

湖廣等處行中書省爲路三十州十三府三安撫司十五軍三屬府三屬州十七屬縣一百五十管番民總管一本省陸站一百處水站七十三處

江南湖北道肅政廉訪司

武昌路上唐初爲鄂州又改江夏郡又陞武昌軍宋爲荆湖北路元憲宗末年世祖南伐自黃州陽羅洑橫橋梁貫鐵鎖至鄂州之白鹿磯大兵畢渡進薄城下圍之數月既而解去歸卽大位至元十一年丞相伯顏從陽羅洑南渡權州事張晏然以城降自是湖北州郡悉下是年立荆湖等路行中書省幷本道安撫司十三年設錄事司十四年立湖北宣慰司改安撫司爲鄂州路總管府倂鄂州行省入潭州行省十八年遷潭州行省於鄂州移宣慰司

于潭州十九年隨省處例罷宣慰司本路隸行省大德五年以鄂州首來歸附又世祖親征之地改武昌路戶一十一萬四千六百三十二口六十一萬七千一百一十八至元二十七年抄籍數領司一縣七

錄事司

縣七

江夏中倚郭 咸寧下 嘉魚下 蒲圻中 崇陽中 通城中 武昌下宋陞壽昌軍以其爲江西衝要地也元因之至元十四年陞散府治本縣後革府以縣屬本路戶一萬五千八百五口六萬四千五百九十八

岳州路上 唐巴州又改岳州宋爲岳陽軍元至元十二年歸附十三年立岳州路總管府戶一十三萬七千五百八口七十八萬七千七百四十三領司一縣三州一

錄事司

縣三

巴陵上倚郭 臨湘中 華容中

州一

平江州下　唐平江縣宋因之元元貞元年陞州

常德路上　唐朗州宋常德府元至元十二年置常德府安撫司十四年改爲總管府戶二十萬六千四百二十五口一百二萬六千四百十二領司一縣一州二州領一縣

錄事司

縣一

武陵上

州二

桃源州中　宋置縣元元貞元年陞州

龍陽州下　宋辰陽縣元元貞元年陞州領一縣沅江下本屬朗州後來屬

澧州路上　唐改澧陽郡復改澧州元至元十二年立安撫司十四年改澧州路總管府戶一十萬九千九百八十九口一百一十一萬一千五百四十三

領司一縣三州二
錄事司
縣三
澧陽上倚郭 石門上 安鄉下
州二
慈利州中 唐宋皆爲縣元元貞元年陞州
柿溪州下
辰州路下 唐改唐溪郡復改辰州宋因之元改辰州路戶八萬三千二百二十三口一十一萬五千九百四十五領縣四沅陵中 辰溪下 盧溪下 敘浦下
沅州路下 唐巫州又改沅州又爲潭陽郡又改敘州宋爲鎮遠州元至元十二年立沅州安撫司十四年改沅州路總管府戶四萬八千六百三十二口七萬九千五百四十五領縣三盧陽下 黔陽下 麻陽下
興國路下 本隋永興縣宋置永興軍又改興國軍元至元十四年陞興國路

總管府舊隸江西三十年自江西割隸湖廣戶五萬九百五十二口四十萬七千六百一十六領司一縣三

錄事司至元十七年立

縣三

永興下倚郭 大冶下 通山下

漢陽府唐初爲沔州又改沔陽郡宋爲漢陽軍咸淳十年郡守孟琦以城來歸元至元十四年陞漢陽府戶一萬四千四百八十六口四萬八百六十六領縣二漢陽至元二十二年升中縣 漢川下

歸州下唐初爲歸州又改巴東郡又復爲歸州宋端平三年元兵至江北遂遷郡治于江南曲沱次新灘又次白沙南浦今州治是也德祐初歸附元至元十二年立安撫司十四年改歸州路總管府十六年降爲州戶七千四百九十二口一萬九百六十四領縣三秭歸下倚郭 巴東下 興山

靖州路下唐爲夷播敘二州之境宋爲誠州復改靖州元至元十二年立安

撫司明年改靖州路總管府戶二萬六千五百九十四口六萬五千九百五十五領縣三永平下　會同下　通道下

湖南道宣慰司

嶺北湖南道肅政廉訪司

天臨路上　唐爲潭州長沙郡宋爲湖南安撫司元至元十三年立安撫司十四年立行省改潭州路總管府十八年遷行省於鄂州徙湖南道宣慰司治潭州天曆二年以潛邸所幸改天臨路戶六十萬三千五百一口一百八萬一千一十領司一縣五州七

錄事司宋有兵馬司都監領之元至元十四年改置

縣五

長沙上倚郭　善化倚郭　衡山上南嶽衡山在焉　寧鄉上　安化下

州七

醴陵州中　唐宋皆爲縣元元貞元年陞州

瀏陽州中 唐宋皆爲縣元元貞元年陞州

攸州中 唐爲縣屬南雲州宋屬潭州元元貞元年陞州

湘鄉州下 唐宋皆爲縣元元貞元年陞州

湘潭州中 唐宋皆爲縣元元貞元年陞州

益陽州中 唐新康縣宋安化縣元元貞元年陞爲益陽州

湘陰州下 唐宋皆爲縣元元貞元年陞州

衡州路上 唐初爲衡州又改衡陽郡又仍爲衡州宋因之元至元十三年置安撫司十四年改衡州路總管府十五年置湖南宣慰司以衡州爲治所十八年移司於潭衡州隸焉戶一十一萬三千三百七十三口二十萬七千五百二十三領司一縣三本路屯田一百二十頃

錄事司宋立兵馬司分在城民戶爲五廂元至元十三年改立

縣三

衡陽上倚郭 安仁下 酃縣下

道州路下 唐爲南營州復改道州復爲江華郡宋仍爲道州元至元十三年置安撫司十四年改道州路總管府戶七萬八千一十八口一十萬九百八十九領司一縣四

錄事司

縣四

營道中倚郭 寧遠中 江華中 永明下

永州路下 唐改零陵郡爲永州宋因之元至元十三年置安撫司十四年改永州路總管府戶五萬五千六百六十六口一十萬五千八百六十四領司一縣三本路屯田一百三頃

錄事司

縣三

零陵上倚郭 東安上 祁陽中

郴州路下 唐改桂陽郡爲郴州宋因之元至元十三年置安撫司十四年改

郴州路總管府戶六萬一千二百五十九口九萬五千一百一十九領司一縣六

錄事司舊有兵馬司至元十四年改立

縣六

郴陽中倚郭舊為敦化縣至元十三年改今名 宜章中 永興中 興寧下 桂陽下 桂東下

全州路下 石晉於清湘縣置全州宋因之元至元十三年置安撫司十四年改全州路總管府戶四萬一千六百四十五口二十四萬五百一十九領司一縣二

錄事司舊有兵馬司至元十五年改立

縣二

清湘上倚郭 灌陽下

寶慶路下 唐邵州又為邵陽郡宋仍為邵州又陞寶慶府元至元十二年立安撫司十四年改寶慶路總管府戶七萬二千三百九口一十二萬六千一

百五領司一縣二

錄事司

縣二

邵陽上郭倚　新化中

武岡路下　唐武岡縣宋陞爲軍元至元十三年置安撫司十四年陞武岡路總管府戶七萬七千二百七口三十五萬六千八百六十三領司一縣三本路屯田八十六頃

錄事司舊有兵馬司領四廂至元十五年改立

縣三

武岡上郭倚　新寧下　綏寧下

桂陽路下　唐郴州宋陞桂陽軍元至元十二年置安撫司十四年陞桂陽路總管府戶六萬五千五十七口一十萬二千二百四領司一縣三

錄事司

縣三

平陽上 臨武中 藍山下

茶陵州下 唐爲縣隸南雲州宋隸衡州陞爲軍復爲縣元至元十九年陞爲州戶三萬六千六百四十二口一十七萬七千二百二

耒陽州下 唐宋皆爲縣隸湘東郡元至元十九年陞爲州戶二萬五千三百一十一口一十一萬一十

常寧州下 唐爲縣隸衡州宋因之元至元十九年陞爲州戶一萬八千四百三十一口六萬九千四百二

廣西兩江道宣慰使司都元帥府大德二年廣西兩江道宣慰司都元帥府言比者黃聖許叛亂逃竄交趾遺棄水田五百四十五頃請募溪洞猺獞民丁於上浪忠州諸處開屯耕種緩急則令擊賊深爲便益從之

嶺南廣西道肅政廉訪司

靜江路上 唐初爲桂州又改始安郡又改建陵郡又置桂管又陞靜江軍宋仍爲靜江軍元至元十三年立廣西道宣撫司十四年改宣慰司十五年爲

靜江路總管府元貞元年併左右兩江宣慰司都元帥府爲廣西兩江道宣慰司都元帥府仍分司邕州戶二十一萬八百五十二口一百三十五萬二千六百七十八領司一縣十

錄事司

縣十

臨桂上倚郭 興安下 靈川下 理定下 義寧下 修仁下 荔浦下 陽朔下 永福下 古縣下

南寧路下 唐初爲南晉州又改邕州又爲永寧郡元至元十三年立安撫司十六年改爲邕州路總管府兼左右兩江溪洞鎮撫泰定元年改爲南寧路戶一萬五百四十二口二萬四千五百二十領司一縣二

錄事司

縣二

宣化下 武緣下

梧州路下唐改蒼梧郡又仍爲梧州宋因之元至元十四年置安撫司十六年改梧州路總管府戶五千二百口一萬九百一十領縣一蒼梧下

潯州路下唐改潯江郡又仍爲潯州元至元十三年置安撫司十六年改爲總管府戶九千二百四十八口三萬八十九領縣二桂平下平南下

柳州路下唐改龍城郡又改柳州元至元十三年置安撫司十六年改柳州路總管府戶一萬九千一百四十三口三萬六百九十四領縣三柳城下倚郭

馬平下洛容下

慶遠南丹溪洞等處軍民安撫司唐爲龍水郡又改粵州宋爲慶遠府元至元十三年置安撫司十六年改慶遠路總管府大德元年中書省臣言南丹州安撫司及慶遠路相去爲近所隸戶少請省之遂立慶遠南丹溪洞等處軍民安撫司戶二萬六千五百三十七口五萬二百五十三領縣五宜山下

忻城下天河下思恩下河池下

平樂府唐以平樂縣置樂州復改昭州又爲平樂郡又仍爲昭州宋因之元

改爲平樂府戶七千六十七口三萬三千八百二十領縣四平樂下倚郭恭城下立山下龍平下

鬱林州下唐爲南尹州又改貴州又爲鬱林州宋因之元至元十四年仍行州事戶九千五十三口五萬一千五百二十八領縣三南流下興業下博白下

容州下唐改銅州爲容州又改普寧郡又置管內經略使宋爲寧遠軍至元十三年改安撫司十六年改容州路總管府戶二千九百九十九口七千八百五十四領縣三普寧下北流下陸川下

象州下唐改爲象郡又改象州元至元十三年立安撫司十五年改象州路總管府戶一萬九千五百五十八口九萬二千一百二十六領縣三陽壽下來賓下武仙下

賓州下唐以嶺方縣地置南方州又爲賓州又改安城郡又改嶺方郡又仍爲賓州元至元十三年置安撫司十六年改下路總管府戶六千一百四十

八口三萬八千八百七十九領縣三嶺方下倚郭 上林下 遷江下

橫州下 唐初爲簡州又改南簡州又改橫州又爲寧浦郡元至元十四年立安撫司十六年改總管府戶四千九十八口三萬一千四百七十六領縣二

寧浦下倚郭 永淳下

融州下 唐初爲融州又改融水郡後仍爲融州宋爲清遠軍元至元十四年置安撫司十六年改融州路總管府二十二年改散州戶二萬一千三百九十三口三萬九千三百三十四領縣二融水下 懷遠下

藤州下 唐改感義郡後仍爲藤州宋徙州治於大江西岸元至元十三年仍行州事戶四千二百九十五口一萬一千二百一十八領縣二鐔津下 岑溪下

賀州下 唐改臨賀郡後仍爲賀州宋因之元至元十三年仍行州事戶八千六百七十六口三萬九千二百三十五領縣四臨賀下倚郭 富川下 桂嶺下 懷集下宋屬廣州至元十五年以隸本州

貴州下　唐改懷澤郡後仍爲貴州元至元十四年領鬱林縣大德九年省縣止行州事戶八千八百九十一口二萬八百一十一貴州地接八番與播州相去二百餘里乃湖廣四川雲南喉衿之地大德六年雲南行省右丞劉深征八百媳婦至貴州科夫致宋隆濟等糾合諸蠻爲亂水東水西羅鬼諸蠻皆叛劉深伏誅

左江左江出源州界至合江鎮與右江水合爲一流入橫州號鬱江

思明路戶四千二百二十九口一萬八千五百一十

太平路戶五千三百一十九口二萬二千一百八十六

右江右江源出峨利州與大理大槃水通大槃在大理之威楚州

田州路軍民總管府戶二千九百九十一口一萬六千九百一

來安路軍民總管府

鎮安路以上並闕

海北海南道宣慰司

海北海南道肅政廉訪司至元三十年立

雷州路下　唐初爲南合州又更名東合州又爲海康郡又改雷州元至元十

五年平章政事阿里海牙南征海外四州雷州歸附初置安撫司十七年即此州爲海北海南道宣慰司治所改安撫司爲總管府隸宣慰司戶八萬九千五百三十五口一十二萬五千三百一十本路屯田一百六十五頃有奇領縣三海康中徐聞下遂溪下

化州路下唐置羅州辯州宋廢羅州入辯州復改辯州曰化州元至元十五年立安撫司十七年改總管府戶一萬九千七百四十九口五萬二千三百一十七本路屯田五十五頃有奇領縣三石龍下吳川下石城下

高州路下唐爲高涼郡又爲高州宋廢高州入竇州後復置元至元十五年置安撫司十七年改總管府戶一萬四千六百七十五口四萬三千四百九十三本路屯田四十五頃領縣三電白下茂名下信宜下

欽州路下唐爲寧越郡又爲欽州宋因之元至元十五年置安撫司十七年改總管府戶一萬三千五百五十九口六萬一千三百九十三領縣二安遠下靈山下

廉州路下唐爲合浦郡又改廉州元至元十七年設總管府戶五千九百九十八口一萬一千六百八十六本路屯田四頃有奇領縣二合浦下倚郭石康下

乾寧軍民安撫司唐以崖州之瓊山置瓊州又爲瓊山郡宋爲瓊管安撫都監元至元十五年隸海北海南道宣慰司天曆二年以潛邸所幸改乾寧軍民安撫司戶七萬五千八百三十七口一十二萬八千一百八十四本路屯田二百九十餘頃領縣七瓊山下倚郭澄邁下臨高下文昌下樂會下會同下定安下

南寧軍唐儋州改昌化郡宋改昌化軍又改南寧軍元至元十五年隸海北海南道宣慰司戶九千六百二十七口二萬三千六百五十二領縣三宜倫下昌化下感恩下

萬安軍唐萬安州宋更爲軍元至元十五年隸海北海南道宣慰司戶五千三百四十一口八千六百八十六領縣二萬安下倚郭陵水下

吉陽軍唐振州宋改崖州又爲珠崖郡又改吉陽軍元至元收附後隸海北海南道宣慰司戶一千四百三十九口五千七百三十五領縣一寧遠下

八

番順元蠻夷官至元十六年潭州行省遣兩淮招討司經歷劉繼昌招降西南諸番以龍方零為小龍番靜蠻軍安撫使龍文求臥龍番南寧州安撫使龍延三大龍番應天府安撫使程延隨程番武盛軍安撫使洪延暢洪番永盛軍安撫使韋昌盛方番河中府安撫使石延異石番太平軍安撫使盧延陵盧番靜海軍安撫使羅阿資羅甸國遏蠻軍安撫使並懷遠大將軍虎符仍以兵三千戍之○是年宣慰使塔海以西南八番羅氏等國已歸附者具以來上洞寨凡千六百二十有六戶凡十萬一千一百六十有八西南五番千一百八十六寨戶八萬九千四百西南番三百一十五寨大龍番三百六十寨○二十八年從楊勝請割八番洞蠻自四川行省隸湖廣行省三十年四川行省官言思播州元隸四川近改入湖廣今二人願仍其舊有旨遣問還云田氏楊氏言昨赴闕廷取道湖廣甚便況百姓相隣驛傳已立願隸平章答剌罕

羅番遏蠻軍安撫司

程番武勝軍安撫司

金石番太平軍安撫司

臥龍番南寧州安撫司

小龍番靜蠻軍安撫司

大龍番應天府安撫司

木瓜犵狫蠻夷軍民長官

韋番蠻夷長官
洪番永盛軍安撫司
方番河中府安撫司
盧番靜海軍安撫司
盧番蠻夷軍民長官
定遠府
桑州
章龍州
必化州
小羅州
下思同州
朝宗縣　上橋縣　新安縣
麻峽縣　甕蓬縣　小羅縣

章龍縣　烏山縣　華山縣

都雲縣　羅博縣

管番民總管

小程番以下各設蠻夷軍民長官　中嶆百納等處

底窩紫江等處　甕眼納八等處

獨塔等處　客當刻地等處

天臺等處　梯下

党兀等處　勇都朱砂古坬等處

大小化等處　洛甲洛屯等處

低當低界等處　獨石寨

百眼佐等處　羅來州

那歷州　重州

阿孟州　上龍州

峽江州　羅賴州
桑州　白州
北島州　羅那州
龍里等寨　六寨等處
帖犵狫等處　本當三寨等處
山齋等處　羨塘帶夾等處
都雲桑林獨立等處　六洞柔遠等處
竹古弄等處　中都雲棺水等處
金竹府古垻縣　都雲軍民府
萬平等處　南寧
丹竹等處　陳蒙
李稍李殿等處　陽安等處
八千蠻　恭焦溪等處

都鎮

平溪等處

平月

李崖等處

陽並等處

盧山等處

乖西軍民府皇慶元年立以土官阿馬知府事佩金符

順元等路軍民安撫司至元二十年四川行省討平九溪十八洞以其酋長赴闕定其地之可以設官者與其人之可以入官者大處為州小處為縣并立總管府聽順元路宣慰司節制

雍真乖西葛蠻等處

葛蠻雍真等處

曾竹等處大德七年順元同知宣撫事阿重嘗為曾竹蠻夷長官以其叔父宋隆濟結諸蠻為亂棄家朝京師陳其事宜深入烏撒烏蒙至于水東招諭木樓苗獠生獲隆濟以獻

龍平寨

骨龍等處

底寨等處

茶山百納等處

納壩紫江等處

磨坡雷波等處

漕泥等處

青山遠地等處

木窩普沖普得等處

武當等處　養龍坑宿徵等處
骨龍龍里清江水樓雍眼等處　高橋青塘鴨水等處
落邦札佐等處　平遲安德等處
六廣等處　貴州等處
施溪樣頭　朵泥等處
水東　市北洞
思州軍民安撫司婺川縣
鎮遠府　楠木洞
古州八萬洞　偏橋中寨
野雞平　德勝寨偏橋四甲等處
思印江等處　石千等處
曉愛瀘洞赤溪等處　卑帶洞大小田等處
黃道溪　省溪壩場等處

金容金遠等處　臺蓬若洞住溪等處
洪安等處　葛章葛商等處
平頭著可通達等處　溶江芝子平等處
亮寨　沿河
龍泉平思州舊治龍泉及火其城郎移治清江至元十七年敕徙安撫司還舊治
祐溪　水特姜
楊溪公俄等處　麻勇洞
恩勒洞　大萬山蘇葛辦等處
五寨銅人等處　銅人大小江等處
德明洞　烏羅龍干等處
西山大洞等處　禿羅
浦口　高丹
福州　永州

迺州　鑾州
程州　三旺州
地州　忠州
天州　文州
合鳳州　芝山州
安習州　茆難等團
荔枝　安化上中下蠻
曹滴等洞　洛卜寨
麥着土村　衙迪洞
會溪施容等處　感化州等處
契鋤洞　臘惹洞
勞岩洞　驢遲洞
來化州　客團等處

中古州樂墩洞　上里坪

洪州泊李等洞　張家洞

沿邊溪洞宣慰使司至元二十八年播州楊賽因不花言洞民近因籍戶懷疑竄匿乞降詔招集又言向所授安撫職任隸順元宣慰司其所管地於四川行省爲近乞改爲軍民宣撫司直隸四川行省從之以播州等處管軍萬戶楊漢英爲紹慶珍州南平等處沿邊宣慰使行播州軍民宣撫使播州等處管軍萬戶仍虎符漢英卽賽因不花也仍頒所請詔旨詔曰爰自前宋歸附十五餘年閱實戶數乃有司當知之事諸郡皆然非獨爾播自今以往咸奠厥居流移失所者招諭復業有司常加存恤毋致煩擾重困吾民

播州軍民安撫司

黃平府　平溪上塘羅駱家等處

水軍等處　石粉羅家永安等處

六洞柔遠等處　錫樂平等處

白泥等處　南平綦江等處

珍州思寧等處　水煙等處

溱洞涪洞等處　洞天觀等處

葛浪洞等處　賽壩埡黎焦溪等處
小姑單張　倒柞等處
烏江等處　舊州草堂等處
恭溪杳洞　水囤等處
平伐月石等處　下壩
寨章　橫坡
平地寨　寨勞
寨勇　上塘
寨坦　[口岑]奔
平莫　林種密秀
沿河祐溪等處
新添葛蠻安撫司大德元年授葛蠻安撫驛券一
南渭州　落葛谷鵝羅椿等處

昔不梁駱杯密約等處　乾溪吳地等處
噥聳古平等處　甕城都桑等處
都鎮馬乃等處　平普樂重墺等處
落同當等處　平族等處
獨祿　三陂地蓬等處
小葛龍洛邦到駱豆虎等處　羅月和
麥傲　大小田陂帶等處
都雲洞　洪安畫劑等處
谷霞寨　刺客寨
吾狂寨　劃利寨
必郎寨　谷底寨
都谷郎寨　犵狫寨
平伐等處大德元年平伐酋領內附乞隸於亦奚不薛從之

安刺速　思樓寨
落暮寨　梅求望懷寨
甘長　桑州郎寨
永縣寨　平里縣寨
鎖州寨　雙隆
思母　歸仁
各丹　木當
雍郎客都等處　雍門犵狫等處
栖求等處仲家蠻　婁木等處
樂賴蒙囊吉利等處　華山谷津等處
青塘望懷甘長不列獨娘等處　光州
者者寨　安化思雲等洞
北遐洞　茅難思風北郡都變等處

必際縣　上黎平
潘樂盈等處　誠州富盈等處
赤畬洞　羅章特團等處
福水州　允州等處
欽村　硬頭三寨等處
顏村　水歷吾洞等處
順東　六龍圖
推寨　橘叩寨
黃頂寨　金竹等寨
格慢等寨　客蘆寨
地省等寨　平魏
白崖　雍門客當樂賴蒙囊大化木瓜等處
嘉州　分州

平硃　洛河洛腦等處
寧溪　甕除
麥穰　孤頂得同等處
甕包　三陂
控州　南平
獨山州　木洞
瓢洞　窖洞
大青山骨記等處　百佐等處
九十九寨鑾　當橋山齊朱谷列等處
虎列谷當等處　真滁杜珂等處
楊坪楊安等處　棣甫都城等處
楊友閬　百也客等處
阿落傅等寨　蒙楚

公洞龍木　三寨猫犵剌等處

黑土石　洛賓洛咸

瓫輪沿邊蠻　割和寨

王都谷浪寨　王大寨

只蛙寨　黄平下寨

林拱章秀拱江等處　密秀丹張

林種拱幫　西羅剖盆

杉木箐　各郎西

恭溪望成崖嶺等處　孤把

焦溪篤住等處　草堂等處

上桑直　下桑直

米坪　令其平尾等處

保靖州　特團等處

征東等處行中書省領府二司一勸課使五大德三年立征東行省未幾罷至治元年復立今高麗國王爲左丞相

高麗國事蹟見高麗傳至元十八年王睶言本國置站凡四十民畜凋弊勑併爲二十站三十年沿海立水驛自耽羅至鴨綠江幷楊村海口凡三十所

瀋陽等路高麗軍民總管府

征東招討司

各道勸課使

慶尙州道

東界交州道

全羅州道

忠清州道

西海道

耽羅軍民總管府大德五年立

河源附錄

河源古無所見禹貢導河止自積石漢使張騫持節道西域度玉門見二水交流發葱嶺趨于闐匯鹽澤伏流千里至積石而再出唐薛元鼎使吐蕃訪河源得之於悶磨黎山然皆歷歲月涉艱難而其所得不過如此世之論河源者又皆推本二家其說怪迂總其實皆非本真意者漢唐之時外夷未盡臣服而道未盡通故其所往每迂迴艱阻不能直抵其處而究其極也元有天下薄海內外人迹所及皆置驛傳使驛往來如行國中至元十七年命都實爲招討使佩金虎符往求河源都實既受命是歲至河州州之東六十里有寧河驛驛西南六十里有山曰殺馬關林麓穹隘舉足濅高行一日至巔西去愈高四閱月始抵河源是冬還報并圖其城傳位置以聞其後翰林學士潘昂霄從都實之弟闊闊出得其說撰爲河源志臨川朱思本又從八里吉思家得帝師所藏梵字圖書而以華文譯之與昂霄所志互有詳略今取二家之書考定其說有不同者附注于下按河源在土蕃朵甘思西鄙有泉百餘泓沮洳散渙弗可逼視方

可七八十里履高山下瞰燦若列星以故名火敦腦兒火敦譯言星宿也思本曰河源在中州西南直四川馬湖蠻部之正西三千餘里雲南麗江宣撫司之西北一千五百餘里帝師撒思加地之西南二千餘里水從地涌出如井其井百餘東北流百餘里匯為大澤曰火敦腦兒羣流奔輳近五七里匯二巨澤名阿剌腦兒自西而東連屬吞噬行一日迤邐東騖成川號赤賓河又二三日水西南來名亦里出與赤賓河合又三四日水南來名忽闌又水東南來名也里朮合流入赤賓其流寖大始名黃河然水猶清人可涉思本曰忽闌河源出自南山其地大山峻嶺綿亘千里水流五百餘里注也里出河也里出河源亦出自南山西北流五百餘里始與黃河合又一二日岐為八九股名也孫斡論譯言九渡通廣五七里可度馬又四五日水渾濁土人抱革囊騎過之聚落糾木幹象舟傅髦革以濟僅容兩人自是兩山峽束廣可一里二里或半里其深叵測朵甘思東北有大雪山名亦耳麻不莫剌其山最高譯言騰乞里塔即崑崙也山腹至頂皆雪冬夏不消土人言遠年成冰時六月見之自八九股水至崑崙行二十日思本曰自渾水東北流二百餘里與懷里火禿河合懷里火禿河源自南山水正北偏西流八百餘里與黃河合又東北流一百餘里過郎麻哈地又正北流一百餘里乃折而西北流二百餘里又折而正北流一百餘里又折而東流過崐崙山下番名亦耳麻不剌其山高峻非常山麓綿亘五百餘里河隨山足東流過

撒思加闊即闊提地河行崐崘南半日又四五日至地名闊即及闊提二地相屬又三日地名哈剌別里赤兒四達之衝也多寇盜有官兵鎮之近北二日河水過之思本曰河過闊提與亦西八思今河合亦西八思今河源自鐵豹嶺之北正北流凡五百餘里而與黃河合崐崘以西人簡少多處山南山皆不穹峻水亦散漫獸有髦牛野馬狼狍羱羊之類其東山益高地益漸下岸狹隘有狐可一躍而越之處行五六日有水西南來名納隣哈剌譯言細黃河也思本曰哈剌河自白狗嶺之北水西北流五百餘里與黃河合又兩日水南來名乞兒馬出二水合流入河思本曰自哈剌河與黃河合正北流二百餘里過阿以伯站折而西北流經崐崘之北二百餘里與乞里馬出河合乞里馬出河源自威茂州之西北岷山之北水北流即古當州境正北流四百餘里折而西北流又五百餘里與黃河合河水北行轉西流過崐崘北一向東北流約行半月至貴德州地名必赤里始有州治官府州隸吐蕃等處宣慰司司治河州又四五日至積石州即禹貢積石五日至河州安鄉關一日至打羅坑東北行一日洮河水南來入河思本曰自乞里馬出河與黃河合又西北流與鵬拶河合鵬拶河源自鵬拶山之西北水正西流七百餘里過札塞塔失地與黃河合折而西北流三百餘里又折而東北流過西寧州貴德州馬嶺凡八百餘里與邈水合邈水源自青唐宿軍谷正東流五百餘里過二巴站與黃河合又東北流過土橋站古積石州來羌城廓州構米站界都城凡五百餘里過河州與野龐河合野龐河源自西傾山

之北水東北流凡五百餘里與黃河合又東北流一百餘里過踏白城銀川站與湟水浩亹河合湟水源自祁連山下正東流一千餘里注浩亹河浩亹河源自刪丹州之南刪丹山下水東南流七百餘里注湟水然後與黃河合又東北流一百餘里與洮河合洮河源自羊撒嶺北東北流過臨洮府凡八百餘里與黃河合又一日至蘭州過北卜渡至鳴沙河過應吉里州正東行至寧夏府南東行卽東勝州隸大同路自發源至漢地南北澗溪細流傍貫莫知紀極山皆草石至積石方林木暢茂世言河九折彼地有二折蓋乞兒馬出及貴德必赤里也思本曰自洮水與河合又東北流過達達地凡八百餘里過豐州西受降城折而正東流過達達地古天德軍中受降城東受降城凡七百餘里折而正南流過大同路雲內州東勝州與黑河合黑河源自漁陽嶺之南水正西流凡五百餘里與黃河合又正南流過保德州葭州及興州境又過臨州凡一千餘里與吃那河合吃那河源自古宥州東南流過陝西省綏德州凡七百餘里與黃河合又南流三百里與延安河合延安河源自陝西蘆子關亂山中南流三百餘里過延安府折而正東流三百里與黃河合又南流三百里與汾河合汾河源自河東朔武州之南亂山中西南流過管州冀寧路汾州霍州晉寧路絳州又西流至龍門凡一千二百餘里始與黃河合又南流二百里過河中府遇潼關與太華大山綿亘水勢不可復南乃折而東流大溉河源東北流所歷皆西番地至蘭州凡四千五百餘里始入中國又東北流過達達地凡二千五百餘里始入河東境內又南流至河中凡一千八百餘里通計九千餘里

西北地附錄

篤來帖木兒

途魯吉

柯耳魯地

畏兀兒地至元二十年立畏兀兒四處站及交鈔庫

哥疾寧　可不里　巴達哈傷

途思　忒耳迷　不花剌

那黑沙不　的里安　撒麻耳干

忽氈　麻耳亦囊　可失哈耳

忽炭　柯提　兀提剌耳

巴補　訛跡邗　倭赤

若又　柯散　阿忒八失

八里茫　察赤　也云赤

亦剌八里　普剌　也迷失

阿力麻里諸王海都行營于阿力麻里等處蓋其分地也自上都西北行六千里至回鶻五城唐號北庭置都護府又西北行四五千里至阿

力麻里至元五年海都叛舉兵南來世祖逆敗之于北庭又追至阿力麻里則又遠遁二千餘里上令勿追以皇子北平王統諸軍于阿力麻里以鎮之命丞相安童往輔之

合剌火者

魯古塵

別失八里至元十五年授八撒察里虎符掌別失八里畏兀城子里軍站事十七年以萬戶綦公直戍別失八里十八年從諸王阿只吉請自大和嶺至別失八里置新站三十二十年立別失八里和州等處宣慰司二十一年阿只吉使來言元隸只必帖木兒二十四城之中有察帶二城置達魯花赤就付闊端遂不隸省至是奉旨誠如所言其還正之二十三年遣侍衛新附兵千人屯田別失八里置元帥府即其地以總之

他古新

仰吉八里

古塔巴

彰八里至元十五年授朵魯知金符掌彰八里軍站事

月祖伯

撒耳柯思

阿蘭阿思

欽察太宗甲午年命諸王拔都征西域欽叉阿速斡羅思等國歲乙未亦命憲宗往焉歲丁酉師至寬田吉思海傍欽叉酋長八赤蠻逃避海島中適值大風吹海水去而乾生禽八赤蠻遂與諸王拔都征斡羅思至也列贊城七日破之歲丁巳出師南征以駙馬剌真之子乞反爲達魯花赤鎮守斡羅思阿思歲癸丑括斡羅思阿思戶口

阿羅思
不里阿耳
撒吉剌
花剌子模
賽蘭
巴耳赤邗
氈的
不賽因
八哈剌因
怯失
八吉打
孫丹尼牙
忽里模子

可㖊隆	設剌子	泄剌失
苦法	瓦夕的	兀乞八剌
毛夕里	設里汪	羅耳
乞里茌沙杭	蘭巴撒耳	那哈完的
亦思法杭	撒瓦	柯傷
低廉	胡瓦耳	西模娘
阿剌模忒	可疾云	阿模里
撒里牙	塔米設	贊章
阿八哈耳	撒里茌	朱里章
的希思丹	巴耳打阿	打耳班
巴某	塔八辛	不思忒
法因	乃沙不耳	撒剌哈歹
巴瓦兒的	麻里兀	塔里干

巴里黑

吉利吉思撼合納謙州益蘭州等處吉利吉思者初以漢地女四十人與烏斯之男結婚取此義以名其地南去大都萬有餘里相傳乃滿部始居此及元朝析其民為九千戶其境長一千四百里廣半之謙河經其中西北流又西南有水曰阿浦東北有水曰玉須皆巨浸也會於謙而注於昂可剌河北入于海俗與諸國異其語言則畏吾兒同廬帳而居隨水草畜牧頗知田作遇雪則跨木馬逐獵土產名馬白黑海東青昂可剌者因水為名附庸於吉利吉思去大都二萬五千餘里其語言與吉利吉思特異晝長夜短日沒時炙羊肋熟東方已曙矣即唐史所載骨利斡國也烏斯亦因水為名在吉利吉思東謙河之北其俗每歲六月上旬刑白馬牛羊灑馬湩咸就烏斯沐漣以祭河神謂其始祖所從出故也撼合納猶言布囊也蓋口小腹巨地形類此因以為名在烏斯東謙河之源所從出也其境上惟有二山口可出入山水林樾險阻為甚野獸多而畜字少貧民無恆產者皆以樺皮作廬帳以白鹿負其行裝取鹿乳採松實及劚山丹芍藥等根為食冬月亦乘木馬出獵謙州亦以河為名去大都九千里在吉利吉思東南謙河西南唐麓嶺之北居民數千家悉蒙古回紇人有工匠數局蓋國初所徙漢人也地沃衍宜稼夏種秋成不煩耘耔或云汪罕始居此地益蘭者蛇之稱也初州境山中居人見一巨蛇長數十步從穴中出飲河水腥聞數里因以名州至元七年詔遣劉好禮為吉利吉思撼合納謙州益蘭州等處斷事官即於此州修庫廩置傳舍以為治所先是數部民俗皆以杞柳為杯皿刳木為槽以濟水不解鑄作農器好禮聞諸朝乃遣工匠教為陶冶舟楫土人便之

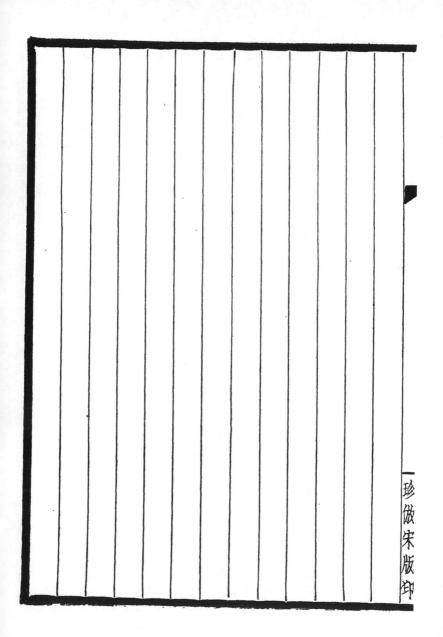

安南郡縣附錄

安南古交趾也陳氏叛服之蹟已見本傳今取其城邑之可紀者錄于左方

大羅城路漢交趾郡唐置安南都護府宋時郡人李公蘊立國於此及陳氏立以其屬地置龍興天長長安府

龍興府本多罔鄉陳氏有國置龍興府

天長府本多墨鄉陳氏祖父所生之地建行宮於此歲一至示不忘本故改曰天長

長安府本華閭洞丁部領所生之地五代末部領立國於此

歸化江路地接雲南

宣化江路地接特磨道

沱江路地接金齒

諒州江路地接左右兩江

北江路在羅城東岸瀘江水分入北江江有六橋

如月江路
南冊江路
大黃江路
烘路
快路
國威州在羅城南此以下州多接雲南廣西界雖名州其實洞也
古州在北江
仙州古龍編
富良
司農一云楊舍
定邊一云明媚
萬涯一云明黄
文周一云門州

七源
思浪
大原一云黄源
通農
羅順一云來神
粱舍一云粱个
平源
光州一云明蘇
渭龍一云乙舍
道黄卽平林塲
武寧此以下縣接雲南廣西界雖名縣其實洞也　萬載　丘温　新立
恍縣　紙縣　歷縣　闌橋　烏延
古勇　供縣　窟縣　上坡　門縣

清化府路漢九真隋唐爲愛州其屬邑更號曰江曰場曰甲曰社
梁江　波龍江　古農江　宋舍江　茶江
安暹江　分場古文場　古藤甲　支明甲　古弘甲
古戰甲　緣甲
乂安府路漢日南隋唐爲驩州
倍江　惡江　偈江　尙路社　唐舍社
張舍社
演州路本日南屬縣曰扶演安仁唐改演州
孝江　多壁場　巨賴社　他袁社
布政府路本日南郡象林縣東濱海西際真蠟南接扶南北連九德東漢末區連殺象林令自立國稱林邑唐時有環王者徙國于古曰古城今布政乃林邑故地
自安南大羅城至燕京約一百一十五驛計七千七百餘里

邊氓服役

古城　王琴　蒲伽　道覽

渌淮　稔婆邏　獠

元史卷六十三

元史卷六十四

明翰林學士亞中大夫知制誥兼修國史宋　濂等修

志第十六

河渠一

水爲中國患尚矣知其所以爲患則知其所以爲利因其患之不可測而能先事而爲之備或後事而有其功斯可謂善治水而能通其利者也昔者禹堙洪水疏九河陂九澤以開萬世之利而周禮地官之屬所載瀦防溝遂之法甚詳當是之時天下蓋無適而非水利也自先王疆理井田之制壞而後水利之說興魏史起鑿漳河秦鄭國引涇水漢鄭當時王安世輩或獻議穿漕渠或建策防水決是數君子者皆嘗試其術而卒有成功太史公河渠一書猶可考自時厥後凡好事喜功之徒率多爲興利之言而其患顧有不可勝言者矣夫潤下水之性也而欲爲之防以殺其怒遏其衝不亦甚難矣哉惟能因其勢而導之可蓄則儲水以備旱暵之災可洩則瀉水以防水潦之溢則水之患息而於是

蓋有無窮之利焉元有天下內立都水監外設各處河渠司以與舉水利修理河隄爲務決雙塔白浮諸水爲通惠河以濟漕運而京師無轉餉之勞導渾河疏灤水而武清平灤無墊溺之虞浚冶河障滹沱而真定免決嚙之患開會通河於臨清以通南北之貨疏陝西之三白以溉關中之田泄江湖之淫潦立捍海之横塘而浙右之民得免於水患當時之善言水利如太史郭守敬等蓋亦未嘗無其人焉一代之事功所以爲不可泯也今故著其開修之歲月工役之次第歷敘其事而分紀之作河渠志

通惠河

通惠河其源出於白浮甕山諸泉水也世祖至元二十八年都水監郭守敬奉詔與舉水利因建言疏鑿通州至都河改引渾水溉田於舊牐河蹤跡導清水上自昌平縣白浮村引神山泉西折南轉過雙塔榆河一畝玉泉諸水至西門入都城南匯爲積水潭東南出文明門東至通州高麗莊入白河總長一百六十四里一百四步塞清水口一十二處共長三百一十步壩牐一十處共二十

壢節水以通漕運誠爲便益從之首事於至元二十九年之春告成於三十年之秋賜名曰通惠凡役軍一萬九千一百二十九工匠五百四十二水手三百一十九沒官囚隸百七十二計二百八十五萬工用楮幣百五十二萬錠糧三萬八千七百石木石等物稱是役興之日命丞相以下皆親操畚鍤爲之倡置牐之處往往於地中得舊時磚木時人爲之感服船既通行公私兩便先時通州至大都五十里陸輓官糧歲若干萬民不勝其悴至是皆罷之其壩牐之名曰廣源牐西城牐二上牐在和義門外西北一里下牐在和義水門西三步海子牐在都城內文明牐二上牐在麗正門外水門東南下牐在文明門西南一里魏村牐二上牐在文明門東南一里下牐西至上閘一里籍東牐二在都城東南王家莊郊亭牐二在都城東南二十五里銀王莊通州牐二上牐在通州西門外下牐在通州南門外楊尹牐二在都城東南三十里朝宗牐二上牐在萬億庫南百步下牐去上牐百步成宗元貞元年四月中書省臣言新開運河牐宜用軍一千五百以守護兼巡防往來船內姦宄之人從之七月工部言通

惠河剏造牐壩所費不貲雖已成功全藉主守之人上下照略修治今擬設提領三員管領人夫專一巡護降印給俸其西城牐改名會川海子牐改名澄清文明牐仍用舊名魏村牐改名惠和籍東牐改名慶豐郊亭牐改名平津通州牐改名通流河門牐改名廣利楊尹牐改名溥濟武宗至大四年六月省臣言通州至大都運糧河牐始務速成故皆用木歲久木朽一旦俱敗然後致力將見不勝其勞今爲永固計宜用磚石以次修治從之後至泰定四年始修完焉文宗天曆三年三月中書省臣言世祖時開挑通惠河安置閘座全藉上源白浮一畝等泉之水以通漕運今各枝及諸寺觀權勢私決隄堰澆灌稻田水碾園圃致河淺妨漕事乞禁之奉旨白浮甕山直抵大都運糧河隄堰泉水諸人毋挾勢偷決大司農司都水監可嚴禁之

壩河

壩河亦名阜通七壩成宗大德六年三月京畿漕運司言歲漕米百萬全藉船壩夫力自冰開發運至河凍時止計二百四十日日運糧四千六百餘石所轄

船夫一千三百餘人壩夫七百三十占役俱盡晝夜不息今歲水漲衝決壩隄六十餘處雖已修畢恐霖雨衝圮走泄運水以此點視河隄淺澀低薄去處請加修理自五月四日入役六月十二日畢深溝壩九處計一萬五千一百五十三工王村壩二處計七百十三工鄭村壩一處計一千一百二十五工西陽壩三處計一千二百六十二工郭村壩三處計一千九百八十七工千斯壩下一處計一萬工總用工三萬二百四十

金水河

金水河其源出於宛平縣玉泉山流至義和門南水門入京城故得金水之名至元二十九年二月中書右丞馬速忽等言金水河所經運石大河及高良河西河俱有跨河跳槽今已損壞請新之是年六月興工明年二月工畢至大四年七月奉旨引金水河水注之光天殿西花園石山前舊池置牐四以節水閏七月興工九月成凡役夫匠二十九爲工二千七百二十三除妨工實役六十五日

隆福宮前河

隆福宮前河其水與太液池通英宗至治二年五月奉勅云昔在世祖時金水河濯手有禁今則洗馬者有之比至秋疏滌禁諸人毋得污穢於是會計修浚三年四月興工五月工畢凡役軍八百爲工五千六百三十五

海子岸

海子岸上接龍玉堂以石甃其四周海子一名積水潭聚西北諸泉之水流行入都城而匯于此汪洋如海都人因名焉仁宗延祐六年二月都水監計會前後與元修舊石岸相接凡用石三百五各長四尺闊二尺五寸厚一尺石灰三千斤該三百五工丁夫五十石工十九月五日興工十一日工畢至治三年三月大都河道提舉司言海子南岸東西道路當兩城要衝金水河浸潤於其上海子風浪衝嚙於其下且道狹不時潰陷泥濘車馬艱於往來如以石砌之實永久之計也泰定元年四月工部應副工物七月興工八月工畢凡用夫匠二百八十七人

雙塔河

雙塔河源出昌平縣孟村一畝泉經雙塔店而東至豐善村入榆河至元三年四月六日巡河官言雙塔河時將泛溢不早爲備恐至潰決臨期卒難措手乃計會閘水口工物關申都水監挪開雙塔河未及堅久今已及水漲之時倘或決壞走泄水勢悮運船不便省準制國用司給所需都水監差夫修治焉凡合閉水口五處用工二千一百五十五

盧溝河

盧溝河其源出於代地名曰小黃河以流濁故也自奉聖州界流入宛平縣境至都城四十里東麻谷分爲二派太宗七年歲乙未八月勅近劉沖祿言率水工二百餘人已依期築閉盧溝河元破牙梳口若不修隄固護恐不時漲水衝壞或貪利之人盜決溉灌請令禁之劉沖祿可就主領毋致衝塌盜決犯者以違制論徒二年決杖七十如遇修築時所用丁夫器具應差處調發之其舊有水手人夫內五十人差官存留不妨已委管領常切巡視體究歲一交番所司

有不應副者罪之

白浮甕山

白浮甕山卽通惠河上源之所出也白浮泉水在昌平縣界西折而南經甕山泊自西水門入都城焉成宗大德七年六月甕山等處看牐提領言自閏五月二十九日始晝夜雨不止六月九日夜半山水暴漲漫流隄上衝決水口於是都水監委官督軍夫自九月二十一日入役至是月終輟工實役軍夫九百九十三人十一年三月都水監言巡視白浮甕山河隄崩三十餘里宜編荆笆爲水口以泄水勢計修笆口十一處四月興工十月工畢仁宗皇慶元年正月都水監言白浮甕山隄多低薄崩陷處宜修治來春二月入役八月修完總修長三十七里二百十五步計七萬三千七百七十三工延祐元年四月都水監言自白浮甕山下至廣源牐隄堰多淤澱淺塞源泉微細不能通流擬疏滌由是會計工程差軍千人疏治泰定四年八月都水監言八月三日至六日霖雨不止山水泛溢衝壞甕山諸處笆口浸沒民田計料工物移文工部關支修治自

八月二十六日興工九月十二日工畢役軍夫二千名實役九萬工四十五日

渾河

渾河本盧溝水從大興縣流至東安州武清縣入漷州界至大二年十月渾河水決左都威衛營西大隄泛溢南流沒左右二翊及後衛屯田麥由是左都威衛言十月五日水決武清縣王甫村隄闊五十餘步深五尺許水西南漫平地流環圓營倉局水不没者無幾恐來春冰消夏雨水作衝決成渠軍民被害或遷置營司或多差軍民修塞庶免墊溺三年二月十二日省準下左右翊及後衛大都路委官督工修治至五月二十日工畢皇慶元年二月十七日東安州言渾河水溢決黃堝隄一十七所都水監計工物移文工部二十七日樞密知院塔失帖木兒奏左衛言渾河決隄口二處屯田浸不耕種已發軍五百修治臣等議治水有司職耳宜令中書戒所屬用心修治從之七月省委工部員外郎張彬言巡視渾河六月三十日霖雨水漲及丈餘決隄口二百餘步漂民廬没禾稼乞委官修治發民丁刈雜草興築延祐元年六月十七日左衛言六月

十四日渾河決武清縣劉家莊隄口差軍七百與東安州民夫協力同修之三年三月省議渾河決隄堰沒田禾軍民蒙害既已奏聞差官相視上自石徑山金口下至武清縣界舊隄長計三百四十八里中間因舊修築者大小四十七處漲水所害合修補者一十九處無隄剏修者八處宜疏通者二處計工三十八萬一百役軍夫三萬五千九十六日可畢如通築則役大難成就令分作三年爲之省院差官先發軍民夫匠萬人興工以修其要處是月二十日樞府奏撥軍三千委中衛僉事督修治之七年五月營田提舉司言去歲十二月二十一日屯戸巡視廣賦屯北渾河隄二百餘步將崩恐春首土解水漲浸沒爲患乞修治都水監委濠寨會營田提舉司官武清縣官督夫修完廣武屯北陷薄隄一處計二千五百工永興屯北隄低薄一處計四千一百六十六工落垡村西衝圯一處計三千七百三十三工永興屯北崩圯一處計六千五百十八工北王村莊西河東岸至白墳兒南至韓村西道口計六千九十三工劉邢莊西河東岸北至寶僧百戸屯南至白墳兒計三萬七百十二工總用工五萬三千

七百二十二泰定四年四月省議三年六月內霖雨山水暴漲泛沒大興縣諸鄉桑棗田園移文樞府於七衞屯田及見有軍內差三千人修治

白河

白河在漷州東四里北出通州潞縣南入于通州境又東南至香河縣界又流入于武清縣境達于靜海縣界至元三十年九月漕司言通州運糧河全仰白榆渾三河之水合流名曰潞河舟檝之行有年矣今歲新開牐河分引渾榆二河上源之水故自李二寺至通州三十餘里河道淺澀今春夏天旱有止深二尺處糧船不通改用小料船搬載淹延歲月致虧糧數先是都水監相視白河自東岸吳家莊前就大河西南斜開小河二里許引榆河合流至深溝壩下以通漕舟今丈量自深溝榆河上灣至吳家莊龍王廟前白河西南至壩河八百步及巡視知榆河上源築閉其水盡趨通惠河止有白佛靈溝一子母三小河水入榆河泉脈微不能勝舟擬自吳家莊就龍王廟前閉白河於西南開小渠引水自壩河上灣入榆河庶可漕運又深溝樂歲五倉積貯新舊糧七十餘萬

石站車輓運艱緩由是訪視通州城北通惠河積水至深溝村西水渠去樂歲廣儲等倉甚近擬自積水處由舊渠北開四百步至樂歲倉西北以小料船運載甚便都省准焉通惠河自通州城北至樂歲西北水陸共長五百步計役八萬六百五十工大德二年五月中書省劄付都水監運糧河隄自楊村至河西務三十五處用葦一萬九千一百四十束軍夫二千六百四十九名度三十日畢於是本監分官率濠寨至楊村歷視壞隄督巡河夫修理以霖雨水溢故工役倍元料自寺洵口北至蔡村清口孫家務辛莊河西務隄就用元料葦草修補卑薄搠築月隄頗有成功其楊村兩岸相對出水河口四處葦草不敷就令軍夫採刈至九月住役楊村河上接通惠諸河下通滹沱入江淮使官民舟楫直達都邑利國便民奈楊村隄岸隨修隨圮蓋爲用力不固徒煩工役其未修者候來春水涸土乾調軍夫修治延祐六年十月省臣言漕運糧儲及南來諸物商賈舟楫皆由直沽達通惠河今岸崩泥淺不早疏浚有礙舟行必致物價翔湧都水監職專水利宜分官一員以時巡視遇有頽圮淺澀隨宜修築如功

力不敷有司差夫助役怠事者究治從之至治元年正月十一日漕司言夏運海糧一百八十九萬餘石轉漕往返全藉河道通便今小直沽汊河口潮汐往來淤泥壅積七十餘處漕運不能通行宜移文都水監疏滌工部議時農作方興兼民多艱食若不差軍助役民力有所不逮樞密院言軍人不敷省議若差民丁方今東作之時恐妨歲事其令大都募民夫三千日給傭鈔一兩糙粳米一升委正官提調驗日支給令都水監暨漕司官同督其事四月十一日入役五月十日工畢泰定元年二月樞府臣奏臨清萬戶府言至治元年霖雨決壞運糧河岸宜差軍修築臣等議誠利益事令本府差軍三百執役從之三年三月都水監言河西務菜市灣水勢衝囓與倉相近將來爲患宜於劉二總管營相對河東岸截河築隄改水道與舊河合可杜後患四年正月省臣奏准樞府差軍五千大都路募夫五千人日支糙米五升中統鈔一兩本監工部委官與前衞董指揮同監役是年三月十八日興工六月十一日工畢致和元年六月六日臨清御河萬戶府言泰定四年八月二日河溢壞營北門隄約五十步漂

舊椿木百餘崩圮猶未已工部議河岸崩摧理宜修治既都水監會計工物各處支給其役夫三千人若擬差民方春恐妨農務宜移文樞密院撥軍省准修舊隄岸展闊新河口東岸計工五萬九千九百三十七用軍三千木匠十人天曆二年三月漕司言元開劉二總管營相對河北舊河運糧迂遠乞委官相視復開舊河便四月九日奏准差軍七千委兵部員外郎鄧衡都水監丞阿里漕使太不花等督工修浚後以冬寒候凍解與役三年工部移文大都於近甸募民夫三千日支糙粳米三升中統鈔一兩兵部改委辛侍郎暨元委官修闢至順元年六月都水監言二十三日夜白河水驟漲丈餘觀音寺新修護倉隄已督有司差夫救護今水落尺餘宜候伏槽與作

御河

御河自大名路魏縣界經元城縣泉源鄉于村度南北約十里東北流至包家渡下接管陶縣界三口御河上從交河縣下入清池縣界又永濟河在清池縣西三十里自南皮縣來入清州今呼爲御河也至元三年七月六日都水監言

運河二千餘里漕公私物貨爲利甚大自兵興以來失於修治清州之南景州
以北頹闕岸口三十餘處淤塞河流十五里至癸巳年朝廷役夫四千修築浚
滌乃復行舟今又三十餘年無官主領滄州地分水面高於平地全藉隄堰防
護其園圃之家掘隄作井深至丈餘或二丈引水以溉蔬花復有瀕河人民就
隄取土漸至闕破走洩水勢不惟澀行舟妨運糧或致漂民居沒禾稼其長蘆
以北索家馬頭之南水內暗藏樁橛破舟船壞糧物部議以濱河州縣佐貳之
官兼河防事於各地分巡視如有闕破卽率衆修治拔去樁橛仍禁園圃之家
毋穿隄作井栽樹取土都省准議七年省臣言御河水泛武清縣計疏浚役夫
一十工八十日可畢從之至大元年六月二十九日左翼屯田萬戶府呈五月
十八日申時水決會川縣孫家口岸約二十餘步南流灌本管屯田已移文河
間路武清縣清州有司多發丁夫管領修治由是樞密院檄河間路左翊屯田
萬戶府差軍併工築塞十月大名路濬州言七月十一日連雨至十七日清石
二河水溢李家道東南橫流詢社長高良輩稱水源自衞輝路汲縣東北連本

州淇門西舊黑蕩泊溢流出岸漫黃河古隄東北流入本州齊賈泊復入御河
漂及門民舍竊計今歲水勢逆行乃下流漳水漲溢遏絶不能通以致若此實
非人力可勝又西關水手佐聚稱七月十二日卯時御河水驟漲三尺十八日
復添四尺其水逆流明是下流漲水壅逆擬差官巡治延祐三年七月滄州言
清池縣民告往年景州吳縣諸處御河水溢衝決隄岸萬戶千奴爲恐傷淇屯
田差軍築塞舊洩水郎兒口故水無所洩浸民廬及已熟田數萬頃乞遣官疏
闢引水入海及七月四日決吳橋縣柳斜口東岸三十餘步千戶移僧又遣軍
閉塞郎兒口水壅不得洩必致漂蕩張管許河孟村三十餘村黍穀廬舍故本
州摘官相視移文約會開闢不從四年五月都水監遣官與河間路官相視元
塞郎兒口東西長二十五步南北闊二十尺及隄南高一丈四尺北高二丈餘
復按視郎兒口下流故河至滄州約三十餘里上下古跡寬闊乃減水故道名
曰盤河令爲開闢郎兒口增濬故河決積水由滄州城北達滹沱河以入于海
泰定元年九月都水監遣官督丁夫五千八百九十八人是月二十八日興工

十月二日工畢

灤河

灤河源出金蓮川中由松亭北經遷安東平州西瀕灤州入海也王曾北行錄云自偏槍嶺四十里過烏灤河東有灤州因河爲名至元二十八年八月省臣奏姚演言奉勅疏濬灤河漕運上都乞應副沿河蓋露囷工匠什物仍預備來歲所用漕船五百艘水手一萬牽船夫二萬四千臣等集議近歲東南荒歉民力凋弊造舟調夫其事非輕一時並行必致重困請先造舟十艘量撥水手試行之如果便續增益制可其奏先以五十艘行之仍選能人同事大德五年八月十三日平灤路言六月九日霖雨至十五日夜灤河與淝洳三河並溢衝圮城東西二處舊護城隄東西南三面城牆橫流入城漂郭外三關瀕河及在城官民屋廬糧物沒田苗溺人畜死者甚衆而雨猶不止至二十四日夜灤漆淝洳諸河水復漲入城餘屋漂蕩殆盡乃委吏部馬員外同都水監官修之東西二隄計用工三十一萬一千五十鈔八千八十七錠十五兩糙粳米三千一百

一十石五斗椿木等價鈔二百七十四錠二十六兩四錢延祐四年六月十六
日上都留守司言正月一日城南御河西北岸爲水衝嚙漸至頽圮若不修治
恐來春水泛漲漂沒民居又開平縣言四月二十六日霖雨至二十八日夜東
關灤河水漲衝損北岸宜擬修築本司議卽目仲夏霖雨其水復溢必大爲害
乃委官督夫匠興役開平發民夫幼小不任役請調軍供作庶可速成五月二
十一日留守司言灤河水漲決隄計修築用軍六百宜令樞密院差調官給其
食制曰今維其時移文樞密院發軍速爲之虎賁司發軍三百治焉泰定二年
三月十三日永平路屯田總管府言國家經費咸出於民民之所生無過農作
本屯闢田收糧以供億內府之用不爲不重訪馬城東北五里許張家莊龍灣
頭在昔有司差夫築隄以防灤水西南連清水河至公安橋皆本屯地分去歲
霖雨水溢衝盪皆盡浸死屯民田苗終歲無收方今農隙若不預修必致爲害
工部移文都水監差濠寨泊本屯官及灤州官親詣相視督令有司差夫補築
三年五月十日上都留守司及本路總管府言巡視大西關南馬市口灤河遞

北隄侵囓漸崩不預治恐夏霖雨水泛貽害居民於是送都城所丈量計用物修治工部移文上都分部施行七月二日右丞相塔失帖木兒等奏斡耳朵思住冬營盤爲灤河走淩河水衝壞將築護水隄宜令樞密院發軍千二百人以供役從之樞密院請遣軍千二百人

河間河

河閒河在河閒路界泰定三年三月都水監言河閒路水患古儉河自北門外始依舊疏通至大成縣界以洩上源水勢引入鹽河古陳玉帶河自軍司口浚治至雄州歸信縣界以導淀灤積潦注之易河黃龍港自鎖井口開鑿至文安縣玳瑁口以通灤水經火燒淀轉流入海計河宜疏者三十處總役三萬三十日可畢是月省臣奏准遣斷事官定住同元委都水孫監丞洎本處有司官於旁近州縣發丁夫三萬日給鈔一兩米一升先詣古陳玉帶河尋以歲旱民饑役與人勞罷候年登爲之

治河

冶河在真定路平山縣西門外經井陘縣流來本縣東北十里入滹沱河元貞
元年正月十八日丞相完澤等言往年先帝嘗命開真定冶河已發丁夫人役
適值先帝昇遐以聚衆罷之今請遵舊制俾卒其事從之皇慶元年七月二日
真定路言龍花判官莊諸處壞隄計工物申請省委都水監及本路官自平山
縣西北歷視滹沱冶河合流急注真定西南關由是再議照冶河故道自平山
縣西北河内改修滾水石隄下修龍塘隄東南至水碾村改引河道一里蒲吾
橋西改闢河道一里上至平山縣西北下至寧晉縣疏其淤澱築隄分其上源
入舊河以殺其勢復有程同程章二石橋阻咽水勢擬開減水月河二道可久
且便下相欒城縣南視趙州寧晉縣諸河北之下源地形低下恐水泛經欒城
趙州壞石橋阻河流爲害由是議於欒城縣北聖母堂東冶河東岸開減水河
可去真定之患省准於二年二月都水監委官與本路及廉訪司官同詣平山
縣相視會計修治總計冶河始自平山縣北關西龍神廟北獨石通長五千八
百六步共役夫五千爲工十八萬八百七無風雨妨工三十六日可畢

滹沱河

滹沱河源出於西山在真定路真定縣南一里經稾城縣北一里經平山縣北十里寰宇記載經靈壽縣西南二十里此河連貫真定諸郡經流去處皆曰滹沱水也延祐七年十一月真定路言真定縣城南滹沱河北決隄寖近城每歲修築聞其源本微與冶河不相通後二水合其勢遂猛屢壞金大隄爲患本路達魯花赤哈散於至元三十年言准引闢冶河自作一流滹沱河水十退三四至大元年七月水漂南關百餘家淤塞冶河口其水復滹河自後歲有潰決之患略舉大德十年至皇慶元年節次修隄用捲掃葦草二百餘萬官給夫糧備傭直百餘萬錠及延祐元年三月至五月修隄二百七十餘步其明堂判官勉村三處就用橋木爲樁徵夫五百餘人執役月餘不能畢近年米價翔貴民匱於食有丁者正身應役單丁者必須募人人日傭直不下三五貫前工未畢後役迭至至七月八日又衝塌李玉飛等莊及木方胡營等村三處隄長一千二百四十步申請委官相視差夫築月隄延祐二年本路前總管馬思忽嘗闢冶

河已復湮塞今歲霖雨水溢北岸數處浸沒田禾其河元經康家莊村南流不記歲月徙於村北數年修築皆於隄北取土故南高北低水愈就下侵齧西至木方村東至護城隄數約二千餘步比來春必須修治用椿梢築土隄亦非永久之計若濬木方村南舊湮枯河引水南流牐閉北岸河口於南岸取土築隄下至合頭村北與本河合如此去城稍遠庶可無患都水監差官相視截河築隄闊千餘步新開古岸止闊六十步恐不能制禦千步之勢若於北岸闕破低薄處比元料增夫力葦草捲掃補築便計葦草丁夫若令責辦民間緣今歲旱澇相仍民食匱乏擬均料各州縣上中戶價錢及食米於官錢內支給限二月二十日興工役夫五千爲工十六萬七百一十九度三十二日可畢總計補築滹沱河北岸防水隄十處長一千九百一十步高闊不一計三百四十萬七千七百五十尺用推掃梯二十五每梯用大檁三小檁三計大小檁一百五十草三十五萬八百束葦二十八萬六百四十束梢柴七千二百束至治元年三月真定路言真定縣滹沱河每遇水泛衝隄岸浸沒民田已差募丁夫修築與廉

訪司官相視講究如將木方村南舊堙河道疏闢導水東南行牐閉北岸却於河南取土修築至合頭村合入本河似望可以民安都水監與真定路官相視議夫治水者行其所無事蓋以順其性也牐閉滹沱河口截河築隄一千餘步開掘故河老岸闊六十步長三十餘里改水東南行流霖雨之時水拍兩岸截河隄偃阻逆水性新開故河止闊六十步焉能吞授千步之勢上嚥下滯必致潰決徒糜官錢空勞民力若順其自然將河北岸舊隄北之元料增添工物如法捲埽堅固修築誠爲官民便益省准補築滹沱河北岸縷水隄一十處通長一千九百一十步役夫五百名計一十六萬七百三十九工泰定四年八月七日省臣奏真定路言滹沱河水連年泛溢爲害都水監廉訪司真定路及瀕河州縣官洎耆老會議其源自五臺諸山來至平山縣王母村山口下與平定州娘子廟石泉冶河合夏秋霖雨水漲瀰漫城郭每年勞民築隄莫能除害宜自王子村辛安村鑿河長四里餘接魯家灣舊澗復開二百餘步合入冶河以分殺其勢又木方村滹沱河南岸故道疏滌三十里北岸下樁捲埽築隄捍水令

東流今歲儲材九月與役期十一月功成所用石鐵石灰諸物夫匠工糧官爲供給力省功多可永無害工部議若從所請二河並治役大民勞擬先開冶河其真定路徵民夫如不敷可於鄰郡順德路差募人夫日給中統鈔一兩五錢如侵礙民田官酬其直中書省都水監差官率知水利濠寨督本路及當該州縣用工廉訪司添力成就滹河近後再議從之九月委都水監官洎本道廉訪司真定路同監督有司併工修治後真定路言閏九月五日爲始與工間據趙州臨城諸縣申天寒地凍難於用工候春暖開闢便已於十月七日放散人民部議人夫既散宜准所擬凡已給夫鈔二萬六千八百三十二錠地價錢六百三十錠

會通河

會通河起東昌路須城縣安山之西南由壽張西北至東昌又西北至于臨清以逾于御河至元二十六年壽張縣尹韓仲暉太史院令史邊源相繼建言開河置牐引汶水達舟于御河以便公私漕販省遣漕副馬之貞與源等按視地

勢商度工用於是圖上可開之狀詔出楮幣一百五十萬緡米四百石鹽五萬斤以爲傭直備器用徵旁郡丁夫三萬驛遣斷事官忙速兒禮部尚書張孔孫兵部尚書李處巽等董其役首事於是年正月己亥起於須城安山之西南止於臨清之御河其長二百五十餘里中建牐三十有一度高低分遠邇以節蓄洩六月辛亥成凡役工二百五十一萬七百四十有八賜名曰會通河二十七年省以馬之貞言霖雨岸崩河道淤淺宜加修濬奏撥放罷輸運站戸三千專供其役仍俾採伐木石等以充用是後歲委都水監官一員佩分監印率令史奏差濠寨官往職巡視且督工易牐以石而視所損緩急爲後先至泰定二年始克畢事會通鎮牐三土壩二在臨清縣北頭牐長一百尺闊八十尺兩直身各長四十尺兩鴈翅各斜長三十尺高二尺牐空闊二丈自至元三十年正月一日興工凡役夫匠六百六十名至十月二十九日工畢中牐南至隘船牐三里元貞二年七月二十三日興工至大德二年三月十三日工畢夫匠四百四十三長廣與上牐同隘船南至李海務牐一百五十二里延祐元年八月十五

日興工九月二十五日工畢夫匠五百牐空闊九尺長廣同上土壩二李海務
牐南至周家店牐一十二里元貞二年二月二十日興工五月二十日工畢夫匠
五百二十七名長廣與會通鎮牐同周家店牐南至七級牐一十二里大德四
年正月二十一日興工八月二十日工畢夫匠四百四十二長廣與上同七級
牐二北牐南至南牐三里大德元年五月一日興工十月六日工畢夫匠四百
四十三名長廣如周家店牐南牐南至阿城牐一十二里元貞二年正月二十
日興工十月五日工畢夫匠四百五十名長廣同北牐阿城牐二北牐南至南
牐三里大德三年三月五日興工七月二十八日工畢夫匠四百四十一名長
廣上同南牐南至荆門北牐一十里大德二年正月二十五日興工十月一日
工畢夫匠四百四十六名長廣上同荆門牐二北牐南至荆門南牐二里半大
德三年六月初一日興工至十月二十五日工畢役夫三百一十名長廣同南
牐南至壽張牐六十三里大德六年正月二十三日興工六月二十九日工畢
長廣同北牐壽張牐南至安山牐八里至元三十一年正月一日興工五月二

十日工畢安山牐南至開河牐八十五里至元二十六年建開河牐南至濟州牐一百二十四里濟州牐三上牐南至中牐三里大德元年三月十二日興工七月二十八日工畢中牐南至下牐二里至治元年三月一日興工六月六日工畢下牐南至趙村牐六里大德七年二月十三日興工五月二十一日工畢趙村牐南至石佛牐七里泰定四年二月十八日興工五月二十日工畢石佛牐南至辛店牐一十三里延祐六年二月十日興工四月二十九日工畢辛店牐南至師家店牐二十四里大德元年正月二十七日興工四月一日工畢師家店牐南至棗林牐一十五里大德二年二月三日興工五月二十三日工畢棗林牐南至孟陽泊牐九十五里延祐五年二月四日興工五月二十二日工畢孟陽泊牐南至金溝牐九十里大德八年正月四日興工五月十七日工畢金溝牐南至隘船牐一十二里大德十年閏正月二十五日興工四月二十三日工畢沽頭牐二北隘船牐南至下牐二里延祐二年二月六日興工五月十五日工畢南牐南至徐州一百二十里大德十一年二月興工五月十四日工

畢三汊口牐入鹽河南至土山牐一十八里泰定二年正月十九日興工四月
十三日工畢土山牐南至三汊口牐二十五里入鹽河兗州牐堈城牐延祐元
年二月二十日省臣言江南行省起運諸物皆由會通河以達于都爲其河淺
澀大船充塞於其中阻礙餘船不得來往每歲省臺差人巡視其所差官言始
開河時止許行百五十料船近年權勢之人并富商大賈貪嗜貨利造三四百
料或五百料船於此河行駕以致阻滯官民舟楫如於沽頭置小石牐一止許
行百五十料船便臣等議宜依所言中書及都水監差官於沽頭置小牐一及
於臨清相視宜置牐處亦置小牐一禁約二百料之上船不許入河行運從之
至治三年四月十日都水分監言會通河沛縣東金溝沽頭諸處地形高峻旱
則水淺舟澀省部已准置二滾水堰近延祐二年沽頭牐上增置隘牐一以限
巨舟每經霖雨則三牐月河截河土堰盡爲衝決自秋摘夫刈薪至冬水落或
來歲春首修治工夫浩大動用丁夫千百束薪十萬之餘數月方完勞費萬倍
又況延祐六年雨多水溢月河土堰及石牐鴈翅日被衝嚙土石相離深及數

丈其工倍多至今未完今若運金溝沽頭并隘牐三處見有石於沽頭月河內修堰牐一所更將隘牐移置金溝牐月河或沽頭牐月河內水大則大牐俱開使水得通流小則閉金溝大牐上閘隘牐沽頭則閉隘牐而啓正牐行舟如此歲省修治之費亦可免丁夫冬寒入水之苦誠爲一勞永逸移文工部令委官與有司同議於是差濠寨約會濟寧路官相視就問金溝牐提領周德興言每歲夏秋霖雨衝失牐隄必候水落役夫採薪修治不下三兩月方畢冬寒水作苦不勝言會驗監察御史言延祐初元省臣亦嘗請置隘牐以限巨舟臣等議其言當請從之於是議梭板等船乃御河江淮可行之物宜遣出任其所之於金溝沽頭兩牐中置隘牐二各闊一丈以限大船若欲於通惠會通河行運者止許一百五十料違者罪之仍沒其船其大都江南權勢紅頭花船一體不許來往准擬折移沽頭隘牐置於金溝大牐之南仍作運環牐其間空地北作滾水石堰水漲即開大小三牐水落即鎖閉大牐止於隘牐通舟果有小料船及官用巨物許申稟上司權開大牐仍添金溝牐板積水以便行舟其沽頭截河

土堰依例改修石堰盡除舊有土堰三道金溝牐月河內刱建滾水石堰長一百七十尺高一丈闊一丈沽頭牐月河內修截河堰長一百八十尺高一丈一尺底闊二丈上闊一丈泰定四年四月御史臺臣言巡視河道自通州至真揚會集都水分監及瀕河州縣官民詢考利病不出兩端一曰壅決二曰經行卑職參詳自古立國引漕皆有成式自世祖屈羣策濟萬民疏河渠引清濟汶泗立牐節水以通燕薊江淮舟楫萬里振古所無後人篤守成規茍能舉其廢墜而已實萬世無窮之利也蓋水性流變不常久廢不修舊規漸壞雖有智者不能善後以故詳歷考視酌古準今參會衆議輒有管見倘蒙采錄責任水監謹守勿失能事畢矣不窮利病之源頻歲差人具文巡視徒爲煩擾無益於事都水監元立南北隘牐各闊九尺二百料下船梁頭八尺五寸可以入牐愚民嗜利無厭爲隘牐所限改造減舷添倉長船至八九十尺甚至百尺皆五六百料入至牐內不能回轉動輒淺閣阻礙餘舟蓋緣隘牐之法不能限其長短今卑職至真州問得造船作頭稱過牐船梁八尺五寸船該長六丈五尺計二百料

由是參詳宜於隘牐下岸立石則遇船入牐必須驗量長不過則然後放入違者罪之牐內舊有長船立限遣出省下都水監委濠寨官約會濟寧路委官同歷視議擬隘牐下約八十步河北立二石則中間相離六十五尺如舟至彼驗量如式方許入牐有長者罪遣退之又與東昌路官親詣議擬於元立隘牐西約一里依已定丈尺置石則驗量行舟有不依元料者罪之天曆三年三月詔諭中外都水監言世祖費國家財用開闢會通河以通漕運往來使臣下番百姓及隨從使臣各枝幹脫權勢之人到牐不候水則恃勢捶撻看牐人等頻頻啓放又漕運糧船凡遇水淺於河內築土壩積水以漸行舟以故壞牐乞禁治事命後諸王駙馬各枝往來使臣及幹脫權勢之人下番使臣等并運官糧船如到牐依舊定例啓閉若似前不候水則恃勢捶拷守牐人等勒令啓牐及河內用土築壩壞牐之人治其罪如守牐之人恃有聖旨合啓牐時故意遲延阻滯使臣客旅歀要錢物乃不畏常憲也仍令監察御史廉訪司常加體察

兗州牐

兗州牐已見前至元二十七年四月都漕運副使馬之貞言准山東東西道宣
慰使司牒文相視兗州牐堰事先於至元十二年蒙丞相伯顏訪問自江淮達
大都河道之貞乃言宋金以來汶泗相通河道郭都水按視可以通漕於二十
年中書省奏准委兵部李尚書等開鑿擬修石牐十四二十一年省委之貞與
尙監察等同相視擬修石牐八石堰二除已修畢外有石牐一石堰一堽城石
堰一至今未修據濟州以南徐邳沿河牽道橋梁二十三年添立邳州水站移
文沿河州縣修治已完二十三年調之貞充漕運副使委管牐接放綱船沿河
牽道元無崩損去處在前年例當麻麥盛時差官修理牐道督責地主割刈麻
麥幷滕州開決稻堰泗源磨堰差人於呂梁百步等洪及濟州牐監督江淮綱
運船隻過洪出牐不令阻滯客旅苟取錢物據新開會通幷濟州汶泗相通河
非自然長流河道於兗州立牐堰約泗水西流堽城立牐堰分汶水入河南會
于濟州以六牐撙節水勢啓閉通放舟楫南通淮泗以入新開會通河至於通
州近去歲四月江淮都漕運使司言本司糧運經濟河至東阿交割前者濟州

運司不時移文瀕河官司修治捧道若有緩急處所正官取招呈省路經歷縣達魯花赤以下就便斷罪今濟州漕司革罷其河道撥屬都漕運司管領本司糧運未到東阿凡有阻滯並是本司遲慢迤南河道從此無人管領不時水勢泛溢隄岸摧塌澀滯河道又濟州牐前濟州運司正官親臨監視其押綱船戶不敢分爭即目各處官司差人管領與綱官船戶各無統攝爭要水勢及攙越過牐互相毆打以致損壞船隻浸沒官糧擬將東阿河道撥付江淮都漕運司提調管領庶幾不誤糧運都省准焉又淮江淮都漕運司副使言除委官看管牐堰外據汶泗堽城二牐一堰泗河兗州牐堰濟州城南牐乃會通河上源之喉衿去歲流水衝壞堽城汶河土堰兗州泗河土堰必須移文兗州泰安州差夫修閉又被漲水衝破梁山一帶隄堰走洩水勢通入舊河以致新河水小澀糧船乞移文斷事等官轉下東平路修閉上流撥屬江淮漕運司下流屬之貞管領若已後新河水小直下濟州監牐官并泰安兗州東平修理據兗州石牐一所石堰一道堽城石牐一道合用材物已行措置完備必須修理雖初經之

貞相視會計卽令不隸管領乞移文江淮漕司修治其泰安州堽城安梁山一帶隄岸濟州牐等處雖是撥屬江淮漕司今後倘若水漲衝壞隄堰亦乞照會東平濟寧泰安如承文字亦仰奉行又東阿須城界安山牐爲糧船不由舊河來往江淮所委監牐官已去目今無人看管必須之貞修理以此權委人守焉

元史卷六十四

元史卷六十五

明翰林學士亞中大夫知制誥兼修國史宋　濂等修

志第十七

河渠二

黃河

黃河之水其源遠而高其流大而疾其爲患於中國者莫甚焉前史載河決之患詳矣世祖至元九年七月衞輝路新鄉縣廣盈倉南河北岸決五十餘步八月又崩一百八十三步其勢未已去倉止三十步於是委都水監丞馬良弼與本路官同詣相視差丁夫併力修完之二十五年汴梁路陽武縣諸處河決二十二所漂蕩麥禾房舍委宣慰司督本路差夫脩治成宗大德三年五月河南省言河決蒲口兒等處浸歸德府數郡百姓被災差官脩築計料合脩七隄二十五處共長三萬九千九十二步總用葦四十萬四千束徑尺樁二萬四千七百二十株役夫七千九百二人武宗至大三年十一月河北河南道廉訪司言

黃河決溢千里蒙害浸城郭漂室廬壞禾稼百姓已罹其毒然後訪求脩治之方而且衆議紛紜互陳利害當事者疑惑不決必須上請朝省比至議定其害滋大所謂不預已然之弊大抵黃河伏槽之時水勢似緩觀之不足爲害一遇霖潦湍浪迅猛自孟津以東土性疏薄兼帶沙滷又失導洩之方崩潰決溢可翹足而待近歲亳潁之民幸河北徙有司不能遠慮失於規畫使陂濼悉爲陸地東至杞縣三汊口播河爲三分殺其勢蓋亦有年往歲歸德大康建言相次湮塞南北二汊遂使三河之水合而爲一下流既不通暢自然上溢爲災由是觀之是自奪分泄之利故其上下決溢至今莫除即今水勢趨下有復鉅野梁山之意蓋河性遷徙無常苟不爲遠計預防不出數年曹濮濟鄆蒙害必矣今之所謂治水者徒爾議論紛紜咸無良策水監之官既非精選知河之利害者百無一二雖每年累驛而至名爲巡河徒應故事問地形之高下則懵不知訪水勢之利病則非所習既無實才又不經練乃或妄興事端勞民動衆阻逆水性翻爲後患爲今之計莫若於汴梁置都水分監妙選廉幹深知水利之人專

職其任量存員數頻爲巡視謹其防護可疏者疏之可堙者堙之可防者防之
職掌既專則事功可立較之河已決溢民已被害然後鹵莽脩治以勞民者烏
可同日而語哉於是省令都水監議檢照大德十年正月省臣奏準昨都水監
陞正三品添官二員鑄分監印巡視御河脩缺潰疏淺澀禁民船越次亂行者
今擬就令分巡提點脩治本監議黃河泛漲止是一事難與會通河有壩牐漕
運分監守治爲比先爲御河添官降印兼提點黃河若使專一分監在彼則有
妨御河公事況黃河已有拘該有司正官提調自今莫若分監官吏以十月往
與各處官司巡視缺破會計工物督治比年終完來春分監新官至則一一交
割然後代還庶不相誤工部照大德九年黃河決徙逼近汴梁幾至浸沒本處
官司權宜開闢董盆口分入巴河以殺其勢遂使正河水緩併趨支流緣巴河
舊隘不足吞伏明年急遣蕭都水等閉塞而其勢愈大卒無成功致連年爲害
南至歸德諸處北至濟寧地分至今不息本部議黃河爲害難同餘水欲爲經
遠之計非用通知古今水利之人專任其事終無補益河南憲司所言詳悉今

都水監別無他見止依舊例議擬未當如量設官精選廉幹奉公深知地形水勢者專任河防之職往來巡視以時疏塞庶可除害省準令都水分監官專治河患任滿交代仁宗延祐元年八月河南等處行中書省言黃河涸露舊水泊汙池多爲勢家所據忽遇泛溢水無所歸遂致爲害由此觀之非河犯人人自犯之擬差知水利都水監官與行省廉訪司同相視可以疏闢隄障比至泛溢先加脩治用力少而成功多又汴梁路睢州諸處決破河口數十內開封縣小黃村計會月隄一道都水分監脩築障水隄堰所擬不一宜委請行省官與本道憲司汴梁路都水分監官及州縣正官親歷按驗從長講議由是委太常丞郭奉政前都水監丞邊承務都水監卿朵兒只河南行省石右丞本道廉訪副使站木赤汴梁判官張承直上自河陰下至陳州與拘該州縣官一同沿河相視開封縣小黃村河口測量比舊淺減六尺陳留通許太康舊有蒲葦之地後因閉塞西河塔河諸水口以便種蒔故他處連年潰決各官公議治水之道惟當順其性之自然嘗聞大河自陽武胙城由白馬河間東北入海歷年既久遷

徙不常每歲泛溢兩岸時有衝決強爲閉塞正及農忙科椿梢發丁夫動至數萬所費不可勝紀其弊多端郡縣嗷嗷民不聊生蓋黃河善遷徙惟宜順下疏泄今相視上自河陰下抵歸德經夏水漲甚於常年以小黃口分洩之故並無衝決此其明驗也詳視陳州最爲低窪瀕河之地今歲麥禾不收民饑特甚欲爲拯救奈下流無可疏之處若將小黃村河口閉塞必移患鄰郡決上流南岸則汴梁被害決下流北岸則山東可憂事難兩全當遺小就大如免陳村差稅賑其饑民陳留通許太康縣被災之家依例取勘賑恤其小黃村河口乃舊通流外據脩築月隄幷障水隄閉河口別難擬議於是凡汴梁所轄州縣河隄或已脩治及當疏通與補築者條列具備至五年正月河北河南道廉訪副使奧屯言近年河決杞縣小黃村口滔滔南流莫能禦遏陳潁瀕河膏腴之地浸沒百姓流散今水迫汴城遠無數里儻值霖雨水溢倉卒何以防禦方今農隙宜爲講究使水歸故道達于江淮不惟陳潁之民得遂其生竊恐將來浸灌汴城其害匪輕於是大司農司下都水監移文汴梁分監脩治自六年二月十一日

興工至三月九日工畢總計北至槐疙疸兩舊隄南至窰務汴隄通長二十里二百四十三步刱脩護城隄一道長七千四百四十三步下地脩隄下廣十六步上廣四步高一丈六十尺爲一工隄東二十步外取土內河溝七處深淺高下闊狹不一計工二十五萬三千六百八十用夫八千四百五十三除風雨妨工三十日畢內流水河溝南北闊二十步水深五尺河內脩隄底闊二十四步上廣八步高一丈五尺積十二萬尺取土稍遠四十尺爲一工計三萬工用夫百人每步用大樁二計四十各長一丈二尺徑四寸每步雜草千束計二萬每步簽樁四計八十各長八尺徑三寸水手二十木匠二大船二艘橛䤬一副繩索畢備七年七月汴梁路言滎澤縣六月十一日河決塔海莊東隄十步餘横隄兩重又缺數處二十三日夜開封縣蘇村及七里寺復決二處本省平章站馬赤親率本路及都水監官併工脩築於至治元年正月興工脩隄岸四十六處該役一百二十五萬六千四百九十四工凡用夫三萬一千四百一十三人文宗至順元年六月曹州濟陰縣河防官本縣尹郝承務言六月五日魏家道

口黃河舊隄將決不可脩築以此差募民夫刱脩護水月隄東西長三百九步下闊六步高一丈又緣水勢瀚漫復於近北築月隄東西長一千餘步下廣九步其功未竟至二十一日水忽泛溢新舊三隄一時咸決明日外隄復壞急率民閉塞而湍流迅猛有蛇時出沒於中所下樁土一掃無遺又舊隄歲久多有缺壞差夫併工築成二十餘步其魏家道口缺隄東西五百餘步深二丈餘外隄缺口東西長四百餘步又磨子口護水隄低薄不足禦水東西長一千五百步魏家道口卒未易脩先差夫補築磨子口七月十六日興工二十八日工畢二十二日按視至朱從馬頭西舊隄缺壞東西長一百七十餘步計料隄外貼築五步增高一丈二尺與舊隄等上廣二步於磨子口脩隄夫內摘差三百一十人於是月二十三日入役至閏七月四日工畢郝承務又言魏家道口塼堌等村缺破隄堰累下樁土衝洗不存若復閉築緣缺隄周回皆泥淖人不可居兼無取土之處又沛郡安樂等保去歲旱災今復水澇漂禾稼壞室廬民皆缺食難於差倩其不經水害村保民人先已遍差補築黃家橋磨子口諸處隄堰

似難重役如候秋涼水退倩夫脩理庶蘇民力今衝破新舊隄七處共長一萬二千二百二十八步下廣十二步上廣四步高一丈二尺計用夫六千三百四人椿九百九十葦箔一千三百二十草一萬六千五束六十尺爲一工無風雨妨工度五十日可畢本縣準言至八月三十日差夫二千四百二十關請郝承務督役郝承務又言九月三日與工脩築至十八日大風十九日雨二十四日復雨緣此辛馬頭孫家道口障水隄隁又壞計工役倍於元數移文本縣添差二千人同築二十六日元與武成定陶二縣分築魏家道口八百二十步脩完十月二日至辛馬頭孫家道口從實又量元缺隄南北闊一百四十步內水地五十步深者至二丈淺者不下八九尺依元料用椿箔補築至七日完又於本處剏築月隄一道西北東南斜長一千六百二十七步內武成定陶分築一百五十步實築一千四百七十七步外有元料堌頭魏家道口外隄未築即欲興工緣冬寒土凍擬候來春併工修理官民兩便

濟州河

濟州河者新開以通漕運也世祖至元十七年七月耿參政阿里尚書奏爲姚演言開河事令阿合馬與耆舊臣集議以鈔萬錠爲傭直仍給糧食世祖從之十八年九月中書丞相火魯火孫等奏姚總管等言請免益都淄萊寧海三州一歲賦入折傭直以爲開河之用平章阿合馬與諸老臣議以爲一歲民賦雖多較之官給傭直行之甚便遂從之十月火魯火孫等奏阿八失所開河經濟州而其地又有一河傍有民田開之甚便臣等議若開此河阿八失所管一方屯田宜移之他處不阻水勢世祖令移之十二月差奧魯赤劉都水及精算數者一人給宣差印往濟州定開河夫役令大名衞州新附軍亦往助工二十一年御史臺言膠萊海道淺澀不能行舟臺官玉速帖木兒奏阿八失所開河省遣牙亦速失來謂漕船泛河則失少泛海則損多既而漕臣囊加䚟萬戶孫偉又言漕海舟疾且便右丞麥朮丁又奏斡奴兀奴䚟凡三移文言阿八失所開河益少損多不便轉漕水手軍人二萬舟千艘見閑不用如得之可歲漕百萬石昨奉旨候忙古䚟來共議海道便則阿八失河可廢今忙古䚟已自海道運

糧回有一二南人自願運糧萬石已許之囊加觧孫萬戶復請用軍驗試海運省院官暨衆議阿八失河所用水手五千軍五千船千艘畀揚州省教習漕運今擬以此水手軍人就用平灤船從利津海漕運世祖從之阿八失所開河遂廢

滏河

滏河者引滏水以通洺州城濠者也至元五年十月洺磁路言洺州城中井泉鹹苦居民食用多作疾且死者衆請疏滌舊渠置壩牐引滏水分灌洺州城濠以濟民用計會河渠東西長九百步闊六尺深三尺二尺爲工役工四百七十五民自備用器歲二次放牐且不妨漕事中書省準其言

廣濟渠

廣濟渠在懷孟路引沁水以達于河世祖中統二年提舉王允中大使楊端仁奉詔開河渠凡募夫千六百五十一人内有相合爲夫者通計使水之家六千七百餘戶一百三十餘日工畢所修石堰長一百餘步闊三十餘步高一丈三

尺石斗門橋高二丈長十步闊六步渠四道長闊不一計六百七十七里經濟源河內河陽溫武陟五縣村坊計四百六十三處渠成甚益於民名曰廣濟三年八月中書省臣忽魯不花等奏廣濟渠司言沁水渠成今已驗工分水恐久遠權豪侵奪乃下詔依本司所定水分已後諸人毋得侵奪至文宗天曆三年三月懷慶路同知阿合馬言天久亢旱夏麥枯槁秋穀種不入土民匱於食近因訪問耆老咸稱丹水澆溉近山田土居民深得其利有沁水亦可溉田中統間王學士亦爲天旱奉詔開此渠募自願人戶於太行山下沁口古蹟置分水渠口開濬大河四道歷溫陟入黃河約五百餘里渠成名曰廣濟設官提調遇旱則官爲斟酌驗工多寡分水澆溉濟源河內河陽溫武陟五縣民田三千餘頃咸受其賜二十餘年後因豪家截河起堰立碾磨壅遏水勢又經霖雨渠口淤塞隄堰頹圮河渠司尋亦革罷有司不爲整治因致廢壞今五十餘年分水渠口及舊渠蹟俱有可考若蒙依前浚治引水溉田於民大便可令河陽河內濟源溫武陟五縣使水人戶自備工力疏通分水渠口立牐起堰仍委諳知水

利之人多方區畫遇旱視水緩急撤牐通流驗工分水以灌溉若霖雨泛漲閉牐退還正流禁治不得截水置碾磨栽種稻田如此則澇旱有備民樂趨利請移文孟州河內武陟縣委官講議尋據孟州等處申親詣沁口諮詢耆老言舊日沁水正河內築土堰遮水入廣濟渠岸北雖有減水河道不能吞伏後值霖雨蕩没田禾以此堵閉今若枋口上連土岸及於沁水正河置立石堰與枋口相平如遇水溢閉塞牐口使水漫流石堰復還本河又從減水河分殺其勢如此庶不爲害約會河陽武陟縣尹與耆老等議若將舊廣濟渠依前開濬減水河亦增開深闊禁安磨碾設立牐堰自下使水遇旱放牐澆田值澇閉牐退水公私便益懷慶路備申工部牒都水監回文本路委官相視施行

三白渠

京兆舊有三白渠自元伐金以來渠堰缺壞土地荒蕪陝西之人雖欲種蒔不獲水利賦稅不足軍興乏用太宗之十二年梁泰奏請差撥人戶牛具一切種蒔等物修成渠堰比之旱地其收數倍所得糧米可以供軍太宗準奏就令梁

泰佩元降金牌充宣差規措三白渠使郭時中副之直隸朝廷置司於雲陽縣所用種田戶及牛畜別降旨付塔海紺不於軍前應副是月敕喻塔海紺不近粱泰奏修三白渠事可於汝軍前所獲有妻少壯新民量撥二千戶及木工二十人官牛內選肥腯齒小者一千頭內乳牛三百以畀粱泰等如不敷於各千戶百戶內貼補限今歲十一月內交付數足趁十二月入工其耕種之人所收之米正爲接濟軍糧如發遣人戶之時或闕少衣裝於各千戶百戶內約量支給差軍護送出境沿途經過之處亦爲防送毋致在逃走逸驗路程給以行糧大口一升小者半之

洪口渠

洪口渠在奉元路英宗至治元年十月陝西屯田府言自秦漢至唐宋年例八月差使水戶自涇陽縣西仲山下截河築洪堰改涇水入白渠下至涇陽縣北白公斗門分爲三限并平石限蓋五縣分水之要所北限入三原櫟陽雲陽中限入高陵南限入涇陽澆溉官民田七萬餘畝近至大三年陝西行臺御史王

承德言涇陽洪口展修石渠爲萬世之利由是會集奉元路三原涇陽臨潼高陵諸縣洎涇陽渭南櫟陽諸屯官及耆老議如準所言展修石渠八十五步計四百二十五尺深二丈廣一丈五尺計用石十二萬七千五百尺人日採石積方一尺工價二兩五錢石工二百丁夫三百金火匠二用火焚水淬日可鑿石五百尺二百五十五日工畢官給其糧食用具丁夫就役使水之家顧匠傭直使水戶均出陝西省議計所用錢糧不及二年之費可謂一勞永逸准所言便都省準委屯田府達魯花赤只里赤督工自延祐元年二月十日發夫匠入役至六月十九日委官言石性堅厚鑿僅一丈水泉湧出近前續展一十七步石積二萬五千五百尺添夫匠百人日鑿六百尺二百四十二日可畢文宗天曆二年三月屯田總管兼管河渠司事郭嘉議言去歲六月三日驟雨涇水泛漲元修洪堰及小龍口盡圮水歸涇白渠內水淺爲此計用十四萬九千五百十一工役丁夫一千六百度九十三日畢於使水戶內差撥每夫就持麻一斤鐵一斤繫囤取泥索各一長四十尺草苫一長七尺厚二寸陝西省準屯田府照

洪口自秦至宋一百二十激經由三限自涇陽下至臨潼五縣分流澆溉民田七萬餘頃驗田出夫千六百人自八月一日修堰至十月放水溉田以爲年例近因奉元亢旱五載失稔人皆相食流移疫死者十七八今差夫又令就出用物實不能辦集竊詳涇陽水利雖分三限引水溉田緣三原等縣地理遥遠不能依時周遍涇陽北近俱在上限幷南限中限用水最便今次修堰除見在戶依例差役其逃亡之家合出夫數宜令涇陽縣近限水利戶添差一人官日給米一升併工修治省準出鈔八百錠委耀州同知李承事洎本府總管郭嘉議及各處正官計工役照時直糴米給散李承事督夫修築至十一月十六日畢

揚州運河

運河在揚州之北宋時嘗設軍疏滌世祖取宋之後河漸壅塞至元末年江淮行省嘗以爲言雖有旨濬治有司奉行未見實効仁宗延祐四年十一月兩淮運司言鹽課甚重運河淺澀無源止仰天雨請加修治明年二月中書移文河南省選官洎運司有司官相視會計工程費用於是河南行省委都事張奉政

及淮東道宣慰司官運司官會州縣倉場官偏歷巡視集議河長二千三百五

十里有司差瀕河有田之家顧倩丁夫開修一千八百六十九里倉場鹽司不

妨辦課協濟有司開修四百八十二里運司言近歲課額增多而船竈戸日益

貧苦宜令有司通行修治省減官錢省臣奏準諸色戸內顧募丁夫萬人日支

鹽糧錢二兩計用鈔二萬錠於運司鹽課及減駁船錢內支用差官與都水監

河南行省淮東宣慰司官專董其事廉訪司體察樞密院遣官鎮遏乘農隙併

工疏治

練湖

練湖在鎮江元有江南之後豪勢之家於湖中築隄圍田耕種侵占旣廣不足

受水遂致泛溢世祖末年參政暗都剌奏請依宋例委人提調疏治其侵占者

驗畝加賦至治三年十二月省臣奏江浙行省言鎮江運河全藉練湖之水爲

上源官司漕運供億京師及商賈販載農民來往其舟楫莫不由此宋時專設

人夫以時修濬練湖瀦蓄潦水若運河淺阻開放湖水一寸則可添河水一尺

近年淤淺舟楫不通凡有官物差民運遞甚爲不便委官相視疏治運河自鎮江路至呂城壩長百三十一里計役夫萬五百十三人六十日可畢又用三千餘人浚滌練湖九十日可完人日支糧三升中統鈔一兩行省行臺分官監督所用船物今歲預備來春興工合行事宜依江浙行省所擬既得旨都省移文江浙行省委參政董中奉率合屬正官親臨督役於是董中奉言所委前都水少監崇明州知州任奉政鎮江路總管毛中議等議練湖運河此非一事宜依假山諸湖農民取泥之法用船千艘船三人用竹籥撈取淤泥日可三載月計九萬載三月之間通取二十七萬載就用所取泥增築湖岸自鎮江在城程公壩至常州武進縣呂城壩河長百三十一里一百四十六步擬開河面闊五丈底闊三丈深四尺與見有水二尺可積深六尺所役夫於平江鎮江常州江陰州又建康路所轄溧陽州田多上戶內差倩若濬湖開河二役並興卒難辦集宜趁農隙先開運河工畢就濬練湖省準所言與都事王徵事等於泰定元年正月至鎮江丹陽縣洎各監工官沿湖相視上湖沙岡黃土下湖茭根叢雜泥

亦堅硬不可簖取又議兩役並與相離三百餘里往來監督供給爲難願以所
督夫一萬三千五百十二人先開運河期四十七日畢次濬練湖二十日可完
繼有江南行臺侍御史及浙西廉訪司副使俱至乃議首事運河備文咨稟遂
於是月十七日入役二月十八日省臣奏開濬運河練湖重役也宜依行省所
議仍令便宜從事後各監工官言已分運河作三壩依元料深闊丈尺開浚至
三月四日工畢數內平江崑山嘉定二州實役二十六日常熟吳江二州長州
吳縣實役二十八日餘皆役三十日已於三月七日積水行舟又監修練湖官
言任奉議指劃元料增築隄堰及舊有土基共增闊一丈二尺平面至高底灘
脚增築共量斜高二丈五尺依中堰西石䃍東舊隄臥羊灘修築如舊隄高闊
已及所料之上者遇有崩缺修築令完中堰西石䃍至五百婆隄西上增高土
一尺有缺亦補之五百婆隄至馬林橋隄水勢稍緩不須修治其隄底間有滲
漏者窒塞之三月六日破土九日入役至十一日工畢實役三日歸勘任少監
元料開運河夫萬五百十三人六十日畢濬練湖夫三千人九十日畢人日支

鈔一兩米三升共該鈔萬八千一十四錠二十兩米二萬七千二十一石六斗實徵夫萬三千五百十二人共役三十三日支鈔八千六百七十九錠三十六兩糧萬三千十九石五斗八升比附元料省鈔九千三百三十四錠三十四兩糧萬四千二石二升其練湖未畢相視地形水勢再議參政董中奉又言練湖舊有湖兵四十三人添補五十七名共百人於本路州縣苗糧三石之下二石之上差充專任修築湖岸設提領二員壕寨二人司吏三人於有出身人內選用工部議練湖所設提領人等印信即同湖兵宜咨本省遍行議擬又鎮江路言運河練湖今已開濬若不設法關防徒勞民力除關本路達魯花赤兀魯失海牙總治其事同知哈散知事程郇專管啓閉斗門行省從之

吳松江

浙西諸山之水受之太湖下爲吳松江東匯澱山湖以入海而潮汐來往逆湧濁沙上湮河口是以宋時設置撩洗軍人專掌修治元既平宋軍士罷散有司不以爲務勢豪租占爲蕩爲田州縣不得其人輒行許準以致湮塞不通公私

俱失其利久矣至治三年江浙省臣方以爲言就委嘉興路治中高朝列湖州路知事丁將仕同本處正官體究舊曾疏濬通海故道及新生沙漲礙水處所商度開滌圖呈據丁知事等官按視講究合開濬河道五十五處內常熟州九處十三段該工百三十二萬一千五百六十二崑山州十一處九十五里用工二萬七千四百役夫四百五十六宜於本州有田一頃之上戶內驗田多寡算量里步均派自備糧赴功疏濬正月上旬興工限六十日工畢二年一次舉行嘉定州三十五處五百三十八里該工百二十六萬七千五十九日支糧一升計米萬二千六百七十石五斗九升日役夫二萬一千一百一十七六十日畢工程浩大米糧數多乞依年例勸率附河有田用水之家自備口糧佃戶傭力開濬奈本州連年被災今歲尤甚力有不逮宜從上司區處高治中會集松江府各州縣官按視議合濬河渠華亭縣九處計五百二十八里該工九百六十八萬四千八百八十二役夫十六萬一千四百一十四人日支糧二升計米十九萬三千六百九十七石六斗四升上海縣十四處計四百七十一里該工千

二百三十六萬八千五十二日役夫二萬六千一百三十四人日支糧二升計
二十四萬七千三百六十一石四升六十日工畢官給之糧傭民疏治如下年
豐稔勸率有田之家五十畝出夫一人十畝之上驗數合出止於本保開濬其
權勢之家置立魚籪幷沙塗栽葦者依上出夫其上海嘉定連年旱澇皆緣河
口湮塞旱則無以灌溉澇則不能疏洩累致凶歉官民俱病至元三十年以後
兩經疏闢稍得豐稔比年又復壅閉勢家愈加租占雖得徵賦實失大利上海
縣歲收官糧一十七萬石民糧三萬餘石略舉似延祐七年災傷五萬八千七
百餘石至治元年災傷四萬九千餘石二年十萬七千餘石水旱連年殆無虛
歲不惟虧欠官糧復有賑貸之費近委官相視地形講議疏濬其通海大江未
易遽治舊有河港聯絡官民田土之間藉以灌溉者今皆填塞必須疏通以利
耕種欲令有田人戶自爲開濬而工役浩繁民力不能獨成由是議上海嘉定
河港宜令本處所管軍民站竈僧道諸色有田者以多寡出夫自備糧修治州
縣正官督役其豪勢租占蕩田妨水利者並與除闢本處民田稅糧全免一年

官租減半今秋收成下年農隙舉行行省行臺廉訪司官巡鎮外據華亭崑山常熟州河港比上海嘉定緩急不同難爲一體從各處勸農正官督有田之家備糧併工修治若遽與工陰陽家言癸亥年動土有忌預爲咨稟可否至泰定元年十月十九日右丞相旭邁傑等奏江浙省言吳松江等處河道壅塞宜爲疏滌仍立牐以節水勢計用四萬餘人今歲十二月爲始至正月終六十日可畢用二萬餘人二年可畢其丁夫於旁郡諸色戶內均差依練湖例給傭直糧食行省行臺廉訪司幷有司官同提調臣等議此事官民兩便宜從其請若丁夫有餘止令一年畢命脫歡荅剌罕諸臣同提調專委左丞朶兒只班及前都水任少監董役得旨移文行省準擬疏治江浙省下各路發夫入役至二年閏正月四日工畢

澱山湖

太湖爲浙西巨浸上受杭湖諸山之水瀦蓄之餘分匯爲澱山湖東流入海世祖末年參政暗都剌言此湖在宋時委官差軍守之湖旁餘地不許侵占常疏

其壅塞以洩水勢今既無人管領遂爲勢豪絕水築隄繞湖爲田湖狹不足瀦蓄每遇霖潦泛溢爲害昨本省官忙古䚟等與言疏治因受曹總管金而止張參議潘應武等相繼建言識者咸以爲便臣等議此事可行無疑然雖軍民相參選委廉幹官提督行省山住子行院董八都兒子行臺哈剌䚟令親詣相視會計合用軍夫擬稟世祖曰利益美事舉行已晚其行之既而平章鐵哥言委官相視計用夫十二萬百日可畢昨奏軍民共役今民丁數多不須調軍世祖曰有損有益咸令均齊毋自疑惑其均科之至元三十一年世祖崩成宗卽位平章鐵哥奏太湖澱山湖昨嘗奏過先帝差倩民夫二十萬疏掘已畢今諸河日受兩潮漸致沙漲若不依舊宋例令軍屯守必致坐隳成功臣等議常時工役撥軍樞府猶且悋惜屯守河道用軍八千必辭不遣澱山湖圍田賦糧二萬石就以募民夫四千調軍士四千與同屯守立都水防田使司職掌收捕海賊脩治河渠圍田命伯顏察兒暨樞密院議畢聞奏於是樞府言嘗奏澱山湖在宋時設軍屯守范殿帥朱張輩必知其故擬與省官集議定稟奏有旨從之乃

集樞府官及范殿帥等共議朱張言宋時屯守河道用手號軍大處千人小處不下三四百隸巡檢司管領范殿帥言差夫四千非動搖四十萬戶不可若令五千軍屯守就委萬戶一員提調事或可行臣等亦以爲然與都水巡防萬戶府職名俾隸行院樞府官又言若與知源委之人詢其詳候至都定議從之

鹽官州海塘

鹽官州去海岸三十里舊有捍海塘二後又添築鹹塘在宋時亦嘗崩陷成宗大德三年塘岸崩都省委禮部郎中游中順洎本省官相視虛沙復漲難於施力至仁宗延祐己未庚申間海汛失度累壞民居陷地三十餘里其時省憲官共議宜於州後北門添築土塘然後築石塘東西長四十三里後以潮汐沙漲而止至泰定即位之四年二月間風潮大作衝捍海小塘壞州郭四里杭州路言與都水庸田司議欲於北地築塘四十餘里而工費浩大莫若先修鹹塘增其高闊填塞溝港且濬深近北備塘濠塹用椿密釘庶可護禦江浙省準下本路修治都水庸田司又言宜速差丁夫當水入衝堵閉其不敷工役於仁和錢

塘及嘉興附近州縣諸色人戶內斟酌差倩即日淪沒不已旦夕誠爲可慮工部議海岸崩摧重事也宜移文江浙行省督催庸田使司鹽運司及有司發丁夫脩治毋致侵犯城郭貽害居民五月五日平章禿滿迭兒茶乃史參政等奏江浙省四月內潮水衝破鹽官州海岸令庸田司官徵夫修堵又令僧人誦經復差人令天師致祭臣等集議世祖時海岸嘗崩遣使命天師祈祀潮即退今可令直省舍人伯顏奉御香令天師依前例祈祀制曰可既而杭州路又言八月以來秋潮洶湧水勢愈大見築沙地塘岸東西八十餘步造木櫃石囤以塞其要處本省左丞相脫歡等議安置石囤四千九百六十抵禦鏤嚙以救其急擬比浙江立石塘可爲久遠計工物用鈔七十九萬四千餘錠糧四萬六千三百餘石接續與脩致和元年三月省臣奏江浙省幷庸田司官修築海塘作竹籧篨內實以石鱗次壘疊以禦潮勢今又淪陷入海見圖修治儻得堅久之策移文具報臣等集議此重事也旦夕駕幸上都分官扈從不得圓議今差戶部尙書李家奴工部尙書李嘉賓樞密院屬衞指揮青山副使洪灝宣政僉院南

哥班與行省左丞相脫歡及行臺行宣政院庸田使司諸臣會議修治之方合用軍夫除戍守州縣關津外酌量差撥從便添支口糧合役丁力附近有田之民及僧道也里可温荅失蠻等戸內點倩凡工役之時諸人毋或沮壞違者罪之合行事務提調官移文稟奏施行有旨從之四月二十八日朝廷所委官洎行省臺院及庸田司等官議大德延祐欲建石塘未就泰定四年春潮水異常增築土塘不能抵禦議置板塘以水湧難施工遂作㙺篨木櫃間有漂沉欲踵前議疊石塘以圖久遠爲地脈虛浮比定海浙江海鹽地形水勢不同由是造石囤於其壞處疊之以救目前之急已置石囤二十九里餘不曾崩陷略見成效庸田司與各路官同議東西接壘石囤十里其六十里塘下舊河就取土築塘鑿東山之石以備崩損文宗天曆元年十一月都水庸田司言八月十日至十九日正當大汛潮勢不高風平水穩十四日祈請天妃入廟自本州嶽廟東海北護岸鱗鱗相接十五日至十九日海岸沙漲東西長七里餘南北廣或三十步或數十百步漸見南北相接西至石囤已及五都修築捍海塘與鹽塘相

連直抵巖門障禦石囤東至十一都六十里塘東至東大尖山嘉興平湖三路所修處海口自八月一日至二日探海二丈五尺至十九日二十日探之先二丈者今一丈五尺先一丈五尺者今一丈西自六都仁和縣界赭山雷山爲首添漲沙塗已過五都四都鹽官州廊東西二都沙土流行水勢俱淺二十日復巡視自東至西岸脚漲沙比之八月十七日漸增高闊二十七日至九月四日大汛本州嶽廟東西水勢俱淺漲沙東過錢家橋海岸元下石囤木植並無頽圮水息民安於是改鹽官州曰海寧州

龍山河道

龍山河在杭州城外歲久淤塞武宗至大元年江浙省令史裴堅言杭州錢塘江近年以來爲沙塗壅漲潮水遠去離北岸十五里舟楫不能到岸商旅往來募夫搬運十七八里使諸物翔湧生民失所遞運官物甚爲煩擾訪問宋時並江岸有南北古河一道名龍山河今浙江亭南至龍山牐約一十五里糞壤填塞兩岸居民間有侵占迹其形勢宜改修運河開掘沙土對牐搬載直抵浙江

轉入兩處市河免擔負之勞生民獲惠省下杭州路相視錢塘縣城南上隅龍
山河至橫河橋委係舊河居民侵占起建房屋若疏通以接運河公私大便計
工十五萬七千五百六十六日役夫五千二百五十二度可三十日畢所役夫
於本路錄事司仁和錢塘縣富實之家差倩就持筐檐鍬钁應役人日支官糧
二升該米三千一百五十一石三斗二升河長九里三百六十二步造石橋八
立上下二牐計用鈔一百六十三錠二十三兩四錢七分七釐省準咨請丞相
脫脫總治其事於仁宗延祐三年三月七日興工至四月十八日工畢

元史卷六十五

元史卷六十六

明翰林學士亞中大夫知制誥兼修國史宋　濂等修

河渠志第十七下

河渠二

黃河

至正四年夏五月大雨二十餘日黃河暴溢水平地深二丈許北決白茅隄六月又北決金隄並河郡邑濟寧單州虞城碭山金鄉魚臺豐沛定陶楚丘武城以至曹州東明鉅野鄆城嘉祥汶上任城等處皆罹水患民老弱昏墊壯者流離四方水勢北侵安山沿入會通運河延袤濟南河間將壞兩漕司鹽場妨國計甚重省臣以聞朝廷患之遣使體量仍督大臣訪求治河方略九年冬脫脫既復爲丞相慨然有志於事功論及河決即言于帝請躬任其事帝嘉納之乃命集羣臣議廷中而言人人殊唯都漕運使賈魯昌言必當治先是魯嘗爲山東道奉使宣撫首領官循行被水郡邑具得修捍成策後又爲都水使者奉旨

詣河上相視驗狀爲圖以二策進獻一議修築北隄以制橫潰其用功省一議疏塞並舉挽河使東行以復故道其功費甚大至是復以二策對脫脫韙其後策議定乃薦魯于帝大稱旨十一年四月初四日下詔中外命魯以工部尚書爲總治河防使進秩二品授以銀印發汴梁大名十有三路民十五萬人廬州等戍十有八翼軍二萬人供役一切從事大小軍民咸稟節度便宜興繕是月二十二日鳩工七月疏鑿成八月決水故河九月舟楫通行十一月水土工畢諸埽諸隄成河乃復故道南匯于淮又東入于海帝遣貴臣報祭河伯召魯還京師論功超拜榮祿大夫集賢大學士其宣力諸臣遷賞有差賜丞相脫脫世襲荅剌罕之號特命翰林學士承旨歐陽玄製河平碑文以旌勞績玄既爲河平之碑又自以爲司馬遷班固記河渠溝洫僅載治水之道不言其方使後世任斯事者無所考則乃從魯訪問方略及詢過客質吏牘作至正河防記欲使來世罹河患者按而求之其言曰治河一也有疏有濬有塞三者異焉釃河之流因而導之謂之疏去河之淤因而深之謂之濬抑河之暴因而扼之謂之塞

疏濬之別有四曰生地曰故道曰河身曰減水河生地有直有紆因直而鑿之可就故道故道有高有卑高者平之以趨卑高卑相就則高不壅卑不瀦慮夫壅生潰瀦生堙也河身者水雖通行身有廣狹狹難受水水溢悍故狹者以計闢之廣難爲岸岸善崩故廣者以計禦之減水河者水放曠則以制其狂水隳突則以殺其怒治隄一也有刱築修築補築之名有刺水隄有截河隄有護岸隄有縷水隄有石船隄治埽一也有岸埽水埽有龍尾欄頭馬頭等埽其爲埽臺及推卷牽制薶掛之法有用土用石用鐵用草用木用杙用絙之方塞河一也有缺口有豁口有龍口缺口者已成川豁口者舊常爲水所豁水退則口下於隄水漲則溢出於口龍口者水之所會自新河入故道之潨也此外不能悉書因其用功之次第而就述於其下焉其濬故道深廣不等通長二百八十里百五十四步而強功始自白茅長百八十二里繼自黃陵岡至南白茅闢生地十里口初受廣百八十步深二丈有二尺已下停廣百步高下不等相折深二丈及泉曰停曰折者用古算法因此推彼知其勢之低昂相準折而取勻停也

南白茅至劉莊村接入故道十里通折墾廣八十步深九尺劉莊至專固百有
二里二百八十步通折停廣六十步深五尺專固至黃固墾生地八里面廣百
步底廣九十步高下相折深丈有五尺黃固至哈只口長五十一里八十步相
折停廣墾六十步深五尺乃濬凹里減水河通長九十八里百五十四步凹里
村缺河口生地長三里四十步面廣六十步底廣四十步深一丈四尺自凹里
生地以下舊河身至張贊店長八十二里五十四步上三十六里墾廣二十步
深五尺中三十五里墾廣二十八步深五尺下十里二百四十步墾廣二十六
步深五尺張贊店至楊青村接入故道墾生地十有三里六十步面廣六十步
底廣四十步深一丈四尺其塞專固缺口脩隄三重并補築凹里減水河南岸
豁口通長二十里三百十有七步其剏築河口前第一重西隄南北長三百三
十步面廣二十五步底廣三十三步樹置樁橛實以土牛草葦雜梢相兼高丈
有三尺隄前置龍尾大埽言龍尾者伐大樹連梢繫之隄旁隨水上下以破嚙
岸浪者也築第二重正隄并補兩端舊隄通長十有一里三百步缺口正隄長

四里兩隄相接舊隄置樁堵閉河身長百四十五步用土牛草葦梢土相兼修築底廣三十步修高二丈其岸上土工修築者長三里二百十有五步有奇高廣不等通高一丈五尺補築舊隄者長七里三百步表裏倍薄七步增卑六尺計高一丈築第三重東後隄并接修舊隄高廣不等通長八里補築凹里減水河南岸豁口四處置樁木草土相兼長四十七步於是塞黃陵全河水中及岸上修隄長三十六里百三十六步其修大隄刺水者二長十有四里七十步其西復作大隄刺水者一長十有二里百三十步內創築岸上土隄西北起李八宅西隄東南至舊河岸長十里百五十步顛廣四步趾廣三之高丈有五尺仍築舊河岸至入水隄長四百三十步趾廣三十步顛殺其六之一接修入水兩岸埽隄並行作西埽者夏人水工徵自靈武作東埽者漢人水工徵自近畿其法以竹絡實以小石每埽不等以蒲葦綿腰索徑寸許者從鋪廣可一二十步長可二三十步又以曳埽索綯徑三寸或四寸長二百餘尺者衡鋪之相間復以竹葦麻檾大繂長三百尺者爲管心索就繫綿腰索之端於其上以草數千

束多至萬餘勻布厚鋪於綿腰索之上槖而納之丁夫數千以足蹈實推卷稍高卽以水工二人立其上而號於衆衆聲力舉用小大推梯推卷成埽高下長短不等大者高二丈小者不下丈餘又用大索或互爲腰索轉致河濱選健丁操管心索順埽臺立踏或掛之臺中鐵猫大橛之上以漸縋之下水埽後掘地爲渠陷管心索渠中以散草厚覆築之以土其上復以土牛雜草小埽梢土多寡厚薄先後隨宜修疊爲埽臺務使牽制上下縝密堅壯互爲犄角埽不動搖日力不足火以繼之積累既畢復施前法卷埽以厭先下之埽量水淺深制埽厚薄疊之多至四埽而止兩埽之間置竹絡高二丈或三丈圍四丈五尺實以小石土牛既滿繫以竹纜其兩旁並埽密下大樁就以竹絡上大竹腰索繫於樁上東西兩埽及其中竹絡之上以草土等物築爲埽臺約長五十步或百步再下埽卽以竹索或麻索長八百尺或五百尺者一二雜廁其餘管心索之間俟埽入水之後其餘管心索如前薶掛隨以管心長索遠置五七十步之外或鐵猫或大樁曳而繫之通管束累日所下之埽再以草土等物通修成隄又以

龍尾大埽密掛於護隄大樁分析水勢其隄長二百七十步北廣四十二步中廣五十五步南廣四十二步自顛至趾通高三丈八尺其截河大隄高廣不等長十有九里百七十七步其在黃陵北岸者長十里四十一步築岸上土隄西北起東西故隄東南至河口長七里九十七步顛廣六步趾倍之而強二步高丈有五尺接修入水施土牛小埽梢草雜土多少厚薄隨宜修疊及下竹絡安大樁繫龍尾埽如前兩隄法唯修疊埽臺增用白闌小石并埽上及前洊修埽隄一長百餘步直抵龍口稍北欄頭三埽並行埽大隄廣與刺水二隄不同通前列四埽間以竹絡成一大隄長二百八十步北廣百一十步其顛至水面高丈有五尺水面至澤腹高二丈五尺通高三丈五尺中流廣八十步其顛至水面高丈有五尺水面至澤腹高五丈五尺通高七丈並䎽築縷水橫隄一東起北截河大隄西抵西刺水大隄又一隄東起中刺水大隄西抵西刺水大隄通長二里四十二步亦顛廣四步趾三之高丈有二尺修黃陵南岸長九里百六十步內䎽岸土隄東北起新補白茅故隄西南至舊河口高廣不等長八里二

百五十步乃入水作石船大隄蓋由是秋八月二十九日乙巳道故河流先所修北岸西中刺水及截河三隄猶短約水尚少力未足恃決河勢大南北廣四百餘步中流深三丈餘益以秋漲水多故河十之八兩河爭流近故河口水刷岸北行洄漩湍激難以下埽且埽行或遲恐水盡湧入決河因淤故河前功遂隳魯乃精思障水入故河之方以九月七日癸丑逆流排大船二十七艘前後連以大桅或長椿用大麻索竹絙絞縛綴爲方舟又用大麻索竹絙用船身繳繞上下令牢不可破乃以鐵猫於上流硾之水中又以竹絙絕長七八百尺者繫兩岸大橛上每絙或硾二舟或三舟使不得下船腹略鋪散草滿貯小石以合子板釘合之復以埽密布合子板上或二重或三重以大麻索縛之急復縛橫木三道於頭桅皆以索維之用竹編笆夾以草石立之桅前約長丈餘名曰水簾桅復以木榰拄使簾不偃仆然後選水工便捷者每船各二人執斧鑿立船首尾岸上搥鼓爲號鼓鳴一時齊鑿須臾舟穴水入舟沉遏決河水怒溢故河水暴增卽重樹水簾令後復布小埽土牛白闌長梢雜以草土等物隨以填

埽以繼之石船下詣實地出水基趾漸高復卷大埽以壓之前船勢略定尋用前法沉餘船以竟後功昏曉百刻役夫分番甚勞無少間斷船隄之後草埽三道並舉中置竹絡盛石並埽置樁繫纜四埽及絡一如修北截水隄之法第以中流水深數丈用物之多施工之大數倍他隄船隄距北岸纔四五十步勢迫東河流峻若自天降深淺叵測於是先卷下大埽約高二丈者或四或五始出水面修至河口一二十步用工尤艱薄龍口喧豗猛疾勢撼埽基陷裂欹傾俄遠故所觀者股弁衆議騰沸以爲難合然勢不容已魯神色不動機解捷出進官吏工徒十餘萬人日加獎諭辭旨懇至衆皆感激赴功十一月十一日丁巳龍口遂合決河絕流故道復通又於隄前通卷欄頭埽各一道多者或三或四前埽出水管心大索繫前埽硾後闌頭埽之後後埽管心大索亦繫小埽硾前闌頭埽之前後先羈縻以錮其勢又於所交索上及兩埽之間壓以小石白闌土牛草土相半厚薄多寡相勢措置埽隄之後自南岸復修一隄抵已閉之龍口長二百七十步船隄四道成隄用農家場圃之具曰轆軸者穴石立木如比

櫛䪜前埽之旁每步置一轆軸以横木貫其後又穴石以徑二寸餘麻索貫之繫横木上密掛龍尾大埽使夏秋潦水冬春凌簿不得肆力於岸此隄接北岸截河大隄長二百七十步南廣百二十步顛至水面高丈有七尺水面至澤腹高四丈二尺中流廣八十步顛至水面高丈有五尺水面至澤腹高五丈五尺通高七丈仍治南岸護隄埽一道通長百三十步南岸護岸馬頭埽三道通長九十五步修築北岸隄防高廣不等通長二百五十四里七十一步白茅河口至板城補築舊隄長二十五里二百八十五步曹州板城至英賢村等處高廣不等長一百三十三里二百步梢岡至碭山縣增培舊隄長八十五里二十步歸德府哈只口至徐州路三百餘里修完缺口一百七處高廣不等積修計三里二百五十六步亦思刺店縷水月隄高廣不等長六里三十步其用物之凡椿木大者二萬七千榆柳雜梢六十六萬六千帶梢連根株者三千六百藁秸蒲葦雜草以束計者七百三十三萬五千有奇竹竿六十二萬五千葦蓆十有七萬二千小石二千艘繩索小大不等五萬七千所沉大船百有二十鐵纜三

十有二鐵猫三百三十有四竹篾以斤計者十有五萬硾石三千塊鐵鑽萬四千二百有奇大釘三萬三千二百三十有二其餘若木龍蠶椽木麥稭扶樁鐵叉鐵吊枝麻搭火鉤汲水貯水等具皆有成數官吏俸給軍民衣糧工錢醫藥祭祀賑恤驛置馬乘及運竹木沉船渡船下樁等工鐵石竹木繩索等匠傭貲兼以和買民地爲河併應用雜物等價通計中統鈔百八十四萬五千六百三十六錠有奇魯嘗有言水工之功視土工之功爲難中流之功視河濱之功爲難決河口視中流又難北岸之功視南岸爲難用物之效草雖至柔柔能狎水水漬之生泥泥與草并力重如碇然維持夾輔纜索之功實多蓋由魯習知河事故其功之所就如此玄之言曰是役也朝廷不惜重費不吝高爵爲民辟害脫脫能體上意不憚焦勞不恤浮議爲國拯民魯能竭其心思智計之巧乘其精神膽氣之壯不惜劬瘁不畏譏評以報君相知人之明宜悉書之使職史氏者有所考證也先是歲庚寅河南北童謠云石人一隻眼挑動黄河天下反及魯治河果於黄陵岡得石人一眼而汝頳之妖寇乘時而起議者往往以謂天

下之亂皆由賈魯治河之役勞民動衆之所致殊不知元之所以亡者實基於上下因循狃於宴安之習紀綱廢弛風俗偷薄其致亂之階非一朝一夕之故所由來久矣不此之察乃獨歸咎於是役是徒以成敗論事非通論也設使賈魯不與是役天下之亂詎無從而起乎今故具錄玄所記庶來者得以詳焉

蜀堰

江水出蜀西南徼外東至于岷山而禹導之秦昭王時蜀太守李冰鑿離堆分其江以灌川蜀民用以饒歷千數百年所過衝薄蕩囓又大爲民患有司以故事歲治隄防凡一百三十有三所役兵民多者萬餘人少者千人其下猶數百人役凡七十日不及七十日雖事治不得休息不役者日出三緡爲庸錢由是富者屈於貲貧者屈於力上下交病會其費歲不下七萬緡大抵出於民者十九藏于吏而利之所及不足以償其費矣元統二年僉四川肅政廉訪司事吉當普巡行周視得要害之處三十有二餘悉罷之召灌州判官張弘計曰若甃之以石則歲役可罷民力可蘇矣弘曰公慮及此生民之福國家之幸萬世之

利也弘遂出私錢試爲小堰堰成水暴漲而堰不動乃具文書會行省及蒙古軍七翼之長郡縣守宰下及鄉里之老各陳利害咸以爲便復禱于冰祠卜之吉於是徵工發徒以仍改至元元年十有一月朔日肇事于都江堰卽禹鑿之處分水之源也鹽井關限其西北水西關據其西南江南北皆東行北舊無江冰鑿以辟沫水之害中爲都江堰少東爲大小釣魚又東跨二江爲石門以節北江之水又東爲利民臺臺之東南爲侍郎楊柳二堰其水自離堆分流入于南江南江東至鹿角又東至金馬口又東道大安橋入于成都俗稱大皂江江之正源也北江少東爲虎頭山爲鬬雞臺臺有水則以尺畫之凡十有一水及其九其民喜過則憂沒其則則困又書深淘灘高作堰六字其旁爲治水之法皆冰所爲也又東爲離堆又東過凌虛步雲二橋又東至三石洞釃爲二渠其一自上馬騎東流過郫入于成都古謂之外江此冰所穿二江也南江自利民臺有支流東南出萬工堰又東爲駱駝又東爲碓口繞青城而東鹿角之北涯有渠曰馬壩東流至成都入于南江渠東行二十餘里水決其南涯四十有九

每歲疲民力以塞之乃自其北涯鑿二渠與楊柳渠合東行數十里復與馬壩渠會而渠成安流自金馬口之西鑿二渠合金馬渠東南入于新津江罷藍淀黃水千金白水新興至三利十二堰北江三石洞之東爲外應顏上五斗諸堰外應顏上之水皆東北流入于外江五斗之水南入馬壩渠皆內江之支流也外江東至崇寧亦爲萬工堰堰之支流自北而東爲三十六洞過清白堰東入于彭漢之間而清白堰水潰其南涯延袤三里餘有司因潰以爲堰堰輒壞乃疏其北涯舊渠直流而東罷其堰及三十六洞之役嘉定之青神有堰曰鴻化則授成其長吏應期而功畢若成都之九里隄崇寧之萬工堰彰之堋口豐潤千江石洞濟民羅脚諸堰工未及施則召長吏勉諭使及農隙爲之諸堰都江及利民臺之役最大侍郎楊林外應顏上五斗次之鹿角萬工駱駞碓口三利又次之而都江又居大江中流故以鐵萬六千斤鑄爲大龜貫以鐵柱而鎮其源然後即工諸堰皆甃以石範鐵以關其中取桐實之油和石灰雜麻絲而擣之使熟以苴罅漏岸善崩者密築江石以護之上植楊柳旁種蔓荊櫛比鱗次

賴以爲固蓋以數百萬計所至或疏舊渠以導其流或鑿新渠以殺其勢遇水之會則爲石門以時啓閉而洩蓄之用以節民力而資民利凡智力所及無不爲也初郡縣及兵家共掌都江之政延祐七年其兵官奏請獨任郡縣民不堪其役至是復合焉常歲獲水之利僅數月堰輒壞至是雖緣渠所置碓磑紡績之處以千萬計四時流轉而無窮其始至都江水深廣莫可測忽有大洲湧出其西南方可數里人得用事其間入山伐石崩石已滿隨取而足蜀故多雨自初役至工畢無雨雪故力省而功倍若有相之者五越月功告成而吉當普以監察御史召省臺上其功詔揭傒斯製文立碑以旌之是役也凡石工金工皆七百人木工二百五十人役徒三千九百人而蒙古軍居其二千糧爲石千有奇石之材取于山者百萬有奇石之灰以斤計者六萬有奇油半之鐵六萬五千斤麻五千斤撮其工之直物之價以緡計者四萬九千有奇皆出於民之庸而在官之積者尚餘二十萬一千八百緡責灌守以貸于民歲取其息以備祭祀及淘灘修堰之費仍蠲灌之兵民所常徭役俾專其力於堰事

涇渠

涇渠者在秦時韓使水工鄭國說秦鑿涇水自仲山西抵瓠口爲渠並北山東注于洛三百餘里以溉田蓋欲以罷秦之力使無東伐秦覺其謀欲殺之鄭曰臣爲韓延數年之命而爲秦建萬世之利秦以爲然使迄成之號鄭渠漢時有白公者奏穿渠引涇水起谷口入櫟陽注渭中袤二百里溉田四千五百餘頃因名曰白渠歷代因之皆享其利至宋時水衝嚙失其故蹟熙寧間詔賜常平息錢助民興作自仲山旁開鑿石渠從高瀉水名豐利渠元至元間立屯田府督治之大統八年涇水暴漲毀堰塞渠陝西行省命屯田府總管夾谷伯顏帖木兒及涇陽尹王琚疏導之起涇陽高陵三原櫟陽用水人戶及渭南櫟陽涇陽三屯所人夫共三千餘人興作水通流如舊其制編荊爲囤貯之以石復填以草以土爲堰歲時葺理未嘗廢止至大元年王琚爲西臺御史建言於豐利渠上更開石渠五十一丈闊一丈深五尺積一十五萬三千工每方一尺爲一工自延祐元年興工至五年渠成是年秋改堰至新口泰定間言者謂石渠歲

久水流漸穿逾下去岸益高至正三年御史宋秉亮相視其堰謂渠積年坎取淤土疊壘於岸極爲高崇力難送土於上因請就岸高處開通鹿巷以便夫行廷議允可四年屯田同知牙八胡涇尹李克忠發丁夫開鹿巷八十四處削平土壘四百五十餘步二十年陝西行省左丞相帖里帖木兒遣都事楊欽修治凡溉農田四萬五千餘頃

金口河

至正二年正月中書參議孛羅帖木兒都水傅佐建言起自通州南高麗莊直至西山石峽鐵板開水古金口一百二十餘里創開新河一道深五丈廣二十丈放西山金口水東流至高麗莊合御河接引海運至大都城內輸納是時脫脫爲中書右丞相以其言奏而行之廷臣多言其不可而左丞許有壬言尤力脫脫排羣議不納務於必行有壬因條陳其利害略曰大德二年渾河水發爲民害大都路都水監將金口下閉閘板五年間渾河水勢浩大郭太史恐衝沒田薛二村南北二城又將金口已上河身用砂石雜土盡行堵閉至順元年因

行都水監郭道壽言金口引水過京城至通州其利無窮工部官并河道提舉司大都路及合屬官員耆老等相視議擬水由二城中間窒礙又盧溝河自橋至合流處自來未嘗有漁舟上下此乃不可行船之明驗也且通州去京城四十里盧溝止二十里此時若可行船當時何不於盧溝立馬頭百事近便却於四十里外通州爲之又西山水勢高峻亡金時在都城之北流入郊野縱有衝決爲害亦輕今則在都城西南與昔不同此水性本湍急若加以夏秋霖潦漲溢則不敢必其無虞宗廟社稷之所在豈容僥倖於萬一若一時成功亦不能保其永無衝決之患且亡金時此河未必通行今所有河道遺跡安知非作而復輟之地乎又地形高下不同若不作閘必致走水淺澀若作閘以節之則沙泥渾濁必致淤塞每年每月專人挑洗蓋無窮盡之時也且郭太史初作通惠河時何不用此水而遠取白浮之水引入都城以供閘壩之用蓋白浮之水澄清而此水渾濁不可用也此議方與傳聞於外萬口一辭以爲不可若以爲成大功者不謀於衆人言不足聽則是商鞅王安石之法當今不宜有此議既上

丞相終不從遂以正月興工至四月功畢起閘放金口水流湍勢急沙泥壅塞船不可行而開挑之際毀民廬舍墳塋夫丁死傷甚衆又費用不貲卒以無功繼而御史糾劾建言者孛羅帖木兒傅佐俱伏誅今附載其事于此用爲妄言水利者之戒

元史卷六十六

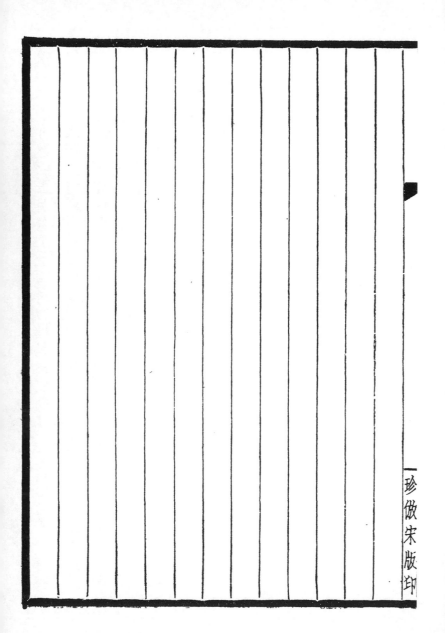

元史卷六十七

明翰林學士亞中大夫知制誥兼修國史宋　濂等修

禮樂志第十八

禮樂一

傳曰禮者天地之序也樂者天地之和也致禮以治躬外貌斯須不莊不敬則慢易之心入之矣致樂以治心中心斯須不和不樂則鄙詐之心入之矣古之禮樂壹本於人君之身心故其爲用足以植綱常而厚風俗後世之禮樂既無其本唯屬執事者從事其間故僅足以美聲文而侈觀聽耳此治之所以不如古也前聖之制至周大備周公相成王制禮作樂而教化大行邈乎不可及矣秦廢先代典禮漢因秦制起朝儀作宗廟樂魏晉而後五胡雲擾秦漢之制亦復不存矣唐初襲用隋禮太常多肆者教坊俗樂而已至宋承五季之衰因唐禮作太常因革禮而所製大晟樂號爲古雅及乎靖康之變禮文樂器掃蕩無遺矣元之有國肇興朔漠朝會燕饗之禮多從本俗太祖元年大會諸侯王于

阿難河即皇帝位始建九斿白旗世祖至元八年命劉秉忠許衡始制朝儀自是皇帝即位元正天壽節及諸王外國來朝冊立皇后皇太子羣臣上尊號進太皇太后皇太后冊寶曁郊廟禮成羣臣朝賀皆如朝會之儀而大饗宗親錫宴大臣猶用本俗之禮爲多若其爲樂則自太祖徵用舊樂於西夏太宗徵金太常遺樂於燕京及憲宗始用登歌樂祀天於日月山而世祖命宋周臣典領樂工又用登歌樂享祖宗于中書省旣又命王鏞作大成樂詔括民間所藏金之樂器至元三年初用宮縣登歌文武二舞于太廟烈祖至憲宗八室皆有樂章三十年又撰社稷樂章成宗大德間製郊廟曲舞復撰宣聖廟樂章仁宗皇慶初命太常補撥樂工而樂制日備大抵其於祭祀率用雅樂朝會饗燕則用燕樂蓋雅俗兼用者也元之禮樂揆之於古固有可議然自朝儀旣起規模嚴廣而人知九重大君之尊重其樂聲雄偉而宏大又足以見一代興王之象其在當時亦云盛矣今取其可書者著於篇作禮樂志

制朝儀始末

世祖至元八年秋八月己未初起朝儀先是至元六年春正月甲寅太保劉秉忠大司農孛羅奉旨命趙秉溫史杠訪前代知禮儀者肄習朝儀既而秉忠奏曰二人習之雖知之莫能行也得旨許用十人遂徵儒生周鐸劉允中尚文岳忱關思義侯祐賢蕭琬徐汝嘉從亡金故老烏古倫居貞完顏復昭完顏從愈葛從亮于伯儀及國子祭酒許衡太常卿徐世隆稽諸古典參以時宜沿情定制而肄習之百日而畢秉忠復奏曰無樂以相須則禮不備奉旨搜訪舊教坊樂工得杖鼓色楊皓笛色曹楫前行色劉進教師鄭忠依律運譜被諸樂歌六月而成音聲克諧陳于萬壽山便殿帝聽而善之秉忠及翰林太常奏曰今朝儀既定請備執禮員有旨命丞相安童大司農孛羅擇蒙古宿衛士可習容止者二百餘人肄之期月七年春二月奏以丙子觀禮前期一日布綿蕝金帳殿前帝及皇后臨觀于露階禮文樂節悉無遺失冬十有一月戊寅秉忠等奏請建官典朝儀帝命與尚書省論定以聞八年春二月立侍儀司以忽都于思也先乃爲左右侍儀奉御趙秉溫爲禮部侍郎兼侍儀司事周鐸劉允中爲左右

侍儀使尚文岳忱爲左右直侍儀事闞思義侯祐賢爲左右侍儀副使蕭琬徐汝嘉爲僉左右侍儀事烏古倫居貞爲承奉班都知完顏復昭爲引進副使葛從亮爲侍儀署令于伯儀爲尚衣局大使夏四月侍儀司奏請製內外仗如歷代故事從之秋七月內外仗成遇八月帝生日號曰天壽聖節用朝儀自此始

元正受朝儀

前期三日習儀于聖壽萬安寺(或大興教寺)前二日陳設于殿庭至期大昕侍儀使引導從護尉各服其服入至寢殿前捧牙牌跪報外辦內侍入奏出傳制曰可侍儀使俛伏興皇帝出閣陞輦鳴鞭三侍儀使拜通事舍人分左右引擎執護尉劈正斧中行導至大明殿外劈正斧直正門北向立導從倒卷序立惟扇置于錡侍儀使導駕時引進使同內侍官引宮人擎執導從入至皇后宮庭捧牙牌跪報外辦內侍入啓出傳旨曰可引進使俛伏興皇后出閣陞輦引進使引導從導至殿東門外引進使分退押直至墍塗之次引導從倒卷出俟兩宮升御榻鳴鞭三劈正斧退立於露階東司晨報時雞唱畢尚引引殿前班皆公服分

左右入日精月華門就起居位相向立通班舍人唱曰左右衛上將軍兼殿前都點檢臣某以下起居尚引唱曰鞠躬曰平身引至丹墀拜位知班報班齊宣贊唱曰拜通贊贊曰鞠躬曰拜曰興曰拜曰興曰都點檢稍前宣贊報曰聖躬萬福通贊贊曰復位曰拜曰興曰拜曰興曰平身曰搢笏曰鞠躬曰三舞蹈曰跪左膝三叩頭曰山呼曰山呼曰再山呼（凡傳山呼控鶴呼譟應和曰萬歲傳再山呼應曰萬萬歲後倣此）曰出笏曰就拜曰興曰拜曰興曰拜曰興曰平立宣贊唱曰各恭事兩班點檢宣徽將軍分左右陞殿宿直以下分立殿前尚廄分立仗南管旗分立大明門南楹侯后妃諸王駙馬以次賀獻禮畢典引引丞相以下皆公服入日精月華門就起居位通班唱曰文武百僚開府儀同三司錄軍國重事監修國史右丞相（具官無常）臣某以下起居典引贊曰鞠躬曰平身引至丹墀拜位知班報班齊宣贊唱曰拜通贊贊曰鞠躬曰拜曰興曰拜曰興曰平身曰搢笏曰鞠躬曰三舞蹈曰跪左膝三叩頭曰山呼曰山呼曰再山呼曰出笏曰就拜曰興曰拜曰興曰拜曰興曰平身侍儀使詣丞相前請進酒雙引升殿前行樂工分左右引登歌

者及舞童舞女以次升殿門外露階上登歌之曲各有名音中本月之律先期儀鳳司運譜翰林院譔辭肄之丞相至宇下褥位立侍儀使分左右北向立俟前行色曲將半舞旋列定通贊唱曰分班樂作侍儀使引丞相由南東門入宣徽使奉隨至御榻前丞相跪宣徽使立於東南曲終丞相祝贊曰溥天率土祈天地之洪福同上皇帝皇后億萬歲壽宣徽使答曰如所祝丞相俛伏興退詣進酒位尚醞官以觴授丞相丞相搢笏捧觴北面立宣徽使復位前行色降舞旋至露階上教坊奏樂樂舞至第四拍丞相進酒皇帝舉觴宣贊唱曰殿上下侍立臣僚皆再拜通贊贊曰鞠躬曰拜曰興曰拜曰興曰平身丞相三進酒畢以觴授尚醞官出笏侍儀使雙引自南東門出復位樂止至元七年進酒儀班首至殿前褥位立前行進曲尚醞官執空盞自正門出授班首班首搢笏執空盞由正門入至御榻前跪俟曲終以盞授尚醞官出笏祝贊宣徽使曰諾班首俛伏興班首宣徽使由南東門出各復位班首以下舞蹈山呼五拜百官分班教坊奏樂尚醞官進酒殿上下侍立臣僚皆再拜三進酒畢班首降至丹墀至元十八年十二月二十八日改今儀通贊贊曰合班禮部官押進奏表章禮物二案至橫階下宣禮物舍人進讀禮物目至第二重階俟進讀表章官等翰林國史院屬官一人至宇下齊跪宣表目舍人先讀中外百

司表目翰林院官讀中書省表畢皆俛伏興退降第一重階下立俟進讀禮物舍人陞階至宇下跪讀禮物目畢俛伏興退同降至橫階隨表章西行至右樓下侍儀仍領之禮物東行至左樓下太府受之宣贊唱曰拜通贊贊曰鞠躬曰拜曰興曰平身曰搢笏曰鞠躬曰三舞蹈曰跪左膝三叩頭曰山呼曰山呼曰再山呼曰出笏曰就拜曰興曰拜曰興曰拜曰興曰平立僧道耆老外國藩客以次而賀禮畢大會諸王宗親駙馬大臣宴饗殿上侍儀使引丞相等陞殿侍宴凡大宴馬不過一羊雖多必以獸人所獻之鮮及脯鱐折其數之半預宴之服衣服同制謂之質孫宴饗樂節見宴樂篇四品以上賜酒殿上典引引五品以下賜酒于日精月華二門之下宴畢鳴鞭三侍儀使導駕引進使導后還寢殿如來儀

天壽聖節受朝儀如元正儀

郊廟禮成受賀儀如元正儀

皇帝即位受朝儀

前期三日習儀于萬安寺前二日陳設于殿庭前一日設宣詔位于闕前至期

大昕侍儀使引導從護尉各服其服至皇太子寢閤前捧牙牌跪報外辦內侍傳旨曰可侍儀使俛伏與皇太子出閤侍儀使前導由崇天門入升大明殿引進使引導從至皇太子妃閤前跪報外辦內侍出傳旨曰可引進使俛伏與前導由鳳儀門入俟諸王以國禮扶皇帝登寶位畢鳴鞭三尙引引點檢以下皆公服入就起居位（起居贊拜如元正朝儀）兩班點檢宣徽將軍宿直尙廄管旗各恭事俟后妃諸王駙馬以次賀獻禮畢參議中書省事四人以篚奉詔書由殿左門入至御榻前參議中書省事跪奏詔文俛伏與以詔受典瑞使押寶畢置于篚對舉由正門出樂作至闕前以詔置于案文武百僚各公服就位北向立侍儀使稱有制宣贊唱曰拜通贊贊曰鞠躬曰拜曰與曰拜曰與曰平身曰班首稍前典引引班首至香案前通贊贊曰跪曰在位官皆跪司香贊曰搢笏通贊贊曰上香曰上香曰三上香曰出笏曰就拜曰與曰復位宣贊唱曰拜通贊贊曰鞠躬曰拜曰與曰拜曰與曰平身侍儀使以詔授左司郞中郞中跪受同譯史稍西陞木榻東向宣讀通贊贊曰在位官皆跪讀詔先以國語宣讀隨以漢語譯

之讀畢降榻以詔授侍儀使侍儀使置于案通贊贊曰就拜曰興曰拜曰興曰拜曰興曰搢笏曰鞠躬曰三舞蹈曰跪左膝三叩頭曰山呼曰山呼曰再山呼曰出笏曰就拜曰興曰拜曰興曰拜曰興曰平立典引引丞相以下皆公服入起居位（起居拜舞祝頌進酒獻表賜宴並同元正受朝儀）宴畢鳴鞭三侍儀使導駕引進使導后入寢殿如來儀次日以詔頒行

羣臣上皇帝尊號禮成受朝賀儀

前期二日儀鸞司設大次于大明門外又設進冊案于殿內御座前之西進寶案于其東設受冊案于御座上之西受寶案于其東侍儀司設冊案于香案南寶案又于其南禮儀使位于前冊使冊副位于廷中北面引冊奉冊舉冊讀冊捧冊官位于右引寶奉寶舉寶讀寶捧寶官位于左以北爲上百官自金玉府迎冊寶奉安中書省如常儀前期一日右丞相率公卿朝服儀衛音樂導冊寶二案出自中書至闕前控鶴舁案方輿中道冊使等奉隨入大次內方輿舁案侍儀使引冊使以下由左門以出百官趨退至期大昕右丞相以下百官各公

服集關廷儀仗護尉就位侍儀使禮儀使引導從導皇帝升大明殿引進使引
導從導皇后陞殿尚引引殿前班入起居位起居山呼拜舞畢宣贊唱曰各恭
事皇太子諸王后妃公主以次陞殿鳴鞭三侍儀使引冊引寶導冊寶由正門
入樂作奉冊使右丞相率冊官由右門入奉寶使御史大夫率寶官由左門入
至殿下置冊案于香案南寶案又奠于其南樂止侍儀使引冊使以下就起居
位典引引羣臣入就位通班舍人唱曰文武百僚具官臣某以下起居典引贊
曰鞠躬曰平身引至丹墀拜位宣贊唱曰拜通贊贊拜舞蹈山呼如常儀畢承
奉班都知唱曰奉冊使以下進上冊寶侍儀司引冊使以下進就位樂作掌儀
贊曰奉冊寶官稍前搢笏捧冊寶侍儀使前導由中道升正階立于下俟奉冊
使諸冊官由右階隮奉寶使諸寶官由左階隮畢俱由左門入奉冊寶至御榻
褥位前冊西寶東樂止掌儀贊曰捧冊寶官稍前以冊寶跪置于案曰出笏曰
就拜曰興曰平身曰復位曰奉冊使以下皆跪曰舉冊官興俱至案前跪曰搢
笏取冊于匣置于盤對舉曰讀冊官興俱至案前跪曰讀冊讀冊官稱臣某謹

讀冊讀畢舉冊官納冊于匣與以授典瑞使出笏立于冊案西南典瑞使置于受冊案掌儀贊曰舉寶官與俱至案前跪曰搢笏取寶于盝對舉曰讀寶官與俱至案前跪曰讀寶讀寶官稱臣某謹讀寶讀畢舉寶官納寶于盝與以授典瑞使出笏立于寶案東南典瑞使置于受寶案掌儀贊曰奉冊使以下皆就拜曰與曰平身參議中書省事四人以篚奉詔書由殿左門入至御榻前跪讀詔文如常儀授典瑞使押寶畢置于篚對舉由正門出至丹墀北置于詔案冊使以下由南東門出就位聽詔如儀儀鸞使四人舁進冊寶案由左門出侍儀使引班首由左階躋前行色樂作至宇下樂止舞旋至露階立班首入殿宣徽使奉隨班首跪宣徽使西北向立班首致詞曰冊寶禮畢願上皇帝皇后萬萬歲壽宣徽使應曰如所祝樂作通贊唱曰分班進酒畢班首由東南門出降階復位樂止通贊唱曰合班奏進表章禮物贊拜舞蹈山呼錫宴並如元正之儀

冊立皇后儀

前期二日儀鸞司設發冊寶案于大明殿御座前稍西設發寶案稍東掌謁設

香案于皇后殿前設冊案于殿內座榻前稍西寶案稍東設受冊案于座榻上
稍西設受寶案于稍東侍儀司設板位冊使副位于廷中北面冊官位于右寶
官位于左禮儀使位于冊案前主節位于太尉左皇后殿廷亦如之至期大昕
引贊敘太尉以下于闕廷各公服侍儀使禮儀使引冊使引冊奉冊舉冊讀冊
捧冊官由月華門入侍儀使禮儀使引冊副引寶奉寶舉寶讀寶捧寶官由日
精門入至露階下依板位立侍儀使捧牙牌入至寢殿前跪報外辦內侍入奏
出傳制曰可侍儀使俛伏興皇帝出閤升輦鳴鞭三侍儀使引導從導皇帝入
大明殿陞御座鳴鞭三司晨報時雞唱畢尚引引殿前班入起居位起居贊拜舞蹈山呼
如儀宣贊唱曰各恭事引贊引冊使以下入就位掌儀舍人引承奉班都知侍儀
使禮儀使主節捧冊捧寶官升自左階由南東門入至御座前分左右相向立
掌儀贊曰禮儀使稍前跪曰太尉以下皆跪禮儀使跪奏請進發皇后冊寶掌
儀贊曰就拜曰與曰平身曰太尉以下皆與曰復位掌儀贊曰內謁者稍前曰
搢笏曰捧冊寶跪進皇帝曰以冊寶授捧冊寶官捧冊寶官跪受與掌儀贊曰

主節官搢笏持節禮儀使引節導冊寶由正門出至露階南向立禮儀使稱有制承奉班都知唱曰太尉以下皆再拜通贊曰鞠躬曰拜曰興曰拜曰興曰平身禮儀使宣制曰命太尉某等持節授皇后冊寶通贊贊曰鞠躬曰拜曰興曰拜曰興曰平身降至露階下依次就位掌儀唱曰以冊寶置于案曰出笏曰復位方輿舁以行樂作侍儀使禮儀使引太尉及冊寶官奉隨至皇后宮庭奠案樂止掌儀唱曰捧冊寶官稍前搢笏捧冊寶使太尉以下奉隨由正階隮至案前掌儀贊曰以冊寶置于案曰出笏曰復位侍儀使稍前跪報外辦內侍入啓出傳旨曰可侍儀使俛伏興皇后出閤詣褥位太尉稱制遣臣某等恭授皇后冊寶內侍贊禮曰跪掌儀贊曰太尉以下皆跪內侍贊皇后曰上香曰上香曰三上香曰拜曰興曰拜曰興掌儀贊曰太尉以下皆興皇后陞殿立于座榻前承奉班都知唱曰太尉以下進冊寶掌儀唱曰捧冊寶官稍前搢笏捧冊寶由正門至殿內掌儀贊曰以冊寶跪置于案曰捧冊寶官出笏興復位曰太尉以下皆跪曰舉冊官興至案前跪曰搢笏取冊于匣置于盤對舉曰讀冊官興至

案前跪曰讀冊讀冊官稱臣某謹讀冊讀畢納冊于匣掌儀贊曰出笏舉寶官興至案前跪搢笏取寶于盝對舉曰讀寶官興至案前跪曰讀寶讀寶官稱臣某謹讀寶讀畢納寶于盝掌儀贊曰出笏曰太尉以下皆就拜曰興曰平身捧冊寶官以冊寶授太尉太尉以授掌謁掌謁以冊寶置于受冊寶案掌儀唱曰太尉以下跪曰衆官皆跪太尉致祝辭曰冊寶禮畢伏願皇后與天同算司徒應曰如所祝就拜興平身太尉進酒樂作皇后飲畢樂止禮儀使引節引主節由正門以出侍儀使引太尉以下由左門至階下北面立承奉班都知唱曰太尉以下皆再拜通贊曰鞠躬曰拜曰興曰拜曰興曰平立侍儀使引太尉以下還詣皇帝御座前跪奏曰奉制授皇后冊寶謹以禮畢就拜興由左門出降詣旁折位侍儀使引導從導皇后詣大明殿前謝恩掌謁贊曰拜曰興曰拜曰興侍儀使分退掌謁導皇后升御座典引引丞相以下入起居位起居贊拜如儀侍儀使詣右丞相前請進酒雙引陞殿至宇下褥位立侍儀使分左右北向立俟前行色曲將半舞旋列定通贊唱曰分班樂作侍儀使引右丞相由南東門入宣徽

使奉隨至御榻前右丞相跪宣徽使立于東南曲終右丞相祝贊曰冊寶禮畢臣等不勝慶抃同上皇帝皇后萬萬歲壽宣徽使應曰如所祝右丞相俛伏興退詣進酒位進酒進表章禮物贊拜僧道賀獻大宴殿上並如元正儀宴畢鳴鞭三侍儀使導駕引進使導后還寢殿如來儀

冊立皇太子儀

前期三日右丞相率百僚至金玉局冊寶案前舍人贊曰鞠躬曰拜曰興曰拜曰興曰平身曰班首稍前曰跪曰在位官皆跪曰搢笏曰上香曰上香曰三上香曰出笏曰就拜曰興曰拜曰興曰拜曰興曰平身侍儀使舍人分引羣臣儀衞音樂導至中書省正位安置前期二日儀鸞司設發冊案于大明殿御座西發寶案于東典寶官設香案于太子殿前階上設冊案于西寶案于東又設受冊案于殿內座榻之西受寶案于東侍儀司設板位太尉冊使副位于大明殿廷太尉位居中冊官位于右寶官位于左禮儀使位于前主節官位于太尉之左太子殿廷亦如之樂位布置亦如之右丞相率百僚朝服至中書省冊寶案

前敘立定舍人贊曰鞠躬曰拜曰興曰拜曰興曰平身曰班首稍前曰跪曰搢
笏曰在位官皆跪曰上香曰上香曰三上香曰出笏曰就拜曰興曰拜曰興曰
拜曰興曰平立舍人分引羣臣儀衛導從音樂傘扇導至闕前控鶴舁案方輿
官舁之由中道入崇天門冊使以下奉隨至露階下方輿官置冊案于西寶案
于東分退立于兩廡冊使副北面引冊官舉冊官讀冊官捧冊官位于冊案西
東向引寶官舉寶官讀寶官捧寶官位于寶案東西向掌儀舍人贊曰捧冊官
稍前曰搢笏曰捧冊又贊曰捧寶官稍前曰搢笏曰捧寶侍儀使引進使引冊
官引寶官前導捧冊寶官次之冊使副以下奉隨升大明殿午階由正門入至
進發冊寶案前冊使副北面立引冊官引寶官舉冊官舉寶官以下分左右夾
冊寶案立掌儀贊曰以冊寶置于案曰出笏曰復位侍儀使引奉冊使以下由
左門出百辟趨退至期大昕引贊引冊使以下皆公服敘位于闕廷侍儀使導
從皇帝出閤鳴鞭三陛大明殿登御座尚引引殿前班入起居位起居贊拜如
儀宣贊唱曰各恭事引贊引冊使以下入就位掌儀舍人引承奉班都知侍儀

使禮儀使主節郎捧冊捧寶官升自左階由左門入至御座前分左右立掌儀
贊曰禮儀使稍前曰跪曰衆官皆跪禮儀使奏請發皇太子冊寶掌儀唱曰就
拜曰興曰平身曰衆官皆興曰復位曰內謁者稍前曰搢笏曰捧冊寶跪進皇
帝曰以冊寶授捧冊寶官捧冊寶官跪受興掌儀贊曰主節郎搢笏持節禮儀
使引節導冊寶由正門以出至露階南向立禮儀使稱有制承奉班都知唱曰
太尉以下皆再拜掌儀贊曰鞠躬曰拜曰興曰拜曰興曰平身禮儀使宣制曰
上命太尉等持節授皇太子冊寶掌儀贊曰鞠躬曰拜曰興曰拜曰興曰平身
禮儀使引節導冊寶降至露階下依次就位掌儀贊曰以冊寶置于案曰出笏
曰復位方輿舁以行樂作侍儀使禮儀使主節前導冊使以下奉隨由正門出
至闕前方輿奠案控鶴舁以行至皇太子殿廷控鶴奠案方輿舁以行入至露
階下奠案方輿退樂止冊使以下以次立掌儀贊曰捧冊寶官稍前搢笏捧冊
寶侍儀使引節主節導冊寶以行冊使以下由正階隮節立于香案之西掌儀
贊曰捧冊寶官跪以冊寶置于案曰出笏曰興曰就位右庶子跪報外備內侍

入啓出傳旨曰可右庶子俛伏興皇太子出閤立于香案前掌儀贊曰皇太子跪曰上香曰上香曰三上香曰拜曰興曰拜曰興太尉前稱制遣臣某等恭授皇太子冊寶復位掌儀贊曰皇太子拜曰興曰拜曰興請皇太子詣褥位南向立曰皇太子跪曰諸執事官皆跪曰舉冊官興至案前曰跪曰讀冊讀畢曰納冊于匣曰出笏掌儀唱曰舉寶官興至案前曰跪曰讀寶讀畢曰納寶于盝曰出笏曰舉冊寶官讀冊寶官皆興復位掌儀贊曰太尉進授冊寶侍儀使引太尉司徒至冊寶案前搢笏以冊寶跪進皇太子恭受以授左右庶子左右庶子搢笏跪受掌儀贊曰皇太子興冊使以下皆興右庶子捧冊左庶子捧寶導皇太子入殿右庶子奠冊于授冊案左庶子奠寶于受寶案引節引主節立于殿西北引贊引太尉以下降階復位北向立承奉班都知唱曰太尉以下皆再拜掌儀贊曰鞠躬曰拜曰興曰拜曰興曰平身樂作侍儀使詣太尉前請進酒太尉入至殿內進酒畢降復位樂止侍儀使禮儀使主節導太尉以下還詣大明殿御座前跪奏曰奉制授皇太子冊寶謹以禮畢俛伏興降詣位侍儀使左右

庶子導皇太子詣大明殿御座前謝恩右庶子贊曰拜曰興白拜曰興進酒又贊曰拜曰興曰拜曰興降殿還府侍儀使詣右丞相前請進酒雙引陞殿至宇下褥位立侍儀使分左右北向立俟前行色曲將半舞旋列定通贊唱曰分班樂作侍儀使右丞相由南東門入宣徽使奉隨至御榻前右丞相跪宣徽使立于東南曲終右丞相祝贊曰皇太子冊寶禮畢臣等不勝慶抃同上皇帝皇后萬萬歲壽宣徽使應曰如所祝右丞相俛伏興退詣進酒位進酒進表章禮物贊拜如元正儀駕輿鳴鞭三侍儀使導駕還寢殿如來儀皇太子還府陞殿典引引羣臣入就起居位通班自班西行至中道唱曰具官某以下起居典引贊曰鞠躬曰平身進就拜位宣贊唱曰拜通贊贊曰鞠躬曰拜曰興曰拜曰興曰平身侍儀使詣班首前請進酒雙引由左階至殿宇下褥位立侍儀分左右北向立俟前行色曲將半舞旋列定通贊唱曰分班班首入自左門右庶子隨至座前班首跪右庶子立于東南俟曲終班首致祝詞曰冊寶禮畢願上殿下千秋之壽右庶子應曰如所祝班首俛伏興退至進酒位搢笏捧觴北向立右庶

子退復位俟舞旋至露階樂舞至第四拍班首進酒宣贊唱曰文武百僚皆再拜通贊贊曰鞠躬曰拜曰興曰拜曰興曰平身班首自東門出復位樂止通贊唱曰合班中書押進箋及禮物案至橫階下進讀箋官由左階躋進讀禮物官至階下俟進讀箋官至宇下先讀箋目次讀箋讀畢俛伏與降至階下進讀禮物官升階至宇下跪讀禮物狀畢俛伏與退同讀箋官至橫階隨箋案西行至右廡下禮物案東行至左廡下各付所司宣贊唱曰拜通贊贊曰鞠躬曰拜曰與曰拜曰與曰平立右庶子導皇太子還閤

太皇太后上尊號進冊寶儀

前期二日儀鸞司設進發冊寶案于大明殿御座之前掌謁設進冊寶案于太皇太后殿座榻前設受冊寶案于座榻上並冊西寶東侍儀司設冊使副位于廷中北面冊官位右寶官位左禮儀使位于前以北爲上太皇太后殿廷亦如之至期大昕羣臣皆公服敘位闕前侍儀使禮儀使引冊使引冊奉冊舉冊讀冊捧冊官由月華門入侍儀使禮儀使引冊副引寶奉寶舉寶讀寶捧寶官由

日精門入至露階下依板位立侍儀使捧牙牌入至寢殿前跪報外辦內侍入奏出傳制曰可侍儀使俛伏興皇帝出閤升輦鳴鞭三入大明殿陞御座鳴鞭三司晨報時雞唱畢侍儀使禮儀使引冊使以下陞自東階由左門入至御榻前相向立掌儀贊曰奏中嚴侍儀使捧牙牌跪奏曰中嚴又贊曰就拜曰興曰平身曰復位曰禮儀使稍前跪曰冊使以下皆跪禮儀使奏請進發太皇太后冊寶掌儀贊曰就拜曰興曰平身曰復位曰內謁者稍前曰搢笏奉冊寶上進曰冊使副捧冊寶官稍前曰搢笏曰內謁者跪進冊寶皇帝興以冊授冊使冊使跪受興以授捧冊官出笏以寶授冊副冊副跪受興以授捧寶官出笏侍儀使禮儀使引冊引寶官導冊寶由正門出冊使以下奉隨至階下掌儀贊曰以冊寶置于案曰出笏復位方輿舁行樂作侍儀使禮儀使引冊引寶前導冊使以下奉隨至興聖宮前奠案樂止侍儀使以導從入至太皇太后寢殿前跪報外辦掌謁入啓出傳旨曰可侍儀使俛伏興侍儀使掌謁前導太皇太后陞殿導太皇太后時侍儀使入至大明殿跪奏冊寶至興聖宮請行禮駕興鳴鞭三

侍儀使前引導從至與聖宮陞御座侍儀使出至案所樂作方輿入至露階下
奠案冊使副立于案前冊官東向寶官西向方輿分退立于兩廡樂止尙引引
殿前班入起居位相向立起居拜舞如元正儀禮畢宣贊唱曰各恭事贊引冊
使以下退至起居位通班舍人唱曰攝某官具官或太尉官無常具臣某以下起居引
贊贊曰鞠躬曰平身進入丹墀知班唱曰班齊宣贊唱曰拜通贊贊曰鞠躬曰
拜曰與曰拜曰與曰平身宣贊唱曰各恭事進至案前依位立宣贊唱曰太尉
以下進上冊寶掌儀贊曰捧冊寶官稍前搢笏捧冊寶侍儀使引冊寶官前導
冊使奉隨至御榻進冊寶案前掌儀唱曰跪捧冊寶官不跪曰以冊寶置于案
曰捧冊寶官出笏復位曰太尉以下皆跪曰讀舉冊寶官與俱至案前跪掌儀
贊曰舉冊官搢笏取冊于匣置于盤對舉曰讀冊讀冊官稱臣某謹讀冊讀畢
舉冊官納冊于匣掌儀贊曰出笏曰舉寶官搢笏取寶于盝對舉曰讀寶讀寶
官稱臣某謹讀寶讀畢舉寶官納寶于盝掌儀贊曰出笏曰就拜曰與曰平身
曰衆官皆與曰復位曰太尉司徒奉冊寶官稍前曰捧冊寶官稍前曰搢笏曰

捧冊寶上進曰皇帝躬授太皇太后冊寶太皇太后以冊寶授內掌謁內掌謁置于案皇帝與進酒太皇太后舉觴飲畢皇帝復御座畢掌儀贊曰衆官皆復位侍儀使引冊使以下分左右出就位皇帝率皇后及后妃公主降丹墀北面拜賀陞殿皇太子及諸王拜賀陞殿典引引百官入就起居位通班舍人唱曰文武百僚具官臣某以下起居曰鞠躬曰平身引至丹墀拜位知班報班齊宣贊唱曰拜通贊贊曰鞠躬曰拜曰興曰拜曰興曰平身侍儀使詣班首前請進酒雙引至殿宇下褥位立俟舞旋列定通贊唱曰分班樂作侍儀使引班首由南東門入宣徽使奉隨至御榻前班首跪曲終班首祝贊曰冊寶禮畢臣等不勝欣抃願上太皇太后皇帝億萬歲壽宣徽使應曰如所祝班首俛伏興退詣進酒位以下並同元正儀

皇太后上尊號進冊寶儀同前儀

太皇太后加上尊號進冊寶儀同前儀

進發冊寶導從

清道官二人警蹕二人並分左右皆攝官服本品朝服雲和樂一部署令二人分左右次前行戲竹一次排簫四次簫管四次板二次歌四並分左右前行內琵琶二十次箏十六次箜篌十六次蓁十六次方響八次頭管二十八次龍笛二十八為三十三重重四人次杖鼓三十為八重次板八為四重板內大鼓二工二人舁八人樂工服並與鹵簿同法物庫使二人服本品服次朱團扇八為二重次小雉扇八次中雉扇八次大雉扇八分左右為十二重次朱團扇八為二重次大傘二次華蓋二次紫方傘二次紅方傘二次曲蓋二並分左右執傘扇所服並同立仗

圍子頭一人中道次圍子八人分左右服與鹵簿內同安和樂一部署令二人服本品服札鼓六為二重前四後二次和鼓一中道次板二分左右次龍笛四次頭管四並為二重次羌管二次笙二並分左右次雲璈一中道次蓁二分左右樂工服與鹵簿內同

傘一中道椅左踏右執人皁巾大團花緋錦襖金塗銅束帶行縢鞋襪

拱衞使一人服本品服
舍人二人次引寶官二人並分左右服四品服
香案中道輿士控鶴八人服同立仗內表案輿士侍香二人分左右服四品服
寶案中道輿士控鶴十有六人服同香案輿士方輿官三十人夾香案寶案分左右而趨至殿門則控鶴退方輿官舁案以陞唐巾紫羅窄袖衫金塗銅束帶烏靴
引冊二人四品服
香案中道輿士控鶴八人服同寶案輿士侍香二人分左右服四品服
冊案中道輿士控鶴十有六人服同寶案輿士方輿官三十人夾香案冊案分左右而趨至殿門則控鶴退方輿官舁案以陞巾服與寶案方輿官同
葆蓋四十人次閱仗舍人二人服四品服次小戟四十人次儀鍠四十人夾雲和樂傘扇分左右行服同立仗
供衞使二人服本品朝服次班劍十次梧杖十二次斧十二次鐙杖二十次列

絲十皆分左右次水甀左金盆右次列絲十次立瓜十次金杌左鞭桶右蒙鞍左散手右次立瓜十次臥瓜三十並夾葆蓋小戟儀鍠分左右行服並同鹵簿

內

拱衞外舍人二人服四品服引導冊諸官次從九品以上次從七品以上次從五品以上並本品朝服

金吾折衝二人牙門旗二每旗引執五人次青稍四十人赤稍四十人黃稍四十人白稍四十人紫稍四十人並兜鍪甲靴各隨稍之色行導冊官外

冊案後舍人二人服四品服次太尉右司徒左次禮儀使二人分左右次舉冊官四人右舉寶官四人左次讀冊官二人右讀寶官二人左次閤門使四人分左右並本品服

知班六人分左右服同立仗往來視諸官之失儀者而行罰焉

冊寶攝官

上尊號冊寶凡攝官二百一十有六人奉冊官四人奉寶官四人捧冊官二人

捧寶官二人讀冊官二人讀寶官二人引冊官五人引寶官五人典瑞官三人糾儀官四人殿中侍御史二人監察御史四人閤門使三人清道官四人點試儀衛五人司香四人備顧問七人代禮官三十人拱衛使二人押仗二人方輿一百六十人

上皇太后冊寶凡攝官百五十人攝太尉一人攝司徒一人禮儀使四人奉冊官二人奉寶官二人引冊官二人引寶官二人舉冊官二人舉寶官二人讀冊官二人讀寶官二人捧冊官二人捧寶官二人奏中嚴一人主當內侍十人閤門使六人充內臣十三人糾儀官四人代禮官四十二人掌謁四人司香十二人折衝都尉二人拱衛使二人清道官四人警蹕官四人方輿官百二十人

上太皇太后冊官攝官同前

授皇后冊寶凡攝寶官百八十人攝太尉一人攝司徒一人主節官二人禮儀使四人奉冊官二人奉寶官二人引冊官二人引寶官二人舉冊官二人舉寶官二人讀冊官二人讀寶官二人內臣職掌十人宣徽使二人閤門使四人代

禮官三十七人侍香二人清道官四人折衝都尉二人警蹕官四人中宮內臣九人糾儀官四人接冊內臣二人接寶內臣二人方輿官七十四人

授皇太子冊凡攝官四十有九人攝太尉一人奉冊官二人持節官一人捧冊官二人讀冊官二人引冊官二人攝禮儀使二人主當內侍六人副持節官五人侍從官十一人代禮官十六人

攝行告廟儀（如受尊號上太皇太后皇太后冊寶冊立皇后皇太子凡國家大典禮皆告宗廟）

前期二日太廟令掃除內外翰林國史院學士譔寫祝文前一日告官等致齋一日其日告官等各服紫服奉祝版進請御署訖差控鶴用紅羅銷金案擡舁覆以黃羅帕舁奉御香御酒如常儀迎至祝所齋宿告日質明前三刻禮直官引太廟令率其屬入廟殿開室陳設如儀禮直官引告官等各服紫服以次入就位東向立定禮直官稍前贊曰有司謹具請行事贊者曰再拜在位者皆再拜禮直官先引執事者各就位次引告官詣盥洗爵洗位北向立搢笏盥手帨手洗爵拭爵訖執笏請詣酒尊所搢笏執爵司尊者舉冪良醞令酌酒以爵授

奉爵官執笏詣太祖室再拜執事者奉香告官搢笏跪三上香執爵三祭酒以虛爵授奉爵官執笏俛伏興舉祝官搢笏跪對舉祝版讀祝官跪讀祝文訖奠祝於案執笏俛伏興禮直官贊告官再拜畢每室並如上儀告畢引告官以下降復位再拜訖詣望瘞燔祝再拜半燎告官以下皆退

國史院進先朝實錄儀

是日大昕諸司官具公服立于光天門外侍儀使引實錄案以入監脩國史以下奉隨至光天殿前分班立皇帝陞御座宣贊唱曰拜通贊贊曰鞠躬曰拜曰興曰拜曰興曰平身待制四人奉實錄陞自午階監脩國史以下奉隨至御前香案南立衆官降復位應奉翰林文字陞至實錄前跪讀表讀畢俛伏興復位翰林學士承旨陞至御前分班立俟御覽畢降復位宣贊唱曰監脩國史以下皆再拜通贊贊曰鞠躬曰拜曰興曰拜曰興曰平身待制陞取實錄降自午階置于案由光天門以出音樂儀從前導還國史院置于堂上通贊贊曰鞠躬曰拜曰興曰拜曰興曰拜曰興曰平身曰搢笏曰上香曰上香曰三上香曰出笏曰就拜曰

興曰拜曰興曰拜曰興曰平立百僚趨退

元史卷六十七

元史卷六十八

明翰林學士亞中大夫知制誥兼修國史宋　濂等修

禮樂志第十九

禮樂二

制樂始末

太祖初年以河西高智耀言徵用西夏舊樂太宗十年十一月宣聖五十一代孫衍聖公元措來朝言于帝曰今禮樂散失燕京南京等處亡金太常故臣及禮冊樂器多存者乞降旨收錄於是降旨令各處管民官如有亡金知禮樂舊人可并其家屬徙赴東平令元措領之於本路稅課所給其食十一年元措奉旨至燕京得金掌樂許政掌禮王節及樂工翟剛等九十二人十二年夏四月始命製登歌樂肄習于曲阜宣聖廟十六年太常用許政所舉大樂令苗蘭詣東平指授工人造琴十張一絃三絃五絃七絃九絃者各二憲宗二年三月五日命東平萬戶嚴忠濟立局製冠冕法服鐘磬筍簴儀物肄習五月十三日召

太常禮樂人赴日月山八月七日學士魏祥卿徐世隆郎中姚樞等以樂工李明昌許政吳德段楫寇忠杜延年趙德等五十餘人見于行宮帝問制作禮樂之始世隆對曰堯舜之世禮樂興焉時明昌等各執鐘磬笛簫篪塤巢笙於帝前奏之曲終復合奏之凡三終十一日始用登歌樂祀昊天上帝于日月山祭畢命驛送樂工還東平三年時世祖居潛邸命勾當東平府公事宋周臣兼領大樂禮官樂工人等常令肄習仍令萬戶嚴忠濟依已降旨存恤六年夏五月世祖以潛邸次灤州下教命嚴忠濟督宋周臣以所得禮樂舊人肄習宜如故事勉行之毋忽冬十有一月敕樂工老不堪任事者以子孫代之不足者以他戶補之中統元年春正月命宣撫廉希憲等召太常禮樂人至燕京夏六月命許唐臣等制樂器公服法服秋七月七日工畢十一日用新製雅樂享祖宗于中書省禮畢賜預祭官及禮樂人百四十九人鈔有差八月命太常禮樂人復還東平二年秋九月敕太常少卿王鏞領東平樂工常加督視肄習以備朝廷之用五年太常寺言自古帝王功成作樂樂各有名盛德形容於是乎在伏覩

皇上踐阼以來留心至治聲名文物思復承平之舊首敕有司修完登歌宮縣八佾樂舞以備郊廟之用若稽古典宜有徽稱謹案歷代樂名黃帝曰咸池龍門大卷少昊大淵顓頊六莖高辛五英唐堯大咸大章虞舜大韶夏禹大夏商湯大濩周武大武降及近代咸有厥名宋總名曰大晟金總名曰大和今採輿議權以數名伏乞詳定曰大成按尚書簫韶九成鳳凰來儀樂記曰王者功成作樂詩云展也大成曰大明按白虎通言如唐堯之德能大明天人之道曰大順易曰天之所助者順又曰順乎天而應乎人曰大同樂記曰樂者爲同禮者爲異禮運曰大道之行也故人不獨親其親不獨子其子是之謂大同曰大豫易曰豫順以動故天地如之象曰雷出地奮豫先王以作樂崇德殷薦之上帝以配祖考中書省遂定名曰大成之樂乃上表稱賀表曰離日中天已覩文明之化豫雷出地又聞正大之音神人以和祖考來格欽惟皇帝陛下潤色洪業游意太平爰從龍邸之潛久敬鳳儀之奏及登寶位申命鼎司謂雖陳堂上之登歌而尚闕庭前之佾舞方嚴禋祀當備聲容屬天語之一宣迺春官之畢會

臣等素無學術徒有汗顏聿求舊署之師工仍討累朝之典故按圖索器永言和聲較鍾律於積黍之中續琴調於絕絃之後金而模石而琢簴斯豎筍斯橫合八音而克諧閱三歲而始就列文武兩階之干羽象帝王四面之宮庭一洗哇淫之聲可謂盛大之舉既完雅器未錫嘉名蓋聞軒昊以來俱有咸雲之號莖英章韶以象德夏濩武勺以表功洪惟國朝誕受天命地大物鉅人和歲豐宜符古記之文稱曰大成之樂漢庭聚議作章敢望於一夔舜殿鳴弦率舞願觀於百獸至元元年冬十有一月括金樂器散在寺觀民家者先是括到燕京鐘磬等器凡三百九十有九事下翟剛辨驗給價至是大興府又以所括鐘磬樂器十事來進太常因言亡金散失樂器若止於燕京拘括似爲未盡合於各路各觀民家括之庶省鑄造於是奏檄各道宣慰司括到鐘三百六十有七磬十有七錞一送于太常又中都宣德平灤順天河東真定西京大名濟南北京東平等處括到大小鐘磬五百六十有九其完者景鐘二鎛鐘十六大聲鐘十中聲鐘一小聲鐘二十有七編鐘百五十有五編磬七其不完者景鐘四鎛鐘

二十有三大聲鐘十有三中聲鐘一小聲鐘四十有五編鐘二百五十有一編磬十有四三年初用宮縣登歌樂文武二舞于太廟先是東平萬戶嚴光範奏太常登歌樂器樂工已完宮縣樂文武二舞未備凡用人四百一十二請以東平漏籍戶充之合用樂器官爲置備制可命中書省臣議行於是中書命左三部太常寺少府監於興禪寺置局委官楊天祐太祝郭敏董其事大樂正翟剛辨驗音律充收受樂器官丞相耶律鑄又言今製宮縣大樂內編磬十有二簴宜於諸處選石材爲之太常寺以新撥宮縣樂工文武二舞四百一十二人未習其藝遣大樂令許政往東平教之大樂署言堂上下樂舞官員及樂工合用衣服冠冕鞾履等物乞行製造中書禮部移準太常博士議定制度下所屬製造宮縣樂器既成大樂署郭敏開坐名數以上編鐘磬三十有六簴樹鼓四（建鞞應同一座）晉鼓一路鼓二鼗鼓二相鼓二雅鼓二柷一敔一笙二十有七（巢和竽）塤八篪簫籥笛各十琴二十有七瑟十有四單鐸雙鐸鐃錞鉦麾旌纛各二補鑄編鐘百九十有二靈璧石磬如其數省臣言太廟殿室向成宮縣樂器咸備請徵

東平樂工赴京師肄習以俟享廟制可秋七月新樂服成樂工至自東平敕翰林院定撰八室樂章大樂署編運舞節俾肄習之冬十有一月有事于太廟宮縣登歌樂文武二舞咸備其迎送神曲曰來成之曲烈祖曰開成之曲太祖曰武成之曲太宗曰文成之曲皇伯考朮赤曰弼成之曲皇伯考察合帶曰協成之曲睿宗曰明成之曲定宗曰熙成之曲憲宗曰威成之曲初獻升降曰肅成之曲司徒奉俎曰嘉成之曲文舞退武舞進曰和成之曲亞終獻酌獻曰順成之曲徹豆曰豐成之曲文舞曰武定文綏之舞武舞曰內平外成之舞第一成象滅王罕二成破西夏三成克金四成收西域定河南五成取西蜀平南詔六成臣高麗服交趾詳見樂舞篇十有二月籍近畿儒戶三百八十四人爲樂工先是召用東平樂工凡四百一十二人中書以東平地遠惟留其戶九十有二餘盡遣還復入民籍十一年秋八月製內庭曲舞中書以上皇帝冊寶下太常太樂署編運無射宮大寧等曲及上壽曲譜當時議殿庭用雅樂後不果用十三年以近畿樂戶多逃亡僅得四十有二復徵用東平樂工十六年冬十月命太常卿忽都于思召

太常樂工是月十一日大樂令完顏椿等以樂工見于香閣文郎魏英舞迎神黃鐘曲武郎安仁舞亞獻無射宮曲十八年冬十月昭睿順聖皇后將祔廟製昭睿順聖皇后室曲舞十九年王積翁奏請徵亡宋雅樂器至京師置於八作司二十一年大樂署言宜付本署收掌中書命八作司與之鎛鐘二十有七編鐘七百二十有三特磬二十有二編磬二十有八鐃六單鐸雙鐸各五錞各八十二年冬閏十有一月太常卿忽都于思奏大樂見用石磬聲律不協稽諸古典磬石莫善於泗濱女直未嘗得此今泗在封疆之內宜取其石以製磬從之選審聽音律大樂正趙榮祖及識辨磬材石工牛全詣泗州採之得磬璞九十製編磬二百三十命大樂令陳革等料簡應律者百有五二十三年忽都于思又奏太廟樂器編鐘笙匏歲久就壞音律不協遂補鑄編鐘八十有一合律者五十造笙匏三十有四二十九年四月太常太卿香山請采石增製編磬遣孔鑄馳驛往泗州得磬璞五十八製磬九十大樂令毛莊等審聽之得應律磬五十有八於是編磬始備三十年夏六月初立社稷命大樂許德良運製曲譜

翰林國史院譔樂章其降送神曰鎮寧之曲初獻盥洗升壇降壇望瘞位皆肅寧之曲正配位奠玉幣曰億寧之曲司徒奉俎徹豆曰豐寧之曲正配位酌獻曰保寧之曲亞終獻曰咸寧之曲（按祭社稷先農及大德六年祀天地五方帝樂章皆用金舊名釋奠宣聖亦因宋不改詳樂章篇）三十一年世祖裕宗祔廟命大樂署編運曲譜舞節翰林定譔樂章世祖室曰混成之曲裕宗室曰昭成之曲成宗大德九年新建郊壇既成命大樂署編運曲譜舞節翰林譔樂章十一月二十八日祀圜丘用之其迎送神曰天成之曲初獻奠玉幣曰欽成之曲酌獻曰明成之曲登降曰隆成之曲亞終酌獻曰和成之曲奉饌徹豆曰寧成之曲望燎如登降（惟用黄鍾宮）文舞曰崇德之舞武舞曰定功之舞十年命江浙行省製造宣聖廟樂器以宋舊樂工施德仲審較應律運至京師秋八月用于廟祀宣聖先令翰林新譔樂章命樂工習之降送神曰凝安之曲初獻盥洗陞殿降殿望瘞皆同安之曲奠幣曰明安之曲奉俎曰豐安之曲酌獻曰成安之曲亞終獻曰文安之曲徹豆曰娛安之曲蓋舊曲也新樂章不果用十一年武宗即位祭告天地命大樂署編運皇地祇酌獻大

呂宮一曲及舞節翰林譔樂章無曲名九月順宗成宗二室祔廟下大樂署編運曲譜舞節翰林譔樂章順宗室曰慶成之曲成宗室曰守成之曲至大二年親享太廟皇帝入門奏順成之曲盥洗陞殿用至元中初獻升降肅成之曲亦曰順成之曲出入小次奏昌寧之曲迎神用至元中來成之曲改曰思成初獻攝太尉盥洗陞殿奏肅寧之曲酌獻太祖室仍用舊曲改名開成開成本至元中烈祖曲名其詞則太祖舊曲也睿宗室仍用舊曲改名武成此亦至元中太祖曲名其詞則神祖創業以下仍舊皇帝飲福登歌奏釐成之曲新製曲文舞退武舞進仍用舊曲改名肅寧舊名和成其詞天生五材孰能去兵以下是也亞終獻酌獻仍用舊曲改名肅寧舊名順成其詞幽明精禋以下是也徹豆曰豐寧之曲舊名豐成詞語亦異送神曰保成之曲皇帝出廟廷亦曰昌寧之曲太常集禮曰樂章據孔思逮本錄之國朝樂章皆用成字凡用寧字者金曲也國初禮樂之事悉用前代舊工循習故常遂有用其舊者亦有不用其詞而冒以舊號者如郊祀先農等樂是也冬十有二月始製先農樂章以太常登歌樂祀之先是有命祀先農以登歌樂如祭社稷之制大樂署言禮祀先農如社遂錄祭社林鐘宮鎮寧等曲以上蓋金曲也三年冬十月置曲阜宣聖廟登歌樂初宣聖五十四代孫左三部照磨思逮言闕

里宣聖祖廟釋奠行禮久闕祭服登歌之樂未蒙寵賜如蒙移咨江浙行省於各處贍學祭餘子粒內製造登歌樂器及祭服以備祭祀庶盡事神之禮中書允其請移文江浙製造至是樂器成運赴闕里用之十有一月敕以二十三日冬至祀昊天上帝于南郊配以太祖令大樂署運製配位及親祀曲譜舞節翰林譔樂章皇帝出入中壝黃鐘宮曲二盥洗黃鐘宮曲一陞殿登歌大呂宮曲一酌獻黃鐘宮曲一飲福登歌大呂宮曲一出入小次黃鐘宮曲一（皆無曲名）四年夏六月武宗祔廟命樂正謝世寧等編曲譜舞節翰林侍講學士張士觀譔樂章曲名威成之曲仁宗皇慶二年秋九月用登歌樂祀太上皇（睿宗）于真定玉華宮自是歲用之至延祐七年春三月奏罷延祐五年命各路府宣聖廟置雅樂選擇習古樂師教肄生徒以供春秋祭祀六年秋八月議置三皇廟樂不果行七年仁宗祔廟命樂正劉瓊等編運酌獻樂譜舞節翰林譔樂章曲名曰歆成之曲英宗至治二年冬十月用登歌樂于太廟是月英宗祔廟下大樂署編運樂譜舞節翰林譔樂章曲曰獻成之曲文宗天曆二年春三月明宗祔廟下大

樂署編運樂譜舞節翰林定譔樂章曲曰永成之曲

登歌樂器

金部

編鐘一簴鐘十有六範金爲之筍簴（横曰筍植曰簴）皆雕繪樹羽塗金雙鳳五中列博山崇牙十有六縣以紅絨組簴趺青龍籍地以綠油臥梯二加兩跗焉筍兩端金螭首銜鍮石壁翣五色銷金流蘇條以紅絨維之鐵杙者四所以備欹側在太室以礙地甓因易以石麟簴額識以金飾篆字擊鐘者以茱萸木爲之合竹爲柄凡鐘未奏覆以黃羅兩覆以油絹磬亦然元初鐘用宋金舊器其識曰大晟大和景定者是也後增製兼用之

石部

編磬一簴磬十有六石爲之縣以紅絨紃簴跗狻猊揹磬者以牛角爲之餘筍簴崇牙樹羽壁翣流蘇之制並與鐘同元初磬亦用宋金舊器至元中始采泗濱靈壁石爲之

絲部

琴十一絃三絃五絃七絃九絃者各二斵桐爲面梓爲底冰絃木軫漆質金徽長三尺九寸首闊五寸二分通足中高二寸七分旁各高二寸尾闊四寸一分通足中高二寸旁各高一寸五分俱以黃綺夾囊貯之琴卓髹以綠

琴四其制底面皆用梓木面施采色兩端繪錦長七尺首闊尺有一寸九分通足中高四寸旁各高三寸尾闊尺有一寸七分通足中高五寸旁各高三寸五分朱絲爲絃凡二十有五各設柱兩頭有孔疏通相連以黃綺夾囊貯之架四髹以綠金飾鳳首八

竹部

簫二編竹爲之每架十有六管闊尺有六分黑槍金鸞鳳爲飾鍮石釘鉸以黃絨紃維於人項左右復垂紅絨條結架以木爲之高尺有二寸亦號排簫韜以黃囊

笛一斷竹爲之長尺有四寸七孔亦號長笛纏以朱絲垂以紅絨條結韜以黃

囊

籥二制如笛三孔纏以朱絲垂以紅絨條結韜以黃囊

篪二髹色如桐葉七孔纏以朱絲垂以紅絨條結韜以黃囊

匏部

巢笙四和笙四七星匏一九曜匏一閏餘匏一皆以斑竹爲之玄髹底置管匏中施簧管端參差如鳥翼大者曰巢笙次曰和笙管皆十九簧如之十三簧者曰閏餘匏九簧者曰九曜匏七簧者曰七星匏皆韜以黃囊

土部

塤二陶土爲之圍五寸半長三寸四分形如稱錘六孔上一前二後三韜以黃囊

革部

搏拊二制如鼓而小中實以糠外髹以朱繪以綠雲繫以青絨條兩手用之或搏或拊以節登歌之樂

木部

柷一以桐木爲之狀如方桶繪山於上髹以粉旁爲圓孔納椎於中椎以杞木爲之撞之以作樂

敔一製以桐木狀如伏虎彩繪爲飾背有二十七鉏鋙刻下承以槃用竹長二尺四寸破爲十莖其名曰籈櫟其背以止樂

宮縣樂器

金部

鎛鐘十有二簴簴一鐘制視編鐘而大依十二辰位特縣之亦號辰鐘筍簴朱髹塗金彩繪飛龍趺東青龍西白虎南赤豸北玄麟素羅五色流蘇餘制並與編鐘同

編鐘十有二簴簴十有六鐘制見登歌此下樂器制與登歌同者皆不重載

石部

編磬十有六簴簴十有二磬制見登歌筍簴與鎛鐘同

絲部

琴二十有七二絃者三三絃五絃七絃九絃者各六瑟十有二

竹部

簫十籥十篪十笛十

匏部

巢笙十

竽十竹爲之與巢笙皆十九簧惟指法各異

七星匏一九曜匏一閏餘匏一

土部

塤八

革部

晉鼓一長六尺六寸面徑四尺圍丈有二尺穹隆者居鼓面三之一穹徑六尺六寸三分寸之一面繪雲龍爲飾其皐陶以朱髹之下承以彩繪趺座并鼓高丈餘在郊祀者鞔以馬革

樹鼓四每樹三鼓其制高六尺六寸中植以柱曰建鼓柱末爲翔鷺下施小圓輪又爲重斗方蓋並繚以彩繪四角有竿各垂璧翣流蘇下以青狻猊四爲趺建旁挾二小鼓曰鞞曰應樹樂縣之四隅踏床鼓桴並髹以朱

雷鼓二制如鼓而小鞉以馬革持其柄播之旁耳自擊郊祀用之

雷鼗二亦以馬革鞉之爲太小鼓三交午貫之以柄郊祀用之

路鼓二制如雷鼓惟非馬革祀宗廟用之

路鼗二其制爲大小二鼓午貫之旁各有耳以柄搖之耳往還自擊不以馬革祀宗廟用之

木部

柷一敔一

節樂之器

麾一製以絳繒長七尺畫升龍於上以塗金龍首朱杠縣之樂長執之舉以作樂偃以止樂

照燭二以長竿置絳羅籠於其末然燭於中夜暗麾遠難辨樂正執之舉以作

樂偃以止樂

文舞器

纛二制若旌幢高七尺杠首刻象牛首下施朱縉蓋爲三重以導文舞

籥六十有四木爲之象籥之制舞人所執

翟六十有四木柄端刻龍首飾以雉羽綴以流蘇舞人所執

武舞器

旌二制如纛杠首栖以鳳以導武舞

干六十有四木爲之加以彩繪舞人所執

戚六十有四制若劍然舞人所執禮記注戚斧也今制與古異

金錞二範銅爲之中虛鼻象狻猊木方趺二人舉錞簨於趺上

金鉦二制如銅槃縣而擊之以節樂

金鐃二制如火斗有柄以銅爲匡疏其上如鈴中有丸執其柄而搖之其聲鐃

鐃然用以止鼓

單鐸雙鐸各二制如小鐘上有柄以金爲舌用以振武舞兩鐸通一柄者號曰雙鐸

雅鼓二制如漆筩鞔以羊革旁有兩紐工人持之築地以節舞

相鼓二制如搏拊以韋爲表實之以糠拊其兩端以相樂舞節

鼗鼓二

舞表

表四木杆鑿方石樹之用以識舞人之兆綴

元史卷六十八

元史卷六十九

明翰林學士亞中大夫知制誥兼修國史宋　濂等修

禮樂志第二十

禮樂三

郊祀樂章

成宗大德六年合祭天地五方帝樂章

降神奏乾寧之曲六成

圜鍾宮三成

惟皇上帝　監德昭明　祀考承天　治底隆平　孝思維則　禋祀薦誠

神其降格　萬福來并

黃鐘角一成詞同前

太簇徵一成詞同前

姑洗羽一成詞同前

初獻盥洗奏肅寧之曲

黃鐘宮

明水在下　鐘鼓既奏　有孚顒若　陟降左右　辟公處之　多士祼將

吉蠲以祭　上帝其饗

初獻升降奏肅寧之曲

大呂宮

禋祀孔肅　盥薦初升　攝齊恭敬　以薦惟馨　肅雝多士　來格百靈

降福受釐　萬世其承

奠玉幣奏

大呂宮

宗祀配饗　肇舉明禋　嘉玉既設　量幣斯陳　惟德格天　惟誠感神

於萬斯年　休命用申

迎俎奏豐寧之曲

黄鍾宮

有碩斯俎　有滌斯牲　鑾刀屢奏　血膋載升　禮崇鬯栗　氣達尙腥

上帝臨止　享于克誠

酌獻奏嘉寧之曲

大呂宮

崇崇泰畤　穆穆昊穹　神之格思　肸蠁斯通　犧尊載列　黄流在中

酒旣和止　萬福攸同

亞獻奏咸寧之曲

黄鍾宮

六成旣闋　三獻云終　神具醉止　穆穆雍雍　和風慶雲　賁我郊宮

受茲祉福　億載無窮

終獻　詞同前

徹籩豆奏豐寧之曲

大呂宮

禋禮既備　神具宴娭　籩豆有楚　廢徹不遲　多士駿奔　樂且有儀

乃錫純嘏　永佐丕基

送神奏

圜鐘宮

殷祀既畢　靈馭載旋　禮洽和應　降福自天　動植咸若　陰陽不愆

明明天子　億萬斯年

望燎奏

黃鐘宮

享申百禮　慶洽百靈　奠玉高壇　燔柴廣庭　祥光達曙　燦若景星

神之降福　萬國咸寧

大德九年以後定擬親祀樂章

皇帝入中壝

黃鍾宮

赫赫有臨　洋洋在上　克配皇祖　於穆來饗　肇此大禋　乾文弘朗

祓衮圜丘　巍巍玄象

皇帝盥洗

黃鍾宮

翼翼孝思　明德洽禮　功格玄穹　有光帝始　著我精誠　潔茲薦洗

幣玉攸奠　永集嘉祉

皇帝升壇降同

大呂宮

天行惟健　盛德御天　日月龍章　筍簴宮縣　稾鞂尚明　禮璧蒼圜

神之格思　香升燔煙

降神奏天成之曲

圜鍾宮三成

烝哉皇元　丕承帝眷　報本貴誠　于郊殷薦　藁鞂載陳　雲門六變

神之格思　來處來燕

黃鐘角一成

太簇徵一成

姑洗羽一成　詞並同前

初獻盥洗奏隆成之曲

黃鐘宮

肇禋南郊　百神受職　齊潔惟先　匪馨于稷　迺沃迺盥　祠壇是陟

上帝監觀　其儀不忒

初獻升壇降同奏隆成之曲

大呂宮

於穆圜壇　陽郊奠位　孔惠孔時　吉蠲爲饎　降登祗若　百禮既至

願言居歆　允集熙事

奠玉幣（正配位同）奏欽成之曲

黃鍾宮

謂天蓋高　至誠則格　克祀克禋　駿奔百辟　制幣斯陳　植以蒼璧
神其降康　俾我來益

司徒捧俎奏寧成之曲

黃鍾宮

我牲既潔　我俎斯實　笙鏞克諧　籩豆有飶　神來宴娭　歆茲明德
永錫繁禧　如幾如式

昊天上帝位酌獻奏明成之曲

黃鍾宮

於昭昊天　臨下有赫　陶匏薦誠　聲聞在德　酌言獻之　上靈是格
降福孔偕　時萬時億

皇地祇位酌獻

大呂宮

至哉坤元 與天同德 函育羣生 玄功莫測 合饗圜壇 舊典時式

申錫無疆 聿寧皇國

太祖位酌獻

黃鐘宮

禮大報本 郊定天位 皇皇神祖 反始克配 至德難名 玄功宏濟

帝典式敷 率育攸塈

皇帝飲福

大呂宮

特牲享誠 備物循質 上帝居歆 百神受職 皇武昭宣 孝祀芬苾

萬福攸同 下民陰騭

皇帝出入小次

黃鐘宮

惟天爲大　惟帝饗帝　以配祖考　肅贊靈祉　定極崇功　永我昭事

升中于天　象物畢至

文舞退武舞進奏和成之曲

黃鐘宮

羽籥既竣　載揚玉戚　一弛一張　匪舒匪棘　八音克諧　萬舞有奕

永觀厥成　純嘏是錫

亞終獻奏和成之曲

黃鐘宮

有嚴郊禋　恭陳幣玉　大犧是承　載祗載肅　上帝居歆　馨香既飫

惠我無疆　介以景福

徹籩豆奏寧成之曲

大呂宮

三獻攸終　六樂斯徧　既右享之　徹其有踐　洋洋在上　默默靈眷

明禋告成　於皇錫羡

送神奏天成之曲

圜鐘宮

神之來歆　如在左右　神保聿歸　靈斿先後　恢恢上圜　無聲無臭

日監孔昭　思皇多祐

望燎奏隆成之曲

黃鐘宮

熙事備成　禮文郁郁　紫煙聿升　靈光下燭　神人樂康　永膺戬穀

祚我丕平　景命有僕

皇帝出中壝

黃鐘宮

泰壇承光　寥廓玄曖　暢我揚明　饗儀惟大　九服敬宣　聲教無外

皇拜天祐　照臨斯居

宗廟樂章

世祖中統四年至元元三年七室樂章太常集禮藁云此係卷牘所載

太祖第一室

天垂靈顧　地獻中方　帝力所拓　神武莫當　陽谿昧谷　咸服要荒

昭孝明禋　神祖皇皇

太宗第二室

和林勝域　天邑地宮　闕　南北來同　闕　司分置　胄教肇崇

潤色祖業　德仰神宗

睿宗第三室

珍符默授　疇昔自天　爰生聖武　寶祚開先　霓旌迴狩　龍駕遊仙

追遠如生　皇慕顒然

皇伯考朮赤第四室

威闕鷹揚　冢位闕當　從龍遠拓　千萬里疆　誕總虎旅　駐壓西方

航海梯山　東西來王

皇伯考察合帶第五室

雄武軍威　滋多歷年　深謀遠略　協贊惟專　流沙西域　錢日東邊

百國畏服　英聲赫然

定宗第六室

三朝承休　恭己優游　欽繩祖武　其德聿脩　帝賚錫壽　德澤期周

蠲饎惟薌　祈饗于幽

憲宗第七室

龍躍潛居　風雲會通　知民病苦　軫念宸衷　夔門之旅　繼志圖功

俎豆敬祭　華儀孔隆

至元四年至十七年八室樂章太常集禮云周馭所藏儀注所錄舞節同

迎神奏來成之曲九成

黃鐘宮三成

齊明盛服　翼翼靈眷　禮備多儀　樂成九變　烝烝孝心　若聞且見

肹蠁端臨　來寧來燕

大呂角二成　詞同黃鐘

太簇徵二成　詞同黃鐘

應鐘羽二成　詞同黃鐘

初獻盥洗奏肅成之曲再詣盥洗同至大以後名順成之曲詞律同

無射宮

天德維何　如水之清　維水內耀　配彼天明　以滌以濯　犧象光晶

孝思維則　式薦忱誠

初獻升殿登歌樂奏肅成之曲降同

夾鐘宮

祀事有嚴　太官有侐　陟降靡違　孔容翼翼　籩豆旅陳　鐘磬翕繹

於昭吉蠲　神保是格

司徒捧俎奏嘉成之曲別本所錄親祀樂章詞同

無射宮

色純體全　三犧五牲　鸞刀屢奏　毛炰胾羹　神具厭飫　聽我磬聲

居歆有永　胡考之寧

烈祖第一室奏開成之曲

無射宮

於皇烈祖　積厚流長　大勳未集　燮伐用張　篤生聖嗣　奄有多方

錫我景福　萬世無疆

太祖第二室奏武成之曲

無射宮

天扶昌運　混一中華　爰有真人　奮起龍沙　祭天開宇　亘海爲家

肇脩禋祀　萬世無涯

太宗第三室奏文成之曲

無射宮

纂成前烈　底定丕圖　禮文簡省　禁網寬疏　還風太古　躋世華胥

三靈順協　四海無虞

皇伯考朮赤第四室奏弼成之曲

無射宮

神支挺秀　右壤疏封　創業艱難　相我祖宗　敘親伊邇　論功亦崇

春秋祭祀　萬世攸同

皇伯考察合帶第五室奏協成之曲

無射宮

玉牒著親　神支懿屬　論德疏封　展親分玉　相我祖宗　風櫛雨沐

昔同其勞　今共茲福

睿宗第六室奏明成之曲

無射宮

神祖創業　爰著戎衣　聖考撫軍　代行天威　河南底定　江北來歸

貽謀翼子　奕葉重輝

定宗第七室奏熙成之曲

無射宮

嗣承丕祚　累洽重熙　堂構既定　垂拱無爲　邊庭閑暇　田里安綏

歆茲禋祀　萬世攸宜

憲宗第八室奏威成之曲

無射宮

羲馭未出　螢爝騰光　大明麗天　羣陰披攘　百神受職　四海寧康

愔愔靈韶　德音不忘

文舞退武舞進奏和成之曲別本所錄親祀樂章詞同

無射宮

天生五材　孰能去兵　恢張弘業　我祖天聲　干戈曲盤　濯濯厥靈

於赫七德　展也大成

亞獻行禮奏順成之曲終獻詞律同

無射宮

幽通神明　所重精禋　淸宮肅肅　百禮具陳　九韶克諧　八佾侁侁

靈光昭答　天休日申

徹籩豆登歌樂奏豐成之曲

夾鐘宮

豆籩苾芬　金石鏘鏗　禮終三獻　樂奏九成　有嚴執事　進徹無聲

神保聿歸　萬福來寧

送神奏來成之曲或作保成

黃鐘宮

神主在室　神靈在天　禮成樂闋　神返幽玄　降福冥冥　百順無愆

於皇孝思　于萬斯年

至元十八年冬十月世祖皇后祔廟酌獻樂章（太常集禮云卷牘所載）

徽柔懿哲　温默靖恭　範儀宮閫　任姒同風　敷天寧謚　內助多功

淑德祔廟　萬世昌隆

親祀禘祫樂章（未詳年月太常集禮云別本所錄以時考之疑至元三年以前擬用詳見制樂始末）

皇帝入門宮縣奏順成之曲

無射宮

熙熙雍雍　六合大同　維皇有造　典禮會通　金奏王夏　祇款神宮

感格如響　嘉氣來叢

皇帝陞殿奏順成之曲

夾鐘宮

皇明燭幽　沿時制作　宗廟之威　降登時若　趨以采茨　聲容有恪

曰藝曰文　監茲衎樂

皇帝詣罍洗宮縣奏順成之曲（太常集禮云至元四年用此曲名曰肅成至大以後用此詞律同）

無射宮

酌彼行潦　維挹其清　潔齊以祀　祀事昭明　肅肅辟公　沃盥乃升

神之至止　歆于克誠

皇帝詣酌尊所宮縣奏順成之曲

無射宮

靈庭愔愔　乃神攸依　文爲在禮　載斟匪祈　皇皇穆穆　玉佩聲希

列侯百辟　濟濟闕威

迎神宮縣奏思成之曲至元四年名來成之曲詞律同

司徒捧俎宮縣奏嘉成之曲至元四年詞律同

酌獻始祖宮縣奏慶成之曲

無射宮

啓運流光　幅員既長　敬恭祀事　鬱鬯芬薌　德以舞象　功以歌揚

式歌且舞　神享是皇

諸廟奏熙成昌成鴻成樂成康成明成等曲詞闕

文舞退武舞進宮縣奏肅成之曲至元四年名和成之曲詞律同

亞終獻宮縣奏肅成之曲至元四年名順成之曲詞律同

皇帝飲福登歌奏釐成之曲

夾鐘宮

誠通恩降　靈慈昭宣　左右明命　六合大全　啐飲椒馨　純嘏如川

皇人壽穀　億萬斯年

徹豆登歌奏豐成之曲

夾鐘宮

三獻九成　禮畢樂闋　于豆于登　于焉靖徹　多士密勿　樂且有儀

能事脫穎　孔惠孔時

送神奏保成之曲

黃鐘宮

雲車之來　不疾而速　風馭言還　闃其怳惚　神心之欣　孝孫之祿
燕翼無疆　景命有僕

武宗至大以後親祀攝樂章（太常集禮云孔思逮本所錄）

皇帝入門奏順成之曲（別本親祀禘祫樂章詞律同）

皇帝盥洗奏順成之曲（至元四年名肅寧之曲詞律同）

皇帝陞殿登歌樂奏順成之曲（別本親祀樂章詞律同）

皇帝出入小次奏昌寧之曲（太常集禮云此金曲思逮取之詳見制樂始末）

無射宮

於皇神宮　象天清明　肅肅來止　相維公卿　威儀孔彰　君子攸寧
神之休之　綏我思成

迎神奏思成之曲（至元四年名來成之曲詞律同）

黃鐘宮三成

齊明盛服　翼翼靈眷　禮備多儀　樂成九變　烝烝孝心　若聞且見

肸蠁端臨　來寧來燕

大呂角二成

太簇徵二成

應鐘羽二成（詞並同上）

初獻盥洗奏肅成之曲（別本親祀樂章名順成之曲詞律同）

初獻陞殿（降同）登歌樂奏肅寧之曲（至元四年名肅成之曲詞律同）

司徒捧俎奏嘉成之曲（至元四年曲名詞律同）

太祖第一室奏開成之曲（至元四年名武成之曲詞同）

睿宗第二室奏武成之曲（至元四年名明成之曲詞同）

世祖第三室奏混成之曲

無射宮

於昭皇祖　體健乘乾　龍飛應運　盛德光前　神功著定　澤被垓埏

詒厥孫謀　何千萬年

裕宗第四室奏昭成之曲

無射宮

天啓深仁　須世而昌　追惟顯考　敢後光揚　徽儀肇舉　禮備音鏘

皇靈監止　降釐無疆

順宗第六室奏慶成之曲

無射宮

龍潛于淵　德昭于天　承休基命　光被紘埏　洋洋如臨　籩豆牲牷

惟明惟馨　皇祚綿延

成宗第七室奏守成之曲

無射宮

天開神聖　繼世清寧　澤深仁溥　樂協韶英　宗枝嘉會　氣和惟馨

繁禧來格　永被皇靈

武宗第八室奏威成之曲

無射宮

紹天鴻業　繼世隆平　惠孚中國　威靖邊庭　厥功惟茂　清廟妥靈

歆茲明祀　福祿來成

仁宗第九室奏歆成之曲

無射宮

紹隆前緒　運啓文明　深仁及物　至孝躬行　惟皇建極　盛德難名

居歆萬祀　福祿崇成

英宗第十室奏獻成之曲

無射宮

神聖繼作　式是憲章　誕興禮樂　躬事烝嘗　翼翼清廟　煒有耿光

于千萬年　世仰明良

皇帝飲福登歌樂奏釐成之曲

夾鐘宮

穆穆天子　禋祀太宮　禮成樂備　敬徹誠通　神胥樂止　錫之醇醲

天子萬世　福祿無窮

文舞退武舞進奏肅成（孔本作肅寧）之曲（至元四年名和成之曲詞律同）

亞終獻行禮宮縣奏肅成之曲（至元四年名順成之曲詞律同）

徹籩豆登歌樂奏豐寧之曲（至元四年名豐成之曲詞律同）

送神奏保成之曲（至元四年名來成之曲詞律同）

皇帝出廟廷奏昌寧之曲

無射宮

緝熙維清　吉蠲致誠　上儀具舉　明德薦馨　已事而竣　歡通三靈

先祖是皇　來燕來寧

文宗天曆三年明宗祔廟酌獻奏永成之曲

無射宮

猗那皇明　世纘神武　敬天弗違　時潛時旅　龍旂在塗　言受率土

不遐有臨　永錫多嘏

社稷樂章

降神奏鎮寧之曲

林鐘宮二成

以社以方　國有彝典　大哉元德　基祚綿遠　農功萬世　於焉報本

顯相默佑　降監壇墠

太簇角二成

錫民地利　厥功甚溥　昭代典禮　清聲律呂　穀旦于差　洋洋來下

相此有年　根本日固

姑洗徵二成

平厥水土　百穀用成　長扶景運　宜歆德馨　五祀爲大　千古舉行

感通肸蠁　登歌鎮寧

南宮羽二成

幣齊虔脩　粢盛告備　倉庾坻京　繄誰之賜　崇壇致恭　幽光孔邇
享于精誠　休祥畢至

初獻盥洗奏肅寧之曲

太簇宮

禮備樂陳　辰良日吉　挹彼樽罍　馨哉黍稷　濯溉揭虔　維巾及冪
萬年嚴祀　蹌蹌受職

初獻升壇奏肅寧之曲降同

應鐘宮

春祈秋報　古今彝章　民天是資　神靈用彰　功崇禮嚴　人阜時康
雍雍爲儀　燔芬苾香

正配位奠玉幣奏億寧之曲

太簇宮

地祇嚮德　稽古美報　幣帛斯陳　圭璋式繅　載烈載燔　肴羞致告

雨暘時若　丕圖永保

司徒捧俎奏豐寧之曲

太簇宮

我稼既同　羣黎徧德　我祀如何　牲牷孔碩　有翼有嚴　隨方布色

報功求福　其儀不忒

正位酌獻奏保寧之曲

太簇宮

異世同德　於皇聖昭　降茲嘉祥　衞我大寶　生乃烝民　侔德覆燾

厥作祼將　有相之道

配位酌獻奏保寧之曲

太簇宮

以御田祖　皇家秩祀　有民人焉　盍究本始　惟敘惟脩　誰實介止

酒旨且多　盛德宜配

亞終獻奏咸寧之曲

太簇宮

以引以翼　來處來燕　豆籩牲牢　有楚有踐　肅答神休　神亦錫羨

土穀是依　成此醻獻

徹豆奏豐寧之曲

應鐘宮

文治脩明　相成田功　功爲特殊　儀爲特隆　終如其初　誠則能通

明神毋忘　時和歲豐

送神奏鎮寧之曲

林鐘宮

不屋受陽　國所崇敬　以與來歲　苞秀堅穎　雲軿莫駐　神其諦聽

景命有僕　與國同永

望瘞位奏肅寧之曲

太簇宮

雅奏肅寧　繁釐降格　篚厥玄黃　丹誠烜赫　肇祀以歸　瞻言咫尺

萬年攸介　丕承帝德

先農樂章

降神奏鎮寧之曲

林鐘宮二成

民生斯世　食爲之天　恭惟大聖　盡心於田　仲春劭農　明祀吉蠲

馨香感神　用祈豐年

太簇角二成

耕種務農　振古如茲　爰粒烝庶　功德茂垂　降嘉奏艱　國家攸宜

所依惟神　庸潔明粢

姑洗徵二成

俶載平疇　農功肇敏　千耦耕耘　同徂隰畛　田祖丕靈　爲仁至盡

豐歲穰穰　延洪有引

南呂羽二成

羣黎力耕　及茲方春　維時東作　篤我農人　我黍既華　我稷宜新

由天降康　永賴明神

初獻盥洗奏肅寧之曲

太簇宮

泂酌行潦　真足爲薦　奉茲潔清　神在乎前　分作甘霖　沾漑芳甸

慎于其初　誠意攸見

初獻升壇奏肅寧之曲

應鐘宮

有椒其馨　維多且旨　式慎爾儀　降登庭止　黍稷稻粱　民無渴饑

神嗜飲食　永綏嘉祉

正配位奠玉幣奏億寧之曲

太簇宮

奉幣維恭　前陳嘉玉　聿昭盛儀　肅雝純如　南畝深耕　麻麥禾菽

用祈三登　膺受多福

司徒奉俎奉豐寧之曲

太簇宮

奉牲孔嘉　登俎豐備　地官駿奔　趨進光輝　肥碩蕃孳　歆此誠意

有年斯今　均被神賜

正位酌獻奏保寧之曲

太簇宮

寶壇巍煌　神應如響　備腯咸有　牲體苾芳　洋洋如在　降格來享

秉誠罔怠　羣生瞻仰

配位酌獻奏保寧之曲

太簇宮

酒清斯香　牲碩斯大　具列觴俎　精意先會　民命維食　稗莠毋害
我倉萬億　神明攸介

亞終獻奏咸寧之曲

闕　宮

至誠攸感　肸蠁潛通　百穀嘉種　爰降時豐　祈年孔夙　稼穡爲重
俯歆醴齊　載揚歌頌

徹豆奏豐寧之曲

應鐘宮

有來雍雍　存誠敢匱　廢徹不遲　靈神攸嗜　孔惠孔時　三農是宜
眉壽萬歲　穀成丕乂

送神奏鎮寧之曲

林鐘宮

焄蒿悽愴　萬靈來娭　靈神具醉　聿言旋歸　歲豐時和　風雨應期

皇圖萬年　永膺洪禧

望瘞位奏肅寧之曲

闕　宮

禮成文備　歆受清祀　加牲兼幣　陳玉如儀　靈馭言旋　面陰昭瘞

集茲嘉祥　常致豐歲

宣聖樂章

迎神奏凝安之曲

黃鐘宮三成

大哉宣聖　道尊德崇　維持王化　斯文是宗　典祀有常　精純並隆

大呂角二成

神其來格　於昭盛容

生而知之　有教無私　成均之祀　威儀孔時　惟茲初丁　潔我盛粢

永言其道　萬世之師

太簇徵二成

巍巍堂堂　其道如天　清明之象　應物而然　時維上丁　備物薦誠

維新禮典　樂諧中聲

應鐘羽二成

聖王生知　闡乃儒規　詩書文教　萬世昭垂　良日惟丁　靈承丕爽

揭此精虔　神其來享

初獻盥洗奏同安之曲

姑洗宮

右文興化　憲古師經　明祀有典　吉日惟丁　豐犧在俎　雅奏在庭

周迴陟降　福祉是膺

初獻陞殿奏同安之曲

南呂宮

誕與斯文　經天緯地　功加于民　實千萬世　笙鏞和鳴　粢盛豐備

肅肅降登　歆茲秩祀

奠幣奏明安之曲

南呂宮

自生民來　誰底其盛　惟王神明　度越前聖　粢幣具成　禮容斯稱

黍稷惟馨　惟神之聽

捧俎奏豐安之曲

姑洗宮

道同乎天　人倫之至　有享無窮　其興萬世　旣潔斯牲　粢明醑旨

不懈以忱　神之來塈

大成至聖文宣王位酌獻奏成安之曲

南呂宮

大哉聖王　實天生德　作樂以崇　時祀無斁　清酤惟馨　嘉牲孔碩

薦羞神明　庶幾昭格

兗國復聖公位酌獻奏成安之曲

南呂宮

庶幾屢空　淵源深矣　亞聖宣猷　百世宜祀　吉蠲斯辰　昭陳尊簋

旨酒欣欣　神其來止

郕國宗聖公酌獻奏成安之曲

南呂宮

心傳忠恕　一以貫之　爰述大學　萬世訓彝　惠我光明　尊聞行知

繼聖迪後　是享是宜

沂國述聖公酌獻奏成安之曲

南呂宮

公傳自曾　孟傳自公　有嫡緒承　允得其宗　提綱開蘊　乃作中庸

侑于元聖　億載是崇

鄒國亞聖公酌獻奏成安之曲

南呂宮

道之由興　於皇宣聖　維公之傳　人知趨正　與饗在堂　情文斯稱

萬年承休　假哉天命

亞獻奏文安之曲　終獻同

姑洗宮

百王宗師　生民物軌　瞻之洋洋　神其寧止　酌彼金罍　惟清且旨

登獻惟三　於嘻成禮

飲福受胙　與盥洗同惟國學釋奠親祀用之攝事則不用外路州縣並皆用之

徹豆奏娛安之曲

南呂宮

犧象在前　豆籩在列　以享以薦　既芬既潔　禮成樂備　人和神悅

祭則受福　率尊無越

送神奏凝安之曲

黃鐘宮

有嚴學宮　四方來崇　恪恭祀事　威儀雍雍　歆茲惟馨　飈馭回復

明禋斯畢　咸膺百福

望瘞與盥洗同

右釋奠樂章皆舊曲元朝嘗擬譔易而未及用今并附于此

迎神奏文明之曲

天縱之聖　集厥大成　立言垂教　萬世準程　廟庭孔碩　尊俎旣盈

神之格思　景福來幷

盥洗奏昭明之曲

神旣寧止　有孚顒若　罍洗在庭　載盥載濯　匪惟潔脩　亦新厥德

對越在茲　敬恭惟則

陞殿奏景明之曲降同

大哉聖功　薄海內外　禮隆秩宗　光垂昭代　陟降在庭　攝齊委佩

莫不肅雝　洋洋如在

奠幣奏德明之曲

圭袞尊崇　佩紳列侑　籩豆有楚　業具和奏　式陳量幣　駿奔左右

天睠斯文　繄神之佑

文宣王酌獻奏誠明之曲

惟聖監格　享于克誠　有樂在縣　有碩斯牲　奉醴以告　嘉薦惟馨

綏以多福　永底隆平

兗國公酌獻奏誠明之曲

潛心好學　不違如愚　用舍行藏　乃與聖俱　千載景行　企厥步趨

廟食作配　祀典弗渝

郕國公酌獻闕

沂國公酌獻闕

鄒國公酌獻奏誠明之曲

洙泗之傳　學窮性命　力距楊墨　以承三聖　遭時之季　孰識其正

高風仰止　莫不肅敬

亞獻奏靈明之曲終獻同

廟成奕奕　祭祀孔時　三爵具舉　是饗是宜　於昭聖訓　示我民彝

紀德報功　配于兩儀

送神奏慶明之曲

禮成樂備　靈馭其旋　濟濟多士　不懈益虔　文教茲首　儒風是宣

佑我闕

元史卷六十九

明翰林學士亞中大夫知制誥兼修國史宋　濂等修

禮樂志第二十一

禮樂四

郊祀樂舞

降神文舞（崇德之舞）　乾寧之曲六成圜鐘宮三成始聽三鼓（一聲鐘一聲鼓凡三作後倣此）一鼓稍前開手立二鼓合手退後三鼓相顧蹲三鼓畢間聲作（二聲鐘一聲鼓）一鼓稍前舞蹈二鼓舉左手收左揖三鼓舉右手收右揖四鼓高呈手五鼓兩兩相向蹲六鼓稍前開手立七鼓退後俛伏八鼓舉左手收左揖九鼓舉右手收右揖十鼓稍前開手立十一鼓合手退後躬身十二鼓伏興仰視十三鼓舞蹈相向立十四鼓復位交籥正蹲十五鼓躬身受終聽三鼓（止）　黃鐘角一成始聽三鼓一鼓稍前舞蹈二鼓合手退後三鼓相顧蹲三鼓畢間聲作一鼓稍前舞蹈二鼓高呈手三鼓兩兩相向蹲四鼓舉左手收左揖五鼓舉右手收右揖六鼓稍前開手

七鼓復位正揖八鼓兩兩相向交籥正蹲九鼓復位立十鼓稍前開手立十一
鼓合手退後躬身十二鼓伏與仰視十三鼓舉左手收開手正蹲十四鼓舉右
手收開手正蹲十五鼓躬身受終聽三鼓止　太簇徵一成始聽三鼓一鼓稍前
開手立二鼓合手退後三鼓相顧蹲三鼓畢間聲作一鼓稍前舞蹈二鼓復位
躬身三鼓高呈手四鼓舉左手收左揖五鼓舉右手收右揖六鼓兩兩相向交
籥正蹲七鼓復位躬身八鼓舞蹈相向立九鼓復位俛伏十鼓舉左手收左揖
十一鼓舉右手收右揖十二鼓伏與仰視十三鼓舞蹈相向立十四鼓復位交
籥正蹲十五鼓躬身受終聽三鼓止　姑洗羽一成始聽三鼓一鼓稍前開手立
二鼓合手退後三鼓相顧蹲三鼓畢間聲作一鼓稍前舞蹈二鼓復位正揖三
鼓高呈手四鼓推左手收左揖五鼓推右手收右揖六鼓兩兩相向交籥正蹲
七鼓復位俛伏八鼓舞蹈相向立九鼓復位躬身十鼓伏與仰視十一鼓舉左
手收左揖十二鼓舉右手收右揖十三鼓舞蹈相向立十四鼓復位交籥正蹲
十五鼓躬身受終聽三鼓止　昊天上帝位酌獻文舞崇德之舞明成之曲黃鐘宮一

成始聽三鼓一鼓稍前開手立二鼓合手退後三鼓相顧蹲三鼓畢間聲作一鼓稍前舞蹈相向立二鼓復位相顧蹲三鼓復位開手立四鼓合手正揖五鼓舉左手收左揖六鼓舉右手收右揖七鼓兩兩相向交籥正蹲八鼓復位正揖九鼓稍前開手立十鼓退後俛伏十一鼓稍前開手立十二鼓推左手收十三鼓推右手收十四鼓三叩頭拜舞十五鼓躬身受終聽三鼓止　皇地祇酌獻大呂宮一成始聽三鼓一鼓稍前開手立二鼓合手退後三鼓相顧蹲三鼓畢間聲作一鼓稍前舞蹈相向立二鼓復位正揖三鼓舉左手收左揖四鼓舉右手收右揖五鼓高呈手六鼓兩兩相向交籥正蹲七鼓復位俛伏八鼓舞蹈相向立九鼓復位躬身十鼓交籥正蹲十一鼓兩兩相向開手正蹲十二鼓伏興仰視十三鼓舞蹈相向立十四鼓三叩頭拜舞十五鼓躬身受終聽三鼓止　太祖位酌獻黃鐘宮一成始聽三鼓一鼓稍前開手立二鼓合手退後三鼓相顧蹲三鼓畢間聲作一鼓稍前舞蹈二鼓復位正揖三鼓舉左手收左揖四鼓舉右手收右揖五鼓高呈手六鼓兩兩相向交籥正蹲七鼓復位俛伏八鼓舞蹈相

向立九鼓復位躬身十鼓交籥正蹲十一鼓兩兩相向開手正蹲十二鼓伏與仰視十三鼓合手正揖十四鼓叩頭拜舞十五鼓躬身受終聽三鼓止 亞獻酌獻武舞定功之舞 黃鐘宮一成始聽三鼓一鼓稍前開手立二鼓合手退後按腰立三鼓相顧蹲三鼓畢間聲作一鼓稍前左右揚干戚二鼓退後相顧蹲三鼓舉左手收四鼓舉右手收五鼓左右揚干戚相向立六鼓復位相顧蹲七鼓呈干戚八鼓復位按腰立九鼓刺干戚十鼓復位推左手收十一鼓推右手收十二鼓稍前開手立十三鼓左右揚干戚十四鼓復位按腰相顧蹲十五鼓躬身受終聽三鼓止 終獻武舞黃鐘宮一成始聽三鼓一鼓稍前開手立二鼓合手退後按腰立三鼓相顧蹲三鼓畢間聲作一鼓稍前左右揚干戚二鼓退後高呈手三鼓復位相顧蹲四鼓左右揚干戚相向立五鼓復位舉左手收六鼓舉右手收七鼓面向西開手正蹲八鼓呈干戚九鼓復位按腰立十鼓刺干戚十一鼓兩兩相向立十二鼓復位左右揚干戚十三鼓退後相顧蹲十四鼓三叩頭拜舞十五鼓躬身受終聽三鼓止

宗廟樂舞

世祖至元三年八室時享文舞武定文綏之舞降神來成之曲九成黃鍾宮三成始聽三鼓一鼓稍前開手立二鼓退後合手三鼓相顧蹲三鼓畢間聲作一鼓稍前舞蹈次合手而立二鼓正面高呈手住三鼓退後收手蹲四鼓正面躬身與身立五鼓推左手右相顧左揖六鼓皆推右手左相顧右揖七鼓稍前正面開手立八鼓舉左手右相顧左揖九鼓舉右手左相顧右揖十鼓稍退後俛身而立十一鼓稍前開手立十二鼓合手退後相顧蹲十三鼓稍進前舞蹈十四鼓退後合手相顧蹲十五鼓正面躬身受終聽三鼓止大呂角二成始聽三鼓一鼓稍前開手立二鼓退後合手三鼓相顧蹲三鼓畢間聲作一鼓稍進前舞蹈合手立二鼓舉左手住收右足三鼓舉右手住收左足四鼓兩兩相向而立五鼓稍前高呈手住六鼓舞蹈退後立七鼓稍前開手立八鼓合手退後蹲九鼓正面歸佾立十鼓推左手收右足推右手收左足十一鼓舉左手收右足舉右手收左足十二鼓稍進前正面仰視十三鼓稍退後相顧蹲十四鼓合手俛身立

十五鼓正面躬身受終聽三鼓止 太簇徵二成始聽三鼓一鼓稍前開手立二
鼓退後合手三鼓相顧蹲三鼓畢間聲作一鼓稍進前舞蹈次合手立二鼓俛
身而正面揖三鼓稍進前高呈手立四鼓收手正面蹲五鼓舉左手住收右足
六鼓舉右手收左足收手七鼓兩兩相向而立八鼓稍前高仰視九鼓稍退收
手蹲十鼓舉左手住而蹲十一鼓舉右手收手而蹲十二鼓正面歸佾舞蹈十
三鼓俛身正揖十四鼓交籥翟相顧蹲十五鼓正面躬身受終聽三鼓止 應鐘
羽二成始聽三鼓一鼓稍前開手立二鼓退後合手三鼓相顧蹲三鼓畢間聲
作一鼓稍進前舞蹈次合手立二鼓兩兩相向立三鼓舉左手收右足左揖四
鼓舉右手收左足右揖五鼓歸佾正面立六鼓稍進前高呈手住七鼓收手稍
退相顧蹲八鼓兩兩相向立九鼓稍前開手蹲十鼓退後合手對揖十一鼓正
面歸佾立十二鼓稍進前舞蹈次合手立十三鼓垂左手而右足應十四鼓垂
右手而左足應十五鼓正面躬身受終聽三鼓止 烈祖第一室文舞開成之曲
無射宮一成始聽三鼓一鼓稍前開手立二鼓稍退合手三鼓相顧蹲三鼓畢

間聲作一皷稍進前舞蹈合手立二皷稍退俛身開手立三皷垂左手住收右足四皷垂右手收左足五皷左側身相顧左揖六皷右側身相顧右揖七皷正面躬身與身立八皷兩兩相向合手立九皷相顧高呈手住十皷收手舞蹈十一皷舞左而收手立十二皷舞右而收手立十三皷揚左手相顧蹲十四皷揚右手相顧蹲十五皷稍前正面躬身受終聽三皷止太祖第二室文舞武成之曲無射宮一成始聽三皷一皷稍前開手立二皷退後合手三皷相顧蹲三皷畢間聲作一皷稍前舞蹈次合手立二皷正面高呈手住三皷兩兩相向而對揖四皷正面歸佾舞蹈次合手立五皷稍前開手蹲收手立六皷稍退合手蹲收手立七皷舉左手而左揖八皷舉右手而右揖九皷推左手住而正蹲十皷推右手正蹲十一皷開手執籥翟正面俯視十二皷垂左手收右足十三皷垂右手收左足十四皷稍前正面仰視而立十五皷稍前正面躬身受終聽三皷止太宗第三室文舞文成之曲無射宮一成始聽三皷一皷稍前開手立二皷退後合手三皷相顧蹲三皷畢間聲作一皷稍進前舞蹈二皷兩相向而高呈

手立三皷稍前開手立相顧蹲四皷退後合手立相顧蹲五皷垂左手而右足應六皷垂右手而左足應七皷揖左手住左揖八皷推右手住右揖九皷稍前仰視正揖十皷舉左手住收右足十一皷舉右手住收左足十二皷稍前舞蹈十三皷稍前開手而相顧立十四皷退後合手立十五皷稍前正面躬身受終聽三皷止

皇伯考朮赤第四室文舞弼成之曲無射宮一成始聽三皷一皷稍前開手立二皷退後合手三皷相顧蹲三皷畢間聲作一皷稍進前舞蹈二皷合手俛身相顧蹲三皷正面高呈手住四皷稍前舞蹈次合手立五皷垂左手右相顧收手立六皷垂右手左相顧收手立七皷稍前高仰視收手正面立八皷再退高執籥翟相顧蹲九皷舞蹈次合手而立十皷舉左手住收右足十一皷舉右手住收左足十二皷稍前開手立收手蹲十三皷稍前退後合手立十四皷俛身合手而立十五皷稍前正面躬身受終聽三皷止

皇伯考察合帶第五室文舞協成之曲無射宮一成始聽三皷一皷稍前開手立二皷退後合手三皷相顧蹲三皷畢間聲作一皷稍進前舞蹈次合手立二皷開手相顧蹲三

皷合手相顧蹲四皷稍前高呈手住五皷舉左手右相顧左揖六皷舉右手左相顧右揖七皷推左手住收右足八皷推右手住收左足九皷稍前舞蹈次合手立十皷開手正蹲收合手立十一皷稍前正面仰視立十二皷交籥翟相顧蹲十三皷各盡舉左手而住十四皷各盡舉右手收手立十五皷稍前正面躬身受終聽三皷止　睿宗第六室文舞明成之曲無射宮一成始聽三皷一皷稍前開手立二皷退後合手三皷相顧蹲三皷畢間聲作一皷稍前舞蹈二皷稍前開手立三皷退後合手立四皷垂左手相顧蹲五皷垂右手相顧蹲六皷稍前正面仰視立七皷舞左手住收右足收手八皷舞右手住收左足收手九皷兩相向合手而立十皷推左手推右手十一皷皆舉左右手十二皷正面高呈手立十三皷退後合手俛身十四皷開手高呈籥翟相顧蹲十五皷正面稍前躬身受終聽三皷止　定宗第七室文舞熙成之曲無射宮一成始聽三皷一皷稍前開手立二皷退後合手三皷相顧蹲三皷畢間聲作一皷稍前舞蹈二皷兩相向高呈手立三皷垂左手而右足應四皷垂右手而左足應五皷稍前開

手立相顧蹲六鼓退後合手立相顧蹲七鼓舉左手住收右足八鼓舉右手住
收左足九鼓推左手左揖十鼓推右手右揖十一鼓稍前舞蹈十二鼓退後正
揖十三鼓稍前開手相顧立十四鼓退後合手立十五鼓稍前正面躬身受終
聽三鼓止

憲宗第八室文舞威成之曲無射宮一成始聽三鼓一鼓稍前開手
二鼓退後合手三鼓相顧蹲三鼓畢間聲作一鼓進前舞蹈次合手立二鼓高
呈手住三鼓舉左手右顧四鼓舉右手左顧五鼓推左手右揖六鼓推右手左
揖七鼓兩相向交籥翟立八鼓正面歸佾合手立九鼓稍前舞蹈收手立十鼓
退後正揖十一鼓俛身正面揖十二鼓高仰視十三鼓垂左手十四鼓垂右手
十五鼓正面躬身受終聽三鼓止

亞獻武舞內平外成之舞順成之曲無射宮一成始
聽三鼓一鼓側身開手二鼓合手三鼓相顧蹲三鼓畢間聲作一鼓皆稍進前
舞蹈次按腰立二鼓按腰相顧蹲三鼓左右揚干戚收手按腰右以象滅王罕
四鼓稍退舞蹈按腰立五鼓兩兩相向按腰立六鼓歸佾開手蹲七鼓面西收
手按腰立八鼓側身擊干戚收立右以象破西夏九鼓正面歸佾躬身次與身

立十鼓稍進前舞蹈次按腰立十一鼓左右推手次按腰立十二鼓跪左膝疊手呈干戚住右以象克金國十三鼓收手按腰與身立十四鼓兩相向而相顧蹲十五鼓正面躬身受終聽三鼓止

終獻武舞順成之曲無射宮一成始聽三鼓一鼓側身開手立二鼓合手按腰三鼓相顧蹲三鼓畢間聲作一鼓稍進前舞蹈次按腰立二鼓開手正面蹲收手按腰三鼓面西舞蹈次按腰立四鼓面南左右揚干戚收手按腰五鼓側身擊干戚收手按腰立右以象收西域定河南六鼓兩兩相向立七鼓歸佾正面開手蹲收手按腰八鼓東西相向躬身受右以象收西蜀平南詔九鼓歸佾舞蹈退後次按腰立十鼓推左右手躬身次與身立十一鼓進前舞蹈次按腰立右以象臣高麗服交趾十二鼓兩兩相向按腰蹲十三鼓歸佾左右揚手按腰立十四鼓正面開手俯視十五鼓收手按腰躬身受終聽三鼓止

泰定十室樂舞

迎神文舞思成之曲黃鐘宮三成始聽三鼓一鼓稍前開手立二鼓合手退後

三鼓相顧蹲三鼓畢間聲作一鼓稍前舞蹈二鼓高呈手三鼓舉左手收左揖四鼓舉右手收右揖五鼓退後相顧蹲六鼓兩兩相向立七鼓復位俛伏八鼓舉左手開手正蹲九鼓舉右手開手正蹲十鼓稍前開手立十一鼓合手退後躬身十二鼓伏興仰視十三鼓舞蹈相向立十四鼓復位交籥正蹲十五鼓躬身受終聽三鼓止

大呂角二成始聽三鼓一鼓稍前舞蹈二鼓合手退後三鼓相顧蹲三鼓畢間聲作一鼓稍前舞蹈二鼓舉左手收左揖三鼓舉右手收右揖四鼓高呈手五鼓兩兩相顧蹲六鼓稍前開手立七鼓復位正揖八鼓兩兩相向交籥正蹲九鼓復位正揖十鼓舉左手收左揖十一鼓舉右手收右揖十二鼓伏興仰視十三鼓舞蹈相向立十四鼓復位立十五鼓躬身受終聽三鼓止

太簇徵二成始聽三鼓一鼓稍前開手立二鼓合手退後三鼓相顧蹲三鼓畢間聲作一鼓稍前舞蹈二鼓復位躬身三鼓高呈手四鼓兩兩相向交籥正蹲五鼓復位立六鼓舞蹈相向立七鼓舉左手收左揖八鼓舉右手收右揖九鼓稍前舞蹈十鼓退後俛伏十一鼓稍前開手立十二鼓推左手收十三鼓推

右手收十四鼓三叩頭拜舞十五鼓躬身受終聽三鼓止應鐘羽二成始聽三鼓一鼓稍前開手立二鼓合手退後三鼓相顧蹲三鼓畢間聲作一鼓稍前舞蹈二鼓復位正揖三鼓高呈手四鼓稍前開手立五鼓退後躬身六鼓推左手收七鼓推右手收八鼓舞蹈相向立九鼓復位躬身十鼓交籥正蹲十一鼓兩兩相向開手正蹲十二鼓舉左手收左揖十三鼓舉右手收右揖十四鼓三叩頭拜舞十五鼓躬身受終聽三鼓止初獻酌獻太祖第一室文舞開成之曲無射宮一成始聽三鼓一鼓稍前開手立二鼓合手退三鼓相顧蹲三鼓畢間聲作一鼓稍前舞蹈相向立二鼓復位正揖三鼓推左手收四鼓推右手收五鼓三叩頭拜舞六鼓兩兩相向交籥正蹲七鼓復位立八鼓稍前舞蹈九鼓復位俛伏十鼓高呈手正揖十一鼓兩兩相向蹲十二鼓復位開手立十三鼓合手正揖十四鼓伏與仰視十五鼓躬身受終聽三鼓止睿宗第二室文舞武成之曲無射宮一成始聽三鼓一鼓稍前開手立二鼓合手退後三鼓相顧蹲三鼓畢間聲作一鼓稍前舞蹈二鼓復位正揖三鼓高呈手四鼓稍前開手立五鼓

退後躬身六鼓舉左手收左揖七鼓舉右手收右揖八鼓舞蹈相向立九鼓復
位立十鼓推左手收十一鼓推右手收十二鼓伏興仰視十三鼓兩兩相向蹲
十四鼓復位交籥正蹲十五鼓躬身受終聽三鼓止 世祖第三室文舞混成之
曲無射宮一成始聽三鼓一鼓稍前開手立二鼓合手退後三鼓相顧蹲三鼓
畢間聲作一鼓稍前舞蹈二鼓高呈手三鼓交籥正蹲四鼓兩兩相向開手正
蹲五鼓伏興仰視六鼓舉左手收左揖七鼓舉右手收右揖八鼓退後躬身九
鼓稍前開手立十鼓舉左手收左揖十一鼓舉右手收右揖十二鼓高呈手正
揖十三鼓舞蹈相顧蹲十四鼓三叩頭拜舞十五鼓躬身受終聽三鼓止 裕宗
第四室文舞昭成之曲無射宮一成始聽三鼓一鼓稍前開手立二鼓合手退
後三鼓相顧蹲三鼓畢間聲作一鼓稍前舞蹈二鼓退後高呈手三鼓舉左手
收左揖四鼓舉右手收右揖五鼓稍前開手立六鼓退後躬身七鼓兩兩相向
交籥正蹲八鼓伏興仰視九鼓推左手收左揖十鼓推右手收右揖十一鼓稍
前舞蹈十二鼓退後相顧蹲十三鼓高呈手十四鼓三叩頭拜舞十五鼓躬身

受終聽三鼓止　顯宗第五室文舞德成之曲無射宮一成始聽三鼓一鼓稍前開手立二鼓合手退後三鼓相顧蹲三鼓畢閒聲作一鼓稍前舞蹈相向立二鼓復位正揖三鼓舉左手收四鼓舉右手收五鼓伏與仰視六鼓兩兩相向立七鼓復位交籥正蹲八鼓退後躬身九鼓稍前開手立十鼓舉左手收左揖十一鼓舉右手收右揖十二鼓高呈手十三鼓復位正蹲十四鼓三叩頭拜舞十五鼓躬身受終聽三鼓止　順宗第六室文舞慶成之曲無射宮一成始聽三鼓一鼓稍前開手立二鼓合手退後三鼓相顧蹲三鼓畢閒聲作一鼓稍前舞蹈二鼓復位相顧蹲三鼓稍前開手立四鼓合手正揖五鼓舉左手收左揖六鼓舉右手收右揖七鼓兩兩相向交籥正蹲八鼓復位立九鼓稍前開手立十鼓伏與仰視十一鼓舉左手收相顧蹲十二鼓舉右手收相顧蹲十三鼓高呈手正揖十四鼓三叩頭拜舞十五鼓躬身受終聽三鼓止　成宗第七室文舞守成之曲無射宮一成始聽三鼓一鼓稍前開手立二鼓合手退後三鼓相顧蹲三鼓畢閒聲作一鼓稍前舞蹈二鼓退後躬身三鼓舉左手收左揖四鼓舉右手

收右揖五皷伏興仰視六皷兩兩相向交籥正蹲七皷復位正揖八皷高呈手九皷舉左手收左揖十皷舉右手收右揖十一皷開手立十二皷合手正揖十三皷稍前舞蹈十四皷三叩頭拜舞十五皷躬身受終聽三皷止 武宗第八室文舞威成之曲無射宮一成始聽三皷一皷稍前開手立二皷合手退後三皷相顧蹲三皷畢間聲作一皷稍前舞蹈二皷復位正揖三皷高呈手四皷稍前開手立五皷退後躬身六皷舉左手收左揖七皷舉右手收右揖八皷舞蹈相向立九皷復位立十皷舉左手收左揖十一皷舉右手收右揖十二皷伏興仰視十三皷兩兩相向立十四皷復位交籥正蹲十五皷躬身受終聽三皷止 仁宗第九室文舞歆成之曲無射宮一成始聽三皷一皷稍前開手立二皷合手退後三皷相顧蹲三皷畢間聲作一皷稍前舞蹈相向立二皷復位正揖三皷高呈手四皷推左手收五皷推右手收六皷稍前開手立七皷退後躬身八皷兩兩相向立九皷復位交籥正蹲十皷舉左手收左揖十一皷舉右手收右揖十二皷稍前舞蹈十三皷復位正揖十四皷伏興仰視十五皷躬身受終聽三

皷止　英宗第十室文舞獻成之曲無射宮一成始聽三皷一皷稍前開手立二皷合手退後三皷相顧蹲三皷畢間聲作一皷稍前舞蹈相向立二皷舉左手收左揖三皷舉右手收右揖四皷高呈手五皷伏興仰視六皷兩兩相向蹲七皷退後俛伏八皷復位交籥正蹲九皷稍前開手立十皷復位躬身十一皷稍前舞蹈十二皷復位正揖十三皷舞蹈兩兩相向立十四皷三叩頭拜舞十五皷躬身受終聽三皷止　亞獻武舞肅寧之曲無射宮一成始聽三皷一皷稍前開手立二皷合手退後按腰立三皷相顧蹲三皷畢間聲作一皷稍前左右揚干戚二皷退後相顧蹲三皷高呈手四皷左右揚干戚五皷呈干戚六皷復位按腰立七皷刺干戚八皷兩兩相向開手正蹲九皷復位舉左手收十皷舉右手收十一皷稍前開手立十二皷退後按腰立十三皷左右揚干戚相向立十四皷復位按腰相顧蹲十五皷躬身受終聽三皷止　終獻武舞肅寧之曲無射宮一成始聽三皷一皷稍前開手立二皷合手退後按腰立三皷相顧蹲三皷畢間聲作一皷稍前左右揚干戚二皷退後高呈手三皷舉左手收四皷舉右

手收五皷面向西開手正蹲六皷復位左右揚干戚七皷躬身受八皷呈干戚九皷復位按腰立十皷刺干戚十一皷兩兩相向立十二皷復位按腰立十三皷退後相顧蹲十四皷三叩頭拜舞十五皷躬身受終聽三皷止天曆三年新製樂舞明宗酌獻武舞永成之曲無射宮一成始聽三皷一皷合手稍前開手立二皷退後立三皷相顧蹲三皷畢間聲作一皷向前舞蹈相向立二皷復位三叩頭拜舞三皷兩兩開手正蹲四皷復位俛伏五皷交籥正蹲六皷伏與仰視七皷躬身八皷稍前開手立九皷復位正揖高呈手十皷舉左手收左揖十一皷舉右手收右揖十二皷正揖十三皷兩兩交籥相揖十四皷復位十五皷躬身受終聽三皷止

元史卷七十

元史卷七十一

明翰林學士亞中大夫知制誥兼修國史宋　濂等修

禮樂志第二十二

禮樂五

樂服

樂正副四人舒脚幞頭紫羅公服烏角帶木笏皂鞾

照燭二人服同前無笏

樂師二人服緋冠笏同前

運譜二人服綠冠笏同前

舞師二人舒脚幞頭黃羅繡抹額紫服金銅荔枝帶皂鞾各執仗仗牙仗也

執旌二人平冕前後各九旒五就青生色鸞袍黃綾帶黃絹袴白絹襪赤革履

平冕鸞袍皆倣金制惟冕之旒數不同詳見後至元二年博士議

執纛二人青羅巾餘同執旌

樂工介幘冠緋羅生色鸞袍黃綾帶皂鞾冠以皮爲之黑油如熊耳亦金制也

歌工服同樂工

執麾服同上惟加平巾幘狀若籠金幘以革爲之

舞人青羅生色義花鸞袍緣以皂綾平冕冠冠前後有旒青白硝石珠相間

執器二十人服同樂工緑油母追冠革爲之一名武弁加紅抹額

至元二年閏五月大樂署言堂上下樂舞官員及樂工合用衣服冠冕鞾履等物乞行製造太常寺下博士議定樂正副四人樂師二人照燭二人運譜二人皆服紫羅公服皂紗幞頭舒脚紅鞓角帶木笏皂鞾引舞色長四人紫羅公服皂紗幞頭展脚黃羅繡南花抹額金銅帶皂鞾樂工二百四十有六人緋繡義花鸞袍縣黃插口介幘冠紫羅帶全黃羅抹帶黃絹夾袴白綾襪朱履金太常寺掌故張珍所著疊代世範載金制舞人服黑衫皆四襖有黃插口左右垂之黃綾抹帶其衫以紬爲之胸背二荅兩肩二荅前後各一荅皆綵色繡二鸞盤飛之狀綴之於衫冠以平冕亦有天板口圈天門納言以紫絹標背銅裹邊圈前後各五旒以青白硝石珠相間大備集所載二舞人皂繡義花鸞衫縣紫插口黃綾抹帶朱履平冕其冠有口圈亦有天門納言繫帶口圈高一尺許天板長二尺闊一尺前微高後低裏外紫絹糊銅

楞道粧釘無旒執器二十人緋繡義花鸞袍縣黃插口綠油革冠黃羅抹帶黃絹夾袴白綾襪朱履旌纛四人青繡義花鸞袍縣紫插口平冕冠二青包巾二黃羅抹帶黃絹夾袴白綾襪朱履七月中書吏部再準太常博士議定行下所司製造三年九月服成緋鸞袍二百六十有七青鸞袍一百三十二黃絹袴一百五十二紫羅公服一十四黃綾帶三百九十七介幘冠二百四十有四平冕冠百三十簪全木笏十有六幞頭十有四平巾幘二綠油革冠二十葯枝銅帶四角帶十皂鞾二百六十對朱履百五十對

宣聖廟樂工黑漆冠三十五綠羅生色胸背花袍三十五皂鞾三十五對黃絹囊三十五黃絹夾袱三十五

大樂職掌

大樂署令一人丞一人掌郊社宗廟之樂凡樂郊社宗廟則用宮縣工二百六十有一人社稷則用登歌工五十有一人二樂用工三百一十有二人代事故者五十人前祭之月召工習樂及舞祀前一日宿縣於庭中東方西方設

十二鎛鐘各依辰位編鐘處其左編磬處其右黃鐘之鐘起子位在通街之西蕤賓之鐘居午位在通街之東每辰三簴謂之一肆十有二辰凡三十六簴樹建鞞應於四隅左柷右敔設縣中之北歌工次之（三十二人重行相向而坐）巢笙次之簫次之竽次之籥次之篪次之塤次之長笛又次之夾街之左右瑟翼柷敔之東西在前行路鼓路鼗次之（郊祀則雷鼓雷鼗）閏餘匏在簫之東七星匏在西九曜匏次之一絃琴列路鼓之東西（東一西二）三絃五絃七絃九絃次之晉鼓一處縣中之東南以節樂（一絃琴三五絃以下皆六凡坐者高以杌地以氈）立四表於橫街之南少東設舞位於縣北文郎左執籥右秉翟武郎左執干右執戚皆六十有四人享日與工人先入就位舞師二人執纛二人引文舞分立於表南武舞及執器者俟立於宮縣之左右器鼗二雙鐸二單鐸二鐃二錞二（二錞用六人）鉦二相鼓二雅鼓二凡二十人文武退舞師二人執旌二人引武舞進立其處文舞還立於縣側又設登歌樂於殿之前楹（殿陛之旁設樂床一樂工列於上）搏拊二歌工六柷一敔一在門內相向而坐鐘一簴在前楹之東一絃三絃五絃七絃九絃琴五

次之瑟二在其東笛一簫一篪一在琴之南巢笙和笙各二次之塤一在笛之南閏餘匏排簫各一次之皆西上磬一簴在前楹之西一絃三絃五絃七絃九絃琴五次之塤一在笛之南七星匏九曜匏排簫各一次之皆東上凡宗廟之樂九成舞九變黃鐘之宮三成三變大呂之角二成二變太簇之徵二成二變應鐘之羽二成二變圜丘之樂六成舞六變夾鐘之宮三成三變黃鐘之角一成一變太簇之徵一成一變姑洗之羽一成一變社稷之樂八成林鐘之宮二成太簇之角二成姑洗之徵二成南呂之羽二成凡有事于宗廟大樂令位于殿楹之東西向丞位於縣北通街之東西向以肅樂舞

協律郎二人掌和律呂以合陰陽之聲陽律六黃鐘子太簇寅姑洗辰蕤賓午夷則申無射戌陰呂六大呂丑夾鐘卯仲呂巳林鐘未南呂酉應鐘亥文之以宮商角徵羽變宮變徵播之以金石絲竹匏土革木凡律管之數九九相乘八十一以爲宮三分去一五十四以爲徵三分益一七十二以爲商三分去一四十八以爲羽三分益一六十四以爲角如黃鐘爲宮則林鐘爲徵

太簇爲商南呂爲羽姑洗爲角應鐘爲變宮蕤賓爲變徵是爲七聲十二律還相爲宮爲八十四調凡大祭祀皆法服一人立於殿楹之西東向一人立於縣北通街之西東向以節樂（堂上者主登歌堂下者主宮縣）凡樂作則跪俛伏舉麾以與工鼓柷以奏樂止則偃麾工戛敔而樂止（今執麾者代執之協律郎特拜而已）

樂正二人副二人掌肄樂舞展樂器正樂位凡祭二人立於殿內二人立於縣閒以節樂殿內者視獻者奠獻用樂作止之節以笏示照燭照燭舉偃以示堂下若作登歌則以笏示柷敔而已縣閒者視堂上照燭及引初獻照燭動亦以笏示柷敔

樂師一人運譜一人掌以樂教工人凡祭立於縣閒皆北上相向而立

舞師四人皆執梃（梃牙仗也）執纛二人執旌二人祭則前舉以爲舞容舞人從南表向第一表爲一成則一變從第二至第三爲二成從第三至北第四表爲三成舞人各轉身南向於北表之北還從第一至第二爲四成從第二至第三爲五成從第三至南第一表爲六成若八變者更從南北向第二爲七成又

從第二至第三爲八成若九變者又從第三至北第一爲九變

執麾一人從協律郎以麾舉偃而節樂

照燭二人掌執籠燭而節樂凡樂作止皆舉偃其籠燭一人立於堂上門東視殿內獻官禮節麾燭以示縣間一人立於堂下縣間俟三獻入導初獻至位立於其左（初獻行皆前導亞終則否）凡殿下禮節則麾其燭以示上下初獻詣盥洗位乃偃其燭止亦如之俟初獻動爲節宮縣樂作詣盥洗位洗拭瓚訖樂止詣階登歌樂作升自東階至殿門樂止乃立於陛側以俟晨祼訖初獻出殿登歌樂作至版位樂止司徒迎饌至橫街轉身北向宮縣樂作司徒奉俎至各室遍奠訖樂止酌獻初獻詣盥洗位宮縣樂作詣爵洗位洗拭爵訖樂止出笏登歌樂作升自東階至殿門樂止初獻至酒尊所酌訖宮縣樂作詣神位前祭酒訖拜興讀祝樂止讀訖樂作再拜訖樂止次詣每室作止如初每室各奏本室樂曲俱獻畢還至殿門登歌樂作降自東階至版位樂止文舞退武舞進宮縣樂作舞者立定樂止亞獻行禮無節步之樂至酒尊所酌酒訖出

笏宮縣樂作詣神位前奠獻畢樂止次詣每室作止如初俱畢還至版位皆無樂終獻樂作同亞獻助奠以下升殿奠馬湩至神位蒙古巫祝致詞訖宮縣樂作同司徒進饌之曲禮畢樂止出殿登歌樂作各復位樂止太祝徹籩豆登歌樂作卒徹樂止奉禮贊拜衆官皆再拜訖送神宮縣樂作一成而止

宴樂之器

興隆笙制以楠木形如夾屏上銳而面平縷金雕鏤枇杷寶相孔雀竹木雲氣兩旁側立花板居背三之一中爲虛櫃如笙之匏上豎紫竹管九十管端實以木蓮苞櫃外出小橛十五上豎小管管端實以銅杏葉下有座獅象遶之座上櫃前立花板一雕鏤如背板閒出二皮風口用則設朱漆小架于座前繫風囊於風口囊面如琵琶朱漆雜花有柄一人按小管一人鼓風囊則簧自隨調而鳴中統閒回回國所進以竹爲簧有聲而無律玉宸樂院判官鄭秀乃考音律分定清濁增改如今制其在殿上者盾頭兩旁立刻木孔雀二飾以真孔雀羽中設機每奏工三人一人鼓風囊一人按律一人運動其機則孔雀飛舞應節

殿庭笙十延祐間增製不用孔雀

琵琶制以木曲首長頸四軫頸有品闊面四絃面飾雜花

箏如瑟兩頭微垂有柱十三絃

火不思制如琵琶直頸無品有小槽圓腹如半瓶榼以皮爲面四絃皮絣同一孤柱

胡琴制如火不思卷頸龍首二絃用弓捩之弓之絃以馬尾

方響制以鐵十六枚懸于磬簴小角槌二廷中設下施小交足几黃羅銷金衣

龍笛制如笛七孔橫吹之管首制龍頭銜同心結帶

頭管制以竹爲管卷蘆葉爲首竅七

笙制以匏爲底列管于上管十三簧如之

箜篌制以木闊腹腹下施橫木而加軫二十四柱頭及首並加鳳喙

雲璈制以銅爲小鑼十三同一木架下有長柄左手持而右手以小槌擊之

簫制如笛五孔

戲竹制如籈長二尺餘上繫流蘇香囊執而偃之以止樂

鼓制以木爲匡冒以革朱漆雜花面繪復身龍長竿二廷中設則有大木架又有擊撾高座

杖鼓制以木爲匡細腰以皮冒之上施五綵繡帶右擊以杖左拍以手

札鼓制如杖鼓而小左持而右擊之

和鼓制如大鼓而小左持而右擊之

纂制如箏而七絃有柱用竹軋之

羌笛制如笛而長三孔

拍板制以木爲板以繩聯之

水盞制以銅凡十有二擊以鐵箸

樂隊

樂音王隊元旦用之 引隊大樂禮官二員冠展角幞頭紫袍塗金帶執笏次執戲竹二人同前服次樂工八人冠花幞頭紫窄衫銅束帶龍笛三杖鼓三金鞚小鼓

一板一奏萬年歡之曲從東階升至御前以次而西折繞而南北向立後隊進皆倣此次二隊婦女十人冠展角幞頭紫袍隨樂聲進至御前分左右相向立次婦女一人冠唐帽黃袍進北向立定樂止念致語畢樂作奏長春柳之曲次三隊男子三人戴紅髮青面具雜綵衣次一人冠唐帽綠襴袍角帶舞蹈而進立於前隊之右次四隊男子一人戴孔雀明王像面具披金甲執叉從者二人戴毗沙神像面具紅袍執斧次五隊男子五人冠五梁冠戴龍王面具繡氅執圭與前隊同進北向立次六隊男子五人爲飛天夜叉之像舞蹈以進次七隊樂工八人冠霸王冠青面具錦繡衣龍笛三觱栗三杖鼓二與前大樂合奏吉利牙之曲次八隊婦女二十人冠廣翠冠銷金綠衣執牡丹花舞唱前曲與樂聲相和進至御前北向列爲九重重四人曲終再起與後隊相和次九隊婦女二十人冠金梳翠花鈿繡衣執花鞚稍子鼓舞唱前曲與前隊相和次十隊婦女八人花髻服銷金桃紅衣搖日月金鞚稍子鼓舞唱同前次男子五人作五方菩薩梵像搖日月鼓次一人作樂音王菩薩梵像執花鞚稍子鼓齊聲舞前曲一闋

樂止次婦女三人歌新水令沽美酒太平令之曲終念口號畢舞唱相和以次而出

壽星隊天壽節用之引隊禮官樂工大樂冠服並同樂音王隊次二隊婦女十人冠唐巾服銷金紫衣銅束帶次婦女一人冠平天冠服繡鶴氅方心曲領執圭以次進至御前立定樂止念致語畢樂作奏長春柳之曲次三隊男子三人冠服舞蹈並同樂音王隊次四隊男子一人冠金漆弁冠服緋袍塗金帶執笏從者二人錦帽繡衣執金字福祿牌次五隊男子一人冠捲雲冠青面具綠袍塗金帶分執梅竹松椿石同前隊而進北向立次六隊男子五人爲烏鴉之像作飛舞之態進立於前隊之左樂止次七隊樂工十有二人冠雲頭冠銷金緋袍白裙龍笛三觱栗三札鼓三和鼓一板一與前大樂合奏山荊子帶袄神急之曲次八隊婦女二十人冠鳳翹冠翠花鈿服寬袖衣加雲肩霞綬玉佩各執寶蓋舞唱前曲次九隊婦女三十人冠玉女冠翠花鈿服黃銷金寬袖衣加雲肩霞綬玉佩各執櫻毛日月扇舞唱前曲與前隊相和次十隊婦女八人服雜綵衣

被槲葉魚皷簡子次男子八人冠束髮冠金掩心甲銷金緋袍執戟次爲龜鶴之像各一次男子五人冠黑紗帽服繡鶴氅朱履策龍頭藜杖齊舞唱前曲一闋樂止次婦女三人歌新水令沽美酒太平令之曲終念口號畢舞唱相和以次而出

禮樂隊（朝會用之）引隊禮官樂工大樂冠服並同樂音王隊次二隊婦女十人冠黑漆弁冠服青素袍方心曲領白裙束帶執圭次婦女一人冠九龍冠服繡紅袍玉束帶進至御前立定樂止念致語畢樂作奏長春柳之曲次三隊男子三人冠服舞蹈同樂音王隊次四隊男子三人皆冠捲雲冠服黃袍塗金帶執圭次五隊男子五人皆冠三龍冠服紅袍各執劈正金斧同前隊而進北向立次六隊童子五人三髻素衣各執香花舞蹈而進樂止次七隊樂工八人皆冠束髮冠服錦衣白袍龍笛三觱栗三杖皷二與前大樂合奏新水令水仙子之曲次八隊婦女二十人冠籠巾服紫袍金帶執笏歌新水令之曲與樂聲相和進至御前分爲四行北向立鞠躬拜興舞蹈叩頭山呼就拜再拜畢復趁聲歌水仙

子之曲一闋再歌青山口之曲與後隊相和次九隊婦女二十人冠車髻冠服
銷金藍衣雲肩佩綬執孔雀幢舞唱與前隊相和次十隊婦女八人冠翠花唐
巾服錦繡衣執寶蓋舞唱前曲次男子八人冠鳳翅兜牟披金甲執金戟次男
子一人冠平天冠服繡鶴氅執圭齊舞唱前曲一闋樂止次婦女三人歌新水
令沽美酒太平令之曲終念口號畢舞唱相和以次而出

說法隊引隊禮官樂工大樂冠服並同樂音王隊次二隊婦女十人冠僧伽帽
服紫禪衣皂條次婦女一人服錦袈裟餘如前持數珠進至御前北向立定樂
止念致語畢樂作奏長春柳之曲次三隊男子三人冠服舞蹈並同樂音王隊
次四隊男子一人冠隱士冠服白紗道袍皂條執麈拂從者二人冠黃包巾服
錦繡衣執令字旗次五隊男子五人冠金冠披金甲錦袍執戟同前隊而進北
向立次六隊男子五人爲金翅鵰之像舞蹈而進樂止次七隊樂工十有六人
冠五福冠服錦繡衣龍笛六觱栗六杖鼓四與前大樂合奏金字西番經之曲
次八隊婦女二十人冠珠子菩薩冠服銷金黃衣纓絡佩綬執金浮屠白傘蓋

舞唱前曲與樂聲相和進至御前分爲五重重四人曲終再起與後隊相和次九隊婦女二十人冠金翠菩薩冠服銷金紅衣執寶蓋舞唱與前隊相和次十隊婦女八人冠青螺髻冠服白銷金衣執金蓮花次男子八人披金甲爲八金剛像次一人爲文殊像執如意一人爲普賢像執西番蓮花一人爲如來像齊舞唱前曲一闋樂止次婦女三人歌新水令沽美酒太平令之曲終念口號畢舞唱相和以次而出

凡吉禮郊祀享太廟告謚見祭祀志軍禮見兵志喪禮五服見刑法志水旱賑卹見食貨志內外導從見儀衞志

元史卷七十一

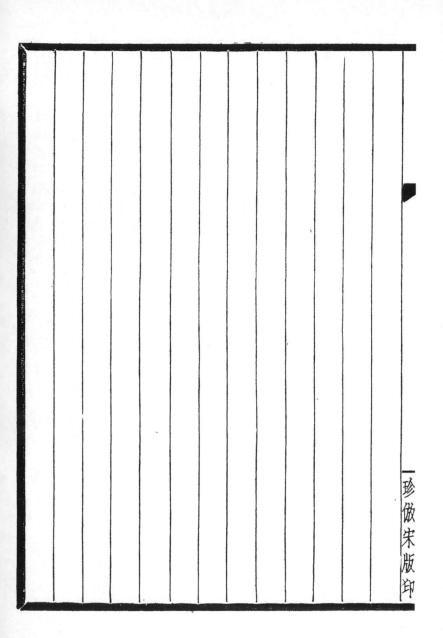

元史卷七十二

明翰林學士亞中大夫知制誥兼修國史宋　濂等修

祭祀志第二十三

祭祀一

禮之有祭祀其來遠矣天子者天地宗廟社稷之主於郊社禘嘗有事守焉以其義存乎報本非有所爲而爲之故其禮貴誠而尚質務在反本循古不忘其初而已漢承秦弊郊廟之制置周禮不用謀議巡守封禪而方士祠官之說興兄弟相繼共爲一代而統緒亂迨其季世乃合南北二郊爲一雖以唐宋盛時亦莫之正蓋未有能反其本而求之者彼籩豆之事有司所職又豈足以盡仁人孝子之心哉元之五禮皆以國俗行之惟祭祀稍稽諸古其郊廟之儀禮官所考日益詳慎而舊禮初未嘗廢豈亦所謂不忘其初者歟然自世祖以來每難於親其事英宗始有意親郊而志弗克遂久之其禮乃成於文宗至大間大臣議立北郊而中輟遂廢不講然武宗親享于廟者三英宗親享五晉王在帝

位四年矣未嘗一廟見文宗以後乃復親享豈以道釋禱祠薦禳之盛竭生民之力以營寺宇者前代所未有有所重則有所輕歟或曰北陲之俗敬天而畏鬼其巫祝每以爲能親見所祭者而知其喜怒故天子非有察于幽明之故禮俗之辨則未能親格豈其然歟自憲宗祭天日月山追崇所生與太祖並配世祖所建太廟皇伯朮赤察合帶皆以家人禮祔于列室既而太宗定宗以世天下之君俱不獲廟享而憲宗亦以不祀則其因襲之弊蓋有非禮官之議所能及者而況乎不禰所受國之君而兄弟共爲一世乃有徵於前代者歟夫郊廟國之大祀也本原之際既已如此則中祀以下雖有闊略無足言者其天子親遣使致祭者三曰社稷曰先農曰宣聖而嶽鎮海瀆使者奉璽書卽其處行事稱代祀其有司常祀者五曰社稷曰宣聖曰三皇曰嶽鎮海瀆曰風師雨師其非通祀者五曰武成王曰古帝王廟曰周公廟曰名山大川忠臣義士之祀曰功臣之祠而大臣家廟不與焉其儀皆禮官所擬而議定于中書日星始祭于司天臺而回回司天臺遂以熒星爲職事五福太乙有壇畤以道流主之皆所

未詳凡祭祀之事其書爲太常集禮而經世大典之禮典篇尤備參以累朝實錄與六條政類序其因革錄其成制作祭祀志

郊祀上

元興朔漠代有拜天之禮衣冠尚質祭器尚純帝后親之宗戚助祭其意幽深玄遠報本反始出於自然而非强爲之也憲宗卽位之二年秋八月八日始以冕服拜天於日月山其十二日又用孔氏子孫元措言合祭昊天后土始大合樂作牌位以太祖睿宗配享歲甲寅會諸王于顆顆腦兒之西丁巳秋駐蹕于軍腦兒皆祭天於其地世祖中統二年親征北方夏四月乙亥躬祀天于舊桓州之西北灑馬湩以爲禮皇族之外無得而與皆如其初十二年十二月以受尊號遣使豫告天地下太常檢討唐宋金舊儀於國陽麗正門東南七里建祭臺設昊天上帝皇地祇位二行一獻禮自後國有大典禮皆卽南郊告謝焉十三年五月以平宋遣使告天地中書下太常議定儀物以聞制若曰其以國禮行事三十一年成宗卽位夏四月壬寅始爲壇于都城南七里甲辰遣司徒兀

都帶率百官爲大行皇帝請謚南郊爲告天請謚之始大德六年春三月庚戌
合祭昊天上帝皇地祇五方帝于南郊遣左丞相哈剌哈孫攝事爲攝祀天地
之始大德九年二月二十四日右丞相哈剌哈孫等言去年地震星變雨澤愆
期歲比不登祈天保民之事有天子親祀者三曰天曰祖宗曰社稷今宗廟社
稷歲時攝官行事祭天國之大事也陛下雖未及親祀宜如宗廟社稷遣官攝
祭歲用冬至儀物有司豫備日期至則以聞制若曰卿言是也其豫備儀物以
待事於是翰林集賢太常禮官皆會中書集議博士疏曰冬至圜丘惟祀昊天
上帝至西漢元始間始合祭天地歷東漢至宋千有餘年分祭合祭迄無定論
集議曰周禮冬至圜丘禮天夏至方丘禮地時既不同禮樂亦異王莽之制何
可法也今當循唐虞三代之典惟祀昊天上帝其方丘祭地之禮續議以聞按
周禮壇壝三成近代增外四成以廣天文從祀之位集議曰依周禮三成之制
然周禮疏云每成一尺不見縱廣之度恐壇上陿隘器物難容擬四成制內減
去一成以合陽奇之數每成高八尺一寸以合乾之九九上成縱廣五丈中成

十丈下成十五丈四陛陛十有二級外設二壝內壝去壇二十五步外壝去內壝五十四步壝各四門壇設於丙巳之地以就陽位按古者親祀冕無旒服大裘而加袞臣下從祀冠服歷代所尙其制不同集議曰依宗廟見用冠服制度按周禮大司樂云凡樂圜鐘爲宮黃鐘爲角太簇爲徵姑洗爲羽雷鼓雷鼗孤竹之管雲和之琴瑟雲門之舞冬至日於地上之圜丘奏之若樂六變則天神皆降可得而禮矣集議曰樂者所以動天地感鬼神必訪求深知音律之人審五聲八音以司肄樂夏四月壬辰中書復集議博士言舊制神位版用木中書議改用蒼玉金字白玉爲座博士曰郊祀尙質合依舊制遂用木主長二尺五寸闊一尺二寸上圓下方丹漆金字木用松柏貯以紅漆匣黃羅帕覆之造畢有司議所以藏議者復謂神主廟則有之今祀於壇對越在上非若他神無所見也所製神主遂不用七月九日博士又言古者祀天器用陶匏席用藁鞂自漢甘泉雍畤之祀以迄後漢晉魏南北二朝隋唐其壇壝玉帛禮器儀仗日益繁縟浸失古者尙質之意宋金多循唐制其壇壝禮器考之於經固未能全合

其儀法具在當時名儒輩出亦未嘗不援經而定也酌古今以行禮亦宜焉今檢討唐宋金親祀攝行儀注幷雅樂節次合從集議太常議曰郊祀之事聖朝自平定金宋以來未暇舉行今欲脩嚴不能一舉而大備然始議之際亦須酌古今之儀垂則後來請從中書會翰林集賢禮官及明禮之士講明去取以聞中書集議曰合行禮儀非草創所能備唐宋皆有攝行之禮除從祀受胙外一切儀注悉依唐制脩之八月十二日太常寺言尊祖配天其禮儀樂章別有常典若俟至日議之恐匆遽有誤於是中書省臣奏曰自古漢人有天下其祖宗皆配天享祭臣等與平章何榮祖議宗廟已依時祭享今郊祀止祭天制曰可是歲南郊配位遂省十一年武宗即位秋七月甲子命御史大夫鐵古迭兒即南郊告謝天地主用柏素質玄書爲即位告謝之始至大二年冬十月乙酉尚書省臣及太常禮官言郊祀者國之大禮今南郊之禮已行而未備北郊之禮尙未舉行今年冬至南郊請以太祖聖武皇帝配享明年夏至北郊以世祖皇帝配帝皆是之十二月甲辰朔尙書太尉右丞相太保左丞相田司徒郝參政

等復奏曰南郊祭天於圜丘大禮已舉其北郊祭皇地祇於方澤幷神州地祇五岳四瀆山林川澤及朝日夕月此有國家所當崇禮者也當聖明御極而弗舉行恐遂廢弛制若曰卿議甚是其即行焉至大三年春正月中書禮部移太常禮儀院下博士擬定北郊從祀朝日夕月禮儀博士李之紹蔣汝礪疏曰按方丘之禮夏以五月商以六月周以夏至其丘在國之北禮神之玉以黃琮牲用黃犢幣用黃繒配以后稷其方壇之制漢去都城四里爲壇四陛唐去宮城北十四里爲方壇八角三成每成高四尺上闊十六步設陛上等陛廣八尺中等陛一丈下等陛廣一丈二尺宋至徽宗始定爲再成歷代制雖不同然無出於三成之式今擬取坤數用六之義去都城北六里於壬地選擇善地於中爲方壇三成四陛外爲三壝仍依古制自外壝之外治四面稍令低下以應澤中之制宮室牆圍器皿色並用黃其再成八角八陛非古制難用其神州地祇以下從祀自漢以來歷代制度不一至唐始因隋制以嶽鎮海瀆山林川澤丘陵墳衍原隰各從其方從祀今盍參酌舉行秋九月太常禮儀院復下博士檢討

合用器物十一月丙申有事于南郊以太祖配五方帝日月星辰從祀仁宗延祐元年夏四月丁亥太常寺臣請立北郊帝謙遜未遑北郊之議遂輟英宗至治二年九月有旨議南郊祀事中書平章買閭御史中丞曹立禮部尚書張埜學士蔡文淵袁桷鄧文原太常禮儀院使王緯田天澤博士劉致等會都堂議一曰年分按前代多三年一祀天子即位已及三年常有旨欽依二曰神位周禮大宗伯以禋祀祀昊天上帝註謂昊天上帝冬至圜丘所祀天皇大帝也又曰蒼璧禮天注云此禮天以冬至謂天皇大帝也在北極謂之北辰又云北辰天皇耀魄寶也又名昊天上帝又名太一帝君以其尊大故有數名今按晉書天文志中宮鉤陳口中一星曰天皇大帝其神耀魄寶周禮所祀天神正言昊天上帝鄭氏以星經推之乃謂即天皇大帝然漢魏以來名號亦復不一漢初曰上帝曰太一曰皇天上帝魏曰皇皇帝天梁曰天皇大帝惟西晉曰昊天上帝與周禮合唐宋以來壇上既設昊天上帝第一等復有天皇大帝其五天帝與太一天一等皆不經見本朝大德九年中書圓議止依周禮祀昊天上帝至

大三年圓議五帝從享依前代通祭三曰配位孝經曰孝莫大於嚴父嚴父莫大於配天又曰郊祀后稷以配天此郊之所以有配也漢唐以下莫不皆然至大三年冬十月三日奉旨十一月冬至合祭南郊太祖皇帝配圓議取旨四曰告配禮器曰魯人將有事於上帝必先有事於頖宮註告后稷也告之者將以配天也告用牛一宋會要於致齋二日宿廟告配凡遣官犧尊豆籩行一獻禮至大三年十一月二十一日質明行事初獻攝太尉同太常禮儀院官赴太廟奏告圓議取旨五曰大裘冕周禮司裘掌爲大裘以共王祀天之服鄭司農云黑羊裘服以祀天示質也弁師掌王之五冕注冕服有六而言五者大裘之冕蓋無旒不聯數也禮記郊特牲曰郊之祭也迎長日之至也祭之日王被袞以象天戴冕璪十有二旒則天數也陸佃曰禮不盛服不充蓋服大裘以袞襲之也謂冬至服大裘被之以袞開元及開寶通禮鑾駕出宮服袞冕至大次質明改服大裘冕而出次宋會要紹興十三年車駕自廟赴青城服通天冠絳紗袍祀日服大裘袞冕圓議用袞冕取旨六曰匏爵郊特牲曰郊之祭也器用陶匏

以象天地之性也注謂陶瓦器匏用酌獻酒開元禮開寶禮皆有匏爵大德九年正配位用匏爵有坫圓議正位用匏配位飲福用玉爵取旨七曰戒誓唐通典引禮經祭前期十日親戒百官及族人太宰總戒羣官唐前祀七日宋會要十日纂要太尉南向司徒亞終獻一品二品從祀北向行事官以次北向禮直官以誓文授之太尉讀令天子親行大禮止令禮直局管勾讀誓文圓議令管勾代太尉讀誓刑部尙書涖之八曰散齋致齋禮經前期十日唐宋金皆七日散齋四日致齋三日國朝親祀太廟七日散齋四日於別殿致齋三日於大明殿圓議依前七日九曰藉神席郊特牲曰莞簟之安而蒲越槀鞂之尙注蒲越槀鞂藉神席也漢舊儀高帝配天紺席祭天用六綵綺席六重成帝卽位丞相衡御史大夫譚以爲天地尙質宜皆勿修詔從焉唐麟德二年詔曰自處以厚奉天以薄改用裀褥上帝以蒼其餘各視其方色宋以褥加席上禮官以爲非禮元豐元年奉旨不設國朝大德九年正位槀鞂配位蒲越冒以青繒至大三年加青綾褥青錦方座圓議合依至大三年於席上設褥各依方位十曰犧牲

郊特牲曰郊特牲而社稷太牢又曰天地之牛角繭栗秦用騮駒漢文帝五帝共一牲武帝三年一祀用太牢光武采元始故事天地共犢隋上帝配帝蒼犢二唐開元用牛宋正位用蒼犢一配位太牢一國朝大德九年蒼犢二羊豕各九至大三年馬純色肥腯一牲正副一鹿一十八野猪一十八羊一十八圓議依舊儀神位配位用犢外仍用馬其餘並依舊日已行典禮十一曰香鼎大祭有三始煙爲歆神始宗廟則焫蕭祼鬯所謂臭陽達於牆屋者也後世焚香蓋本乎此而非禮經之正至大三年用陶瓦香鼎五十神座香鼎香盒案各一圓議依舊儀十二曰割牲周禮司士凡祭祀帥其屬而割牲羞俎豆又諸子大祭祀正六牲之體禮運云腥其俎熟其殽體其犬豕牛羊注云腥其俎謂豚解而腥之爲七體也熟其殽謂體解而爓之爲二十一體也體其犬豕牛羊謂分別骨肉之貴賤以爲衆俎也七體謂脊兩肩兩拍兩髀二十一體謂肩臂臑膊骼正脊脡脊橫脊正脅短脅代脅并腸三胃三刌肺一祭肺三也宋元豐三年詳定禮文所言古者祭祀用牲有豚解有體解豚解則爲七以薦腥體解則爲二

十一以薦熟蓋犬豕牛羊分別骨肉貴賤其解之爲體則均也皇朝馬牛羊豕
鹿並依至大三年割牲用國禮圜議依舊儀十三曰大次小次周禮掌次王旅
上帝張氈按皇邸唐通典前祀三日尙舍直長施大次於外壝東門之内道北
南向宋會要前祀三日儀鸞司帥其屬設大次于外壝東門之内道北南向小
次於午階之東西向曲禮曰踐阼臨祭祀正義曰阼主階也天子祭祀履主階
行事故云踐阼宋元豐詳定禮文所言周禮宗廟無設小次之文古者人君臨
位於阼階蓋阼階者東階也惟人主得位主階行事今國朝太廟儀注大次小
次皆在西蓋國家尙右以西爲尊也圜議依祀廟儀注續具未議一曰禮神玉
周禮大宗伯以禋祀祀昊天上帝注禋之言煙也周人尙臭煙氣之臭聞者積
柴實牲體焉或有玉帛正義曰或有玉帛或不用玉帛皆不定之辭也崔氏云
天子自奉玉帛牲體於柴上引詩圭璧既卒是燔牲玉也蓋卒者終也謂禮神
既終當藏之也正經卽無燔玉明證漢武帝祠太乙胙餘皆燔之無玉晉燔牲
幣無玉唐宋乃有之顯慶中許敬宗等脩舊禮乃云郊天之有四圭猶宗廟之

有圭瓚也並事畢收藏不在燔列宋政和禮制局言古祭祀無不用玉周官典瑞掌玉器之藏蓋事已則藏焉有事則出而復用未嘗有燔瘞之文今後大祀禮神之玉時出而用無得燔瘞從之蓋燔者取其煙氣之臭聞玉既無煙又且無氣祭之日但當奠於神座既卒事則收藏之二曰飲福特牲饋食禮曰尸九飯親嘏主人少牢饋食禮尸十一飯尸嘏主人嘏長也大也行禮至此神明已饗歆禮俱成故膺受長大之福於祭之末也自漢以來人君一獻纔畢而受嘏唐開元禮太尉未升堂而皇帝飲福宋元豐三年改從亞終獻既行禮皇帝飲福受胙國朝至治元年親祀廟儀注亦用一獻畢飲福三曰升煙禋之言煙也升煙所以報陽也祀天之有禋柴猶祭地之瘞血宗廟之祼鬯歷代以來或先燔而後祭或先祭而後燔皆爲未允祭之日樂六變而燔牲首牲首亦陽也祭終以爵酒饌物及牲體燎於壇天子望燎柴用柏四曰儀注禮經出於秦火之後殘闕脫漏所存無幾至漢諸儒各執所見後人所宗惟鄭康成王子雝而二家自相矛盾唐開元禮杜佑通典五禮略完至宋開寶禮并會要與郊廟奉祠

禮文中間講明始備金國大率依唐宋制度聖朝四海一家禮樂之興政在今日況天子親行大禮所用儀注必合講求大德九年中書集議合行禮儀依唐制至治元年已有祀廟儀注宜取大德九年至大三年并今次新儀與唐制參酌增損修之侍儀司編排鹵簿太史院具報星位分獻官員數及行禮并諸執事官合依至大三年儀制亞終獻官取旨是歲太皇太后崩有旨冬至南郊祀事可權止泰定四年春正月御史臺臣言自世祖迄英宗咸未親郊惟武宗英宗親享太廟陛下宜躬祀郊廟制曰朕當遵世祖舊典其命大臣攝行祀事閏九月甲戌郊祀天地致祭五嶽四瀆名山大川至順元年文宗將親郊十月辛亥太常博士言親祀儀注已具事有未盡者按前代典禮親郊七日百官習儀於郊壇今既與受戒誓相妨合於致齋前一日告示與祭執事者各具公服赴南郊習儀親祀太廟雖有防禁然郊外尤宜嚴戒往來貴乎清肅凡與祭執事齋郎樂工舊不設盥洗之位殊非涓潔之道今合於饌殿齊班廳前及齋宿之所隨宜設置盥洗數處俱用鍋釜温水置盆杓巾帨令人掌管省諭必盥洗然

後行事違者治之祭日太常院分官提調神廚監視割烹上下燈燭粇燎已前雖有翦燭提調粇盆等官率皆虛應故事或減刻物料燭燎不明又嘗見奉禮贊賜胙之後獻官方退所司便服徹俎壇上燈燭一時俱滅因而雜人登壇攘奪不能禁止甚爲褻慢今宜禁約省牲之前凡入壝門之人皆服窄紫有官者公服禁治四壝紅門宜令所司添造關木鎖鑰祭畢卽令關閉毋使雜人得入其藁秸匏爵事畢合依大德九年例焚之壬子御史臺臣言祭日宜勑股肱近臣及諸執事人毋飲酒制曰卿言甚善其移文中書禁之丙辰監察御史楊彬等言禮享帝必以始祖爲配今未聞設配位竊恐禮文有闕又先祀一日皇帝必備法駕出宿郊次其扈從近侍之臣未嘗經歷宜申加戒敕以達孚誠命與中書議行十月辛酉始服大裘袞冕親祀昊天上帝于南郊以太祖配自世祖混一六合至文宗凡七世而南郊親祀之禮始克舉焉蓋器物儀注至是益加詳愼矣自至元十二年冬十二月用香酒脯臡行一獻禮而至治元年冬二祭告泰定元年之正月咸用之自大德九年冬至用純色馬一蒼犢一羊鹿野豕

各九十一年秋七月用馬一蒼犢正副各一羊鹿野豕各九而至大中告謝五皇慶至延祐告謝七與至治三年冬告謝二泰定元年之二月咸如大德十一年之數泰定四年閏九月特加皇地祇黃犢一將祀之夕勅送新獵鹿二惟至大三年冬至正配位蒼犢皆一五方帝犢各一皆如其方之色大明青犢夜明白犢皆一馬一羊鹿野豕各十有八兔十有二而四年四月如之其犧牲品物香酒皆參用國禮而豐約不同告謝非大祀而用物無異豈所謂未能一舉而大備者乎南郊之禮其始爲告祭繼而有大祀皆攝事也故攝祀之儀特詳

壇壝地在麗正門外丙位凡三百八畝有奇壇三成每成高八尺一寸上成縱橫五丈中成十丈下成十五丈四陛午貫地子午卯酉四位陛十有二級外設二壝內壝去壇二十五步外壝去內壝五十四步壝各四門外垣南欞星門三東西欞星門各一圜壇周圍上下俱護以甓內外壝各高五尺壝四面各有門三俱塗以赤至大三年冬至以三成不足以容從祀版位以青繩代一成繩二百各長二十五尺以足四成之制燎壇在外壝內丙巳之位高一丈二尺四方

各一丈周圜亦護以甓東西南三出陛開上南出戶上方六尺深可容柴香殿三間在外壝南門之外少西南向饌幕殿五間在外壝南門之外少東南向省饌殿一間在外壝東門之外少北南向外壝之東南爲別院內神廚五間南向祠祭局三間北向酒庫三間西向獻官齋房二十間在神廚南垣之外西向外壝南門之外爲中神門五間諸執事齋房六十間以翼之皆北向兩翼端皆有垣以抵東西周垣各爲門以便出入齊班廳五間在獻官齋房之前西向儀鸞局三間法物庫三間都監庫五間在外垣內之西北隅皆西向雅樂庫十間在外垣西門之內少南東向演樂堂七間在外垣內之西南隅東向獻官廚三間在外垣內之東南隅西向滌養犧牲所在外垣南門之外少東西向內犧牲房三間南向

神位昊天上帝位天壇之中少北皇地祇位次東少却皆南向神席皆緣以繒綾褥素座昊天上帝色皆用青皇地祇色皆用黃藉皆以藁秸配位居東西向神席綾褥錦方座色皆用青藉以蒲越其從祀圜壇第一等九位青帝位寅赤

帝位巳黃帝位未白帝位申黑帝位亥主皆用柏素質玄書大明位卯夜明位
酉北極位丑天皇大帝位戌用神位版丹質黃書神席綾褥座各隨其方色籍
皆以藁秸第二等內官位五十有四鉤星天柱玄枵天廚柱史位于子其數五
女史星紀御女位于丑其數三自子至丑神位皆西上帝座歲星大理河漢析
木尚書位于寅帝座居前行其數六南上陰德大火天槍玄戈天床位于卯其
數五北上太陽守相星壽星輔星三師位于辰其數五南上天一太一內廚熒
惑鶉尾勢星天理位于巳天一太一居前行其數七西上北斗天牢三公鶉火
文昌內階位于午北斗居前行其數六塡星鶉首四輔位于未其數三自午至
未皆東上太白實沈位于申其數二北上八穀大梁杠星華蓋位于酉其數四
五帝內座降婁六甲傳舍位于戌五帝內座居前行其數四自酉至戌皆南上
紫微垣辰星陬訾鉤陳位于亥其數四東上神席皆藉以莞席內壝外諸神位
皆同第三等中官百五十八位虛宿牛宿織女人星司命司非司危司祿天津
離珠羅堰天桴奚仲左旗河鼓右旗位于子虛宿女宿牛宿織女居前行其數

十有七月星建星斗宿箕宿天雞輦道漸臺敗瓜扶筐匏瓜天弁天棓帛度屠肆宗星宗人宗正位于丑月星建星斗宿箕宿居前行其數十有七自子至丑皆西上日星心宿天紀尾宿罰星東咸列肆天市垣斛星斗星車肆天江宦星市樓候星女床天籥位于寅日星心宿天紀尾宿居前行其數十有七南上房宿七公氐宿帝席大角亢宿貫索鍵閉鉤鈐西咸天乳招搖梗河亢池周鼎位于卯房宿七公氐宿帝席大角亢宿居前行其數十有五北上太子星太微垣軫宿角宿攝提常陳幸臣謁者三公九卿五內諸侯郎位郎將進賢平道天田位于辰太子星太微垣軫宿角宿攝提居前行其數十有六南上張宿翼宿明堂四帝座黃帝座長垣少微靈臺虎賁從官內屏位于巳張宿翼宿明堂居前行其數十有一西上軒轅七星三台柳宿內平太尊積薪積水北河位于午軒轅七星三台柳宿居前行其數九鬼宿井宿參宿天尊五諸侯鉞星座旗司怪天關位于未鬼宿井宿參宿居前行其數九自午至未皆東上畢宿五車諸王觜宿天船天街礪石天高三柱天潢咸池位于申畢宿五車諸王觜宿居前行

其數十有一北上月宿昴宿胃宿積水天讒卷舌天河積尸太陵左更天大將軍軍南門位于酉月宿昴宿胃宿居前行其數十有二婁宿奎宿壁宿右更附路閣道王良策星天廄土公雲雨霹靂位于戌婁宿壁宿居前行其數十有二自酉至戌皆南上危宿室宿車府墳墓虛梁蓋屋臼星杵星土公吏造父離宮雷電螣蛇位于亥危宿室宿居前行其數十有三東上內壝內外官一百六位天壘城離瑜代星齊星周星晉星韓星秦星魏星燕星楚星鄭星位于子其數十有二越星趙星九坎天田狗國天淵狗星鼈星農丈人杵星糠星位于丑其數十有一自子至丑皆西上車騎將軍天輻從官積卒神宮傅說龜星魚星位于寅其數八南上陣車車騎騎官頡頏折威陽門五柱天門衡星庫樓位于卯其數十北上土司空長沙青丘南門平星位于辰其數五南上酒旗天廟東甌器府軍門左右轄位于巳其數六西上天相天稷爟星天記外廚天狗南河位于午其數七天社矢星水位闕丘狼星弧星老人星四瀆野雞軍市水府孫星子星位于未其數十有三自午至未皆東上天節九州殊口附耳參旗九斿玉

井軍井屏星伐星天廁天矢丈人位于申其數十有二北上天園天陰天廩天苑天囷芻藁天庾天倉鈇鑕天溷位于酉其數十外屏大司空八魁羽林位于戌其數四自酉至戌皆南上哭星泣星天錢天綱北落師門敗臼斧鉞壘壁陣位于亥其數八東上內壝外衆星三百六十位每辰神位三十自第二等以下神位版皆丹質黃書內官中官外官則各題其星名內壝外三百六十位惟題曰衆星位凡從祀位皆內向十二次微左旋子居子陛東午居午陛西卯居卯陛南酉居酉陛北

器物之等其目有八一曰圭幣昊天上帝蒼璧一有繅藉青幣一燎玉一皇地祇黃琮一有繅藉黃幣一配帝青幣一黃帝黃琮一青帝青圭一赤帝赤璋一白帝白琥一黑帝玄璜一幣皆如其方色大明青圭有邸夜明白圭有邸天皇大帝青圭有邸北極玄圭有邸幣皆如其玉色內官以下皆青幣二曰尊罍上帝大尊著尊犧尊山罍各一在壇上東南隅皆北向西上設而不酌者象尊壺尊各二山罍四在壇下午陛之東皆北向西上皇地祇亦如之在上帝酒尊之

東皆北向西上配帝著尊犧尊象尊各二在地祇酒尊之東皆北向西上設而不酌者犧尊壺尊各二山罍四在壇下西陛之北東向北上五帝日月北極天皇皆太尊一著尊二內官十二次各象尊二中官十二次各壺尊二外官十二次各概尊二衆星十二次各散尊二凡尊各設於神座之左而右向皆有坫有勺加冪冪之繪以雲惟設而不酌者無勺三曰籩豆登俎昊天上帝皇地祇及配帝籩豆皆十二登三簋二簠二俎八皆有七筯玉幣篚二匏爵一有坫沙池一青甕牲盤一從祀九位籩豆皆八簠一簋一登一俎一匏爵一有坫沙池一玉幣篚一內官位五十四籩豆皆二簋一簠一登一俎一匏爵有坫沙池幣篚十二次各一中官百五十八皆籩一豆一簋一簠一俎一匏爵有坫沙池幣篚十二次各一外官位一百六皆籩一豆一簋一簠一俎一匏爵沙池幣篚十二次各一衆星位三百六十皆籩一豆一簋一簠一俎一匏爵沙池幣篚十二次各一此籩豆簠簋登爵篚之數也凡籩之設居神位左豆居右登簠簋居中俎居後籩皆有巾巾之繪以斧四曰酒齊以太尊實泛齊著尊實醴齊犧尊實盎

齊山罍實三酒皆有上尊馬湩設于尊罍之前注于器而羃之設而不酌者以象尊實醴齊壺尊實沈齊山罍二實三酒皆有上尊以祀昊天上帝皇地祇亦如之以著尊實泛齊犧尊實醴齊象尊實盎齊山罍實清酒皆有上尊馬湩如前設之設而不酌者以犧尊實醍齊壺尊實沈齊山罍三實清酒皆有上尊以祀配帝以太尊實泛齊以著尊實醍齊皆有上尊九位同以祀五帝日月北極天皇大帝以象尊實醴齊有上尊十二次同以祀內官以壺尊實沈齊有上尊十二次同以祀中官以概尊實清酒有上尊十二次同以祀外官以散尊實昔酒有上尊十二次同以祀衆星凡五齊之上尊必皆實明水山罍之上尊必皆實玄酒散尊之上尊亦實明水五曰牲齊庶器昊天上帝蒼犢皇地祇黃犢配位蒼犢大明青犢夜明白犢天皇大帝蒼犢北極玄犢皆一馬純色一鹿十有八羊十有八野豕十有八兎十有二蓋參以國禮割牲爲七體左肩臂臑兼代脇長脇爲一體右肩臂臑代脇長脇爲一體右髀肫胳爲一體脊連背膂短脇爲一體膺骨臍腹爲一體項脊爲一體馬首報陽升烟則用之毛血感以豆或

青蕘盤饌未入置俎上饌入徹去之籩之實魚鱐糗餌粉餈棗乾橑形鹽鹿脯榛桃菱芡栗豆之實芹菹韭菹菁菹筍菹脾折菹醓食魚醢豚拍鹿臡醓醢糝食凡籩之用八者無糗餌粉餈菱栗豆之用八者無脾折菹醓食兎醢糝食用皆二者籩以鹿脯乾棗豆以鹿臡菁菹用皆一者籩以鹿脯豆以鹿臡凡簠簋用皆二者簋以黍稷簠以稻粱用皆一者簋以稷簠以黍實登以大羹六曰香祝洗位正位香鼎一香合一香案一祝案一皆有衣拜褥一盥爵洗位一罍一洗一白羅巾一親祀匜二盤二地祇配位咸如之香用龍腦沉香祝版長各二尺四寸闊一尺二寸厚三分木用楸柏從祀九位香鼎香合香案綾拜褥皆九褥各隨其方之色盥爵洗位二罍二洗二巾二第二等盥爵洗位二罍二洗二巾二第三等亦如之內壝內盥爵洗位一罍一洗一巾一內壝外亦如之凡巾皆有篚從祀而下香用沉檀降真鼎用陶瓦第二等十二次而下皆紫綾拜褥十有二親祀御板位一飲福位及大小次盥洗爵洗板位各一皆青質金書亞獻終獻飲福板位一黑質黃書御拜褥八亞終獻飲福位拜褥一黃道裀褥寶

案二黃羅銷金案衣水火鑑七曰燭燎天壇椽燭四皆銷金絳紗籠自天壇至內壝外及樂縣南北通道絳燭三百五十素燭四百四十皆絳紗籠御位椽燭六銷金絳紗籠獻官椽燭四雜用燭八百籸盆二百二十有架黃桑條去膚一車束之置燎壇以焚牲首八曰獻攝執事亞獻官一終獻官一攝司徒一助奠官一大禮使一侍中二門下侍郎二禮儀使二殿中監二尚輦官二太僕卿二控馬官六近侍官八導駕官二十有四典寶官四侍儀官五太常卿丞八光祿卿丞二刑部尚書二禮部尚書二奉玉幣官一定撰祝文官一書讀祝冊官二舉祝冊官二太史令一御奉爵官一奉匜盤官二御爵洗官二執巾官二割牲官二溫酒官一太官令一太官丞一良醞令丞二廩犧令丞二糾儀御史四太常博士二郊祀令丞二太樂令一太樂丞一司尊罍二亞終獻盥洗官二爵洗官二巾篚官二奉爵官二祝史四太祝十有五奉禮郎四協律郎二翦燭官四禮直官管勾一禮部點視儀衞官二兵部清道官二拱衞使二大都兵馬使二齋郎百司天生二看守籸盆軍官一百二十

元史卷七十二

元史卷七十二考證

郊祀志上秋八月八日始以冕服拜天于日月山其十二日又用孔氏子孫元措言合祭昊天后土〇臣祖庚按本紀四年冬乃祭天于日月山禮樂志十一月始用登歌樂祀昊天上帝于日月山又通鑑紀事本末亦作是冬事俱與此互異如以志論八月八日方祭天而十二日又行合祭相去四日恐無此數祭之理十二日日字或是月字之誤其中舛譌錯簡殆不免耳

元史卷七十二考證

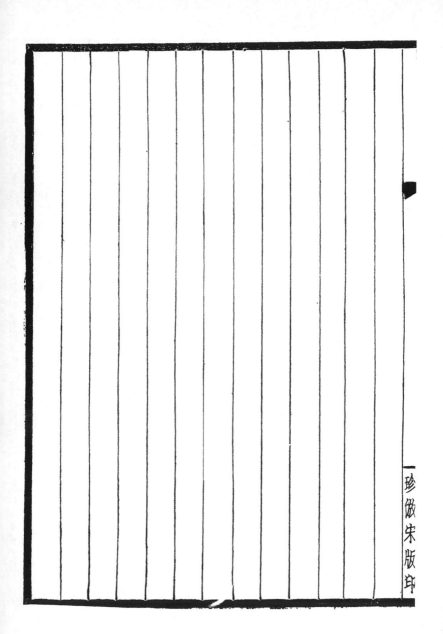

西元二〇二〇年十一月一日重製一版

元史（附考證）冊四（明宋濂撰）

平裝十冊基本定價陸仟伍佰元正
（郵運匯費另加）

發行人　張　敏　君

發行處　中　華　書　局

臺北市內湖區舊宗路二段一八一巷八號五樓（5FL., No. 8, Lane 181, JIOU-TZUNG Rd., Sec 2, NEI HU, TAIPEI, 11494, TAIWAN）

客服電話：886-2-8797-8396

公司傳真：886-2-8797-8909

匯款帳戶：華南商業銀行西湖分行
179100026931

印　　刷：維中科技有限公司
海瑞印刷品有限公司

No. N1060-4

國家圖書館出版品預行編目(CIP)資料

元史/(明)宋濂撰. -- 重製一版. -- 臺北市 : 中
華書局, 2020.11
冊 ; 公分
ISBN 978-986-5512-38-5(全套 : 平裝)

1.元史

625.701 109016937